Doris Christinger

Auf den Schwingen weiblicher Sexualität

Eine Liebesschule für Frauen

Knaur
MensSana

Besuchen Sie uns im Internet:
www.knaur.de

Vollständige Taschenbuchausgabe 2002
Droemersche Verlagsanstalt Th. Knaur Nachf., München

Umschlaggestaltung: ZERO Werbeagentur, München
Umschlagabbildung: LOOK, München
Satz: Ventura Publisher im Verlag
Druck und Bindung: Nørhaven Paperback A/S
Printed in Denmark
ISBN 3-426-87158-0

4 5 3

Inhalt

Vorwort 7

Einleitung

Sexualenergie ist Lebensenergie 15

Agieren statt reagieren 21

Würde und Kraft des Frauseins 23

Stationen auf dem Weg zum Frausein 27

I Unser Körper

Unsere Sinne – das Tor zur Erotik 31

Beziehung zum eigenen Körper 48

Selbstbild und Fremdbild 56

Unser Körper erinnert sich 63

Die Körperempfindungen wecken 69

Die weiblichen Organe 77

Menstruation – von der Menarche zur Menopause 84

II Weibliche Sexualität

Eine erotische Sprache finden 95

Reise ins weibliche Becken 101

Vom G-Punkt zum A-Punkt 107

Was passiert beim Orgasmus? 114

Modell der weiblichen Sexualtypen 120

III Das Spiel mit der Sexualenergie

Vom Frust zu Lust und Freude 135

Die innere Stimme 142

Die drei Schlüssel, um die Sexualenergie zu wecken 146

Der Beckenboden oder Die Kraft des Feuermuskels 161

Die Chakren – feinstoffliche Energiezentren 170

Hingabe – Die Kraft des Herzens
und die Schönheit der Sexualität 179
Orgasmisch sein 187
Von der Masturbation zum Selbstliebe-Ritual 189

IV Das Weibliche und das Männliche vereinen
Die beiden Lebensprinzipien 199
Das männliche Energieprinzip 208
Das weibliche Energieprinzip 215
Das Zusammenspiel des weiblichen
und männlichen Prinzips 220

V Der weibliche Weg
Hingabe als Tor zur Spiritualität 229
Alles ist zyklisch 234
Innere Vermählung 238
Sexualenergie als Fahrzeug 241
Integration von Sexualität und Spiritualität 246

Schlusswort 249

Dank 251

Glossar 253

Hinweis 261

Literaturhinweis 263

Vorwort

Die heutige Zeit stellt hohe Ansprüche an uns Frauen: Wir wünschen uns Erfüllung in unserem Frausein, in unseren Beziehungen, in unserer Sexualität, im Beruf und in der Familie. Alles unter einen Hut zu bringen ist eine Gratwanderung zwischen Heraus- und Überforderung. Es ist unser Wunsch, unser Potential auszuschöpfen und unsere Energie für das einzusetzen, was uns wichtig ist.

Wir alle sind sehr schnell wechselnden Veränderungen ausgesetzt – vor allem was das Rollenverständnis von Frau und Mann betrifft und somit auch unsere Sexualität. In Europa hat das Patriarchat seinen Höhepunkt überschritten, und das Matriarchat ist Vergangenheit. Die heutige Zeit bietet uns viele Möglichkeiten und stellt neue Herausforderungen.

Wir haben in den vergangenen Jahren gelernt, unsere männliche Seite zu leben: unsere Wünsche und Bedürfnisse auszusprechen und sie bis zu einem gewissen Grade auch einzufordern. Unseren Weg zu gehen und dem näher zu kommen, was wir wollen. Der Alltag verlangt von den meisten Frauen, diese männlichen Eigenschaften zu akzeptieren und zu leben, während in unseren Beziehungen und vor allem in der Sexualität die weibliche Seite gefragt ist: Hingabe, das Zulassen von Nähe und das Verschmelzen mit einem Partner oder einer Partnerin.

Die Balance zu halten ist kein leichtes Unterfangen. Tagsüber sollen wir unsere Frau stehen und abends aufnehmend, hingebungsvoll und offen sein. Frauen (wie Männer) sind dazu aufgefordert, einen neuen Umgang mit diesen Qualitäten und Anforderungen zu finden – die eigene Individualität zum Blühen zu bringen und neue Wege des Miteinanders zu entdecken.

Wissen allein genügt nicht

Die Sexualenergie kann uns auf diesem Weg zu Eigenständigkeit, Beziehungs- und Liebesfähigkeit unterstützen. Denn sie verbindet uns nicht nur mit unserer Lebensenergie, sondern auch mit unserem Körper und unseren Gefühlen. Der Körper, die Gefühle und die Sexualenergie machen zu einem großen Teil unser Frausein aus. Das heißt nicht, dass der Intellekt nicht wichtig wäre, im Gegenteil. Nur ist der Verstand durch unser Schulsystem und durch unsere Lebensart bereits sehr gut ausgebildet. Wir können ihn für unseren Weg und unsere Absichten einsetzen. Doch das Wissen allein genügt in der Regel nicht.

Wirkliche Veränderungen geschehen erst, wenn der Körper und die Gefühle mit einbezogen sind. Und deshalb spielt der Körper eine zentrale Rolle auf dem Weg zum Frausein und zu unserer Sexualität. Wir wohnen ein Leben lang in unserem Körper. Er passt sich an, verändert sich und ist im wahrsten Sinne des Wortes der Tempel unserer Seele.

Ebenso wichtig sind unsere Sinne. Sie sind die direkte Verbindung zu unserem Körper und Erdendasein und spielen somit auch bei der Freisetzung der Sexualenergie eine zentrale Rolle. Ein anderes entscheidendes Element sind die Gefühle. Wenn wir wirklich mit unseren Gefühlen in Kontakt sind, auch ihren oft schnellen Wechsel wahrnehmen und sie in Fluss bringen, entsteht eine immer intensivere Berührung mit uns selbst.

Unsere Sexualenergie, unser Wissen, unser Körper, unsere Sinne und unsere Gefühle unterstützen uns dabei, aus unserer Mitte heraus die anstehenden Schritte zu machen – sie bilden das Potential, aus dem wir unsere Kraft schöpfen können.

Das Paradoxe ist jedoch, dass wir uns gerade in Bezug auf die

Sexualität auf sehr unsicherem Boden befinden. Auch mir erging es früher ähnlich: Während meiner Schulzeit wurde mir viel Wissenswertes beigebracht. Ich lernte Sprachen, Geschichte, Mathematik und vieles mehr – es gab jedoch keine einzige Unterrichtsstunde, in der ich etwas über Liebe, Sexualität und Beziehungen erfuhr. Dabei sind doch gerade diese Themen von eminenter Bedeutung im Leben jedes Menschen.

Da ich diese Themen in der Schule vermisste, sehnte ich mich nach einer Lehrerin, die mir in dieser Hinsicht mehr Wissen vermitteln konnte. Erst viel später habe ich erfahren, dass es früher diese Art Unterricht tatsächlich gab. Ich begegnete einer solchen Lehrerin in der Gestalt der Sappho von Lesbos, die zwischen 617 und 560 v. Chr. in Griechenland lebte. Die Priesterin vermittelte jungen Frauen den Kult der Aphrodite und der Musen und lehrte, dass sexuelle Liebe zu Schönheit und Schönheit zu Ekstase führt. In ihrem Hause bereitete sie junge Frauen auf die Liebe und Heirat vor (siehe auch Glossar).

Auf meiner persönlichen Suche

Meine Sehnsucht und Ahnung, dass Sexualität und Spiritualität von zentraler Bedeutung sind und zusammengehören, bewog mich, bereits als junge Frau auf die Suche zu gehen. Um meine Neugier zu stillen, machte ich verschiedene Ausbildungen, in denen überall der Mensch im Mittelpunkt stand. Mein Weg führte mich über die Sozialarbeit zu verschiedenen Formen der Körper- und Gesprächstherapie.

Noch offene Fragen zum Thema Sexualität motivierten mich weiterzugehen. So fand ich schließlich zum Tantra, weil dieser Ansatz im Gegensatz zu den meisten anderen spirituellen

Lehren die Sexualität als den »Königsweg« zu Ekstase und Glückseligkeit ehrt.
Tantra hat mich wohl deshalb so berührt, weil es mich in meinem ganzen Wesen mit all meinen Aspekten erfasst – mit meinen von mir geliebten und den von mir gehassten Eigenschaften, mit meiner männlichen und meiner weiblichen Seite. Meine männlichen Fähigkeiten hatte ich bis dahin schon gut entwickelt. Ich hatte keine Probleme, meine Ziele zu verfolgen und mich durchzusetzen. Die weiblichen Fähigkeiten – Hingabe und Geschehenlassen – empfand ich jedoch als Fremdworte.
Den tantrischen Weg zu gehen war für mich auch deshalb faszinierend, weil die Tantriker Frauen verehren und die Werte, die sie vermitteln, achten. Der Frau wird im Tantra ein ganz besonderer Stellenwert zugestanden. Es ging mir vor allem um die Wiederentdeckung von weiblichen Gottesbildern, um das Entdecken von Frauen mit spirituellen Erfahrungen als Lehrerinnen, Wegweiserinnen und Meisterinnen. Ich suchte Frauen, die Sexualität und Spiritualität miteinander verbinden und die im Bewusstsein der Gleichwertigkeit mit einem Mann in Beziehung treten können. Aus dem Wissen, dass es solche Frauen gab und gibt, habe ich sehr viel Kraft geschöpft. Sie motivierten mich, meiner Ahnung und meiner inneren Stimme zu folgen.
Genauso wichtig war es für mich, einen Weg zu finden, den ich allein oder auch mit einem Partner gehen kann. Und es sollte ein Weg sein, der dort beginnt, wo ich gerade stehe, und der mir mein Potential und nicht meinen Mangel aufzeigt. Diese Qualitäten und Möglichkeiten habe ich im Tantra gefunden.

Mein beruflicher Weg

Meine ganz persönlichen Fragen zu meinem Frausein und meiner Sexualität brachten mich dazu, mich auch professionell mit dieser Thematik zu beschäftigen. Meine Arbeit über die weibliche Sexualität basiert auf zwei wichtigen Pfeilern: Zum einen vertraue ich auf meine persönlichen Erfahrungen, meine intensive und tiefe Auseinandersetzung mit meiner eigenen Sexualität, meiner Beziehungs- und Liebesfähigkeit und meinem ganz individuellen Frausein. Zum anderen kann ich aus meiner langjährigen Erfahrung als Seminarleiterin schöpfen – die Rückmeldungen der Teilnehmerinnen und Teilnehmer sind für mich nach wie vor eine große Quelle der Inspiration.

Seit 1988 arbeite ich als Körper- und Sexualtherapeutin in Zürich. Zusammen mit meinem Partner Aman Peter Schröter biete ich Tantra-Seminare und Trainingskurse für Frauen und Männer an. In unserer gemeinsamen Arbeit und durch unsere Beziehung ist mir bewusst geworden, dass Frauen andere Fragen und einen anderen Zugang zur Sexualität haben als Männer. Dies hat mich bewogen, 1990 die Liebesschule für Frauen zu gründen. Mein Anliegen ist, Frauen auf eine weibliche Art zu unterstützen, damit sie zu sich selbst und zu ihrer Kraft und Würde finden.

Mein Ziel ist es, zu einem fruchtbaren Dialog zwischen Frau und Mann anzuregen. Ich möchte mein eigenes Potential umsetzen, mein Frausein stolz und kraftvoll leben und meinen Weg mit offenem Herzen gehen. Gestärkt durch diese Quelle in mir bin ich bereit, mich mit der Vergangenheit zu versöhnen und Hand in Hand mit meinem Partner einen gemeinsamen Weg zu gehen.

Immer wieder fragen mich Frauen, was es heißt, in der heutigen Gesellschaft Frau zu sein. Es wäre vermessen, diese Frage mit Rezepten zu beantworten, denn für jede Frau sieht der Weg anders aus – abhängig davon, woher sie kommt, wo sie im Moment gerade ist und wohin sie gehen will. Für mich ist es eine Reise zu mir und mit mir – und etwas Spannenderes gibt es wohl kaum.

Häufige Aussagen von Frauen

In meinen Seminaren sprechen viele Frauen über ihre Unsicherheit in der Sexualität. So ist die häufigste, meist indirekt gestellte Frage: Bin ich normal, so wie ich empfinde und fühle? Gibt es so etwas wie eine freie Sexualität? Was muss ich machen, um mich hinzugeben? Gibt es eine natürliche Begabung für Sexualität? Wie bringe ich Sexualität und Beziehung zusammen? Wie kann ich das Feuer des Anfangs in einer langjährigen Beziehung aufrechterhalten? Was hat Sexualität mit Spiritualität zu tun?

Es berührt mich jedes Mal von neuem, von all den Unsicherheiten und Verletzungen in Bezug auf unsere Sexualität zu hören. Es ist damit zu erklären, dass die Sexualität alle Lebensbereiche berührt: Sie spielt in unseren Beziehungen eine wichtige Rolle und konfrontiert uns mit unserer Identität als Frau, sie verbindet uns mit unserem Körper und unseren Sinnen, und sie beeinflusst unsere Gesundheit, auf allen Ebenen – physisch, psychisch und geistig.

Die meisten Frauen sind erleichtert, wenn sie erfahren, dass sie mit ihren Unsicherheiten und Fragen nicht allein sind. Deshalb ist so wichtig, sich auszutauschen und dieses immer noch große Tabuthema anzusprechen. Einige Frauen suchen Inspiration über Seminare, andere reden mit ihren Freundinnen und wiederum andere suchen Antworten in der Literatur.

Zu diesem Buch

Mit meinem Buch spreche ich alle Frauen an, die an einem persönlichen Wachstum interessiert sind und den Mut haben, ihre Lebenskraft für sich zu nutzen. Denn Sexualität geht uns alle an – unabhängig davon, ob wir in einer Beziehung leben oder nicht, ob wir hetero-, bi- oder homosexuell sind, ob wir jung oder alt sind, was wir beruflich machen und welchen gesellschaftlichen Status wir haben.

Mein Buch habe ich in fünf Kapitel unterteilt. Auf die Einführung folgen drei Kapitel, in denen ich konkret auf die Sexualität und das Wecken der Sexualenergie eingehe. Diese körperliche Ebene der Sexualität verlasse ich im vierten und fünften Kapitel, wo es um die energetischen und spirituellen Aspekte geht. Einigen Begriffen – wie Orgasmus und Hingabe – begegnen Sie deshalb zunächst unter dem einen und dann noch mal unter dem anderen Gesichtspunkt.

Zwischendurch lasse ich verschiedene Frauen zu Wort kommen. Sie erzählen von ihren Fragen und Schwierigkeiten und von der Schönheit der Sexualität. Es sind Frauen wie Sie und ich. An ihren Worten habe ich nichts oder nur wenig geändert, da sie für sich selbst sprechen.

Spielaufgaben sollen anregen

Mit meinem Buch möchte ich Sie zu neuen Erfahrungen ermuntern. Deshalb schlage ich Ihnen in den ersten drei Kapiteln Spielaufgaben vor. Wenn Sie sich tatsächlich eine Veränderung ihres Sexuallebens wünschen, müssen Sie eigene neue Erfahrungen über Ihren Körper und Ihre Gefühle sammeln. Sie brauchen etwa drei Monate Zeit, damit Ihr Körper diese neuen Ideen und Impulse aufnehmen kann. Entscheiden Sie sich für

die Spielaufgabe, die Sie neugierig macht, und praktizieren Sie sie dreimal pro Woche. Geben Sie dieser kleinen Stimme im Hinterkopf nicht nach, die da flüstert, dass das viel zu lange sei. Setzen Sie sich aber auch nicht unter Druck – es gibt Übungen, die nur wenige Minuten dauern.
Die Erfahrung zeigt, dass es besser ist, jeden Tag fünf Minuten Zeit einzusetzen, als einmal pro Woche zwei Stunden. Verlieren Sie keine Energie damit, sich jeden Tag zu fragen, ob Sie jetzt gerade Lust haben oder nicht. Während Sie solche mühsamen Entscheidungen fällen müssen, haben Sie die Übung bereits umgesetzt.
Ich freue mich, wenn Sie sich von dem, was ich in meinem Buch schreibe, inspiriert fühlen. Mögen die Schwingen der weiblichen Sexualität Sie zu Ihrem einzigartigen Wesenskern und zu Ihren ureigenen Ausdrucksformen des Frauseins tragen!

Doris Christinger, im September 1999

Einleitung

Sexualenergie ist Lebensenergie

Physikalisch gesehen ist Energie die Fähigkeit, etwas zu bewirken und die Umgebung zu beeinflussen. Ausdrucksformen dieser Energie sind Licht, Elektrizität, Hitze und chemische Vorgänge. Energie und Materie sind dasselbe, denn Materie ist eine sehr dichte Form von Energie. Bäume, Steine, Tiere und auch wir Menschen sind Ansammlungen oder Verdichtungen von Energie, ebenso wie Meereswellen und Berge.
Im Tantra wird davon ausgegangen, dass die Sexualenergie eine unaufhörlich fließende Energie ist, die unser ganzes Leben bestimmt. Sie ist die Grundlage für jedes Leben – reine Schöpfungsenergie – und somit die stärkste Energie, die wir zur Verfügung haben. Sie kann auch als neutrale, unkultivierte Turbokraft im menschlichen Organismus, als Lebensantrieb, verstanden werden.

Die Schöpfungsenergie ist unser Potential

Energie ist die Kraft des Lebendigseins. Es ist Schöpfungskraft, ein großes Mysterium, das alles durchdringt – die Gedanken, die Gefühle, den Körper, den Geist. Energie fließt in alle Lebensbereiche ein – in unsere Sinnlichkeit, in unser Bewusstsein, in unsere Beziehungen und in unsere Spiritualität.
Wenn unser Körper stirbt, wirkt er wie eine leere Hülle, da die Energie, der Lebensfunke, nicht mehr da ist. Energie pulsiert auch in allem, was sich zwischen Menschen abspielt.
Obwohl wir unsere Haut als die äußerste Schicht unseres Kör-

pers definieren, hört die Energie nicht an dieser Grenze auf. Denn wir haben eine Aura um unseren physischen Körper herum, die im ständigen Austausch mit den Energiefeldern unserer Mitmenschen steht.

Sexualenergie hat sehr viele Ausdrucksformen. Wir können sie in einer sinnlich sexuellen Begegnung mit uns selbst leben oder sie auch mit unserem Geliebten oder unserer Geliebten austauschen. Mit dieser Energie können wir ein Kind zeugen oder wir können die Schöpfungskraft an sich genießen und sie für unsere individuelle Entwicklung, Selbstheilung und Transformation verwenden.

Die Sexualenergie ist unser im Körper gespeichertes Potential, auf das wir jederzeit zurückgreifen können. Um sie zu mobilisieren, brauchen wir nicht weit zu suchen, denn wir bringen reine Energie und Lebendigkeit mit, wenn wir geboren werden. Bei der Geburt sind wir vollkommene, vibrierende und pulsierende Wesen. Wir werden mit der vollen Lebenskraft geboren.

Im Laufe der Zeit nehmen jedoch die meisten von uns ihre Energie aufgrund von Erfahrungen zurück. Zusätzlich wird die Sexualenergie durch den Alltagsstress geschwächt. Wir lernen, unsere Lebendigkeit und Erotik zu fürchten, zu unterdrücken und abzulehnen.

Zum Ursprung zurückkehren

Wir können unsere Schöpfungsenergie wieder wachrufen und uns der Sexualenergie zuwenden. Dann kehren wir zu unserem Ursprung zurück und laden wieder Freude, Lebendigkeit und Ekstase in unser Leben, in unsere Beziehungen und in unseren Alltag ein.

Nur wenn wir mit uns selbst und somit mit unserer Lebenskraft in Verbindung sind, können wir auch in Beziehung mit anderen Menschen treten. Wenn wir uns die Lebendigkeit, Zärtlichkeit und Liebe, die wir uns von anderen erhoffen, selbst nicht schenken, werden wir sie auch nirgends finden. Denn wie soll ich einen anderen Menschen nähren, wenn ich mich selbst nicht nähren kann?

Wie leben wir unsere Sexualenergie?

Da die Sexualenergie in sämtliche Lebensbereiche mit einfließt, ist es sehr spannend, sich mit ihr auseinander zu setzen und sich die Frage zu stellen: Wie lebe ich meine Sexualität? Für diese Bestandsaufnahme ist es unwesentlich, ob wir gerade in einer sexuellen Beziehung leben oder nicht.

Wenn wir uns mit Tantra beschäftigen, lernen wir in einem ersten Schritt, uns mit der Sexualenergie (wieder) zu verbinden und unser Potential auszuschöpfen. Der Weg führt uns über das Öffnen der Sinne zum Zulassen von Erotik und Sexualität.

Wenn wir diese Energie geweckt haben und mit ihr verbunden sind, müssen wir entscheiden, in welche Bereiche wir den Energiezuwachs fließen lassen wollen. Uns stehen unzählige Möglichkeiten offen. Vielleicht wollen wir uns voll und ganz unserer beruflichen Karriere widmen. Wir können aber auch neue Freundschaften oder eine neue Liebesbeziehung eingehen, uns auf einen spirituellen Weg einlassen oder unsere Wünsche und Träume in die Tat umsetzen. Jede Frau wird – aufgrund ihrer Wesensart und abhängig von der aktuellen Lebensphase – andere Prioritäten setzen.

Je mehr wir die Sexualenergie befreien, desto kraftvoller werden wir und desto stärker sind wir mit unserem Liebespotential verbunden. So wird sie zu einer Quelle von Vitalität,

Unabhängigkeit und Liebe – Liebe zu uns selbst und zu anderen Menschen. Unsere Kommunikation wird klarer, und wir können zu unserer individuellen Wahrheit stehen. Denn Sexualität ist nichts anderes als Kommunikation, unsere individuelle Sprache und Ausdrucksform – auf allen Ebenen unseres Seins.

Claudia: In der Sexualität aufblühen

»Erotik und Sexualität sind mir sehr wichtig. Das war der Grund, weshalb ich meine letzte Beziehung beendete. Ich habe es sehr bedauert, dass die Sexualität so stark in den Hintergrund gerückt war. Es war eine interessante, gute Beziehung. Ich fühlte mich sehr zerrissen und hatte das Gefühl, dass sie doch nicht nur wegen der mangelnden Körperlichkeit auseinander gehen darf. Dann habe ich mich in einen anderen Mann verliebt. Ich merkte, dass Sexualität einen viel höheren Stellenwert in meinem Leben hat, als ich es mir bis dahin zugestanden hatte. Sie ist für mich der Ort, wo ich auftanke, wo ich aufblühe. Heute denke ich, ich habe schon so viel erlebt. Ich weiß, was es heißt, sich in einer Liebesbeziehung intensiv auszutauschen. Was es heißt, ehrlich zu sein und Vertrauen zu fassen. Ich weiß, dass es spannende Sexualität geben kann, und wünsche mir einfach alles in einem.«

Die Sexualenergie stärkt unsere Gesundheit

Die Sexualenergie ist auch für unsere Gesundheit elementar. Wir können die Kraft der Sexualenergie, aus der neues Leben entstehen kann, jederzeit für uns selbst nutzen: für unsere körperliche, psychische und geistige Gesundheit.
Die Sexualenergie können wir auf allen diesen Ebenen wahrnehmen. Doch die meisten Menschen haben nur Zugang zu

einer dieser drei. So kann es sein, dass wir genau wissen, was wir fühlen, aber keine Ahnung haben, was unser Körper dabei empfindet oder umgekehrt. Es gehört zum größten Glück, mit der Aufmerksamkeit und Wahrnehmung gleichzeitig auf allen Ebenen sein zu können.

Die Sexualenergie auf der Körperebene

Der Körper ist organisch und somit in ständiger Veränderung. Jedes Organ kommuniziert, jede Zelle spricht zu uns. Viele Menschen haben es jedoch verlernt, den Rhythmus des Körpers wahrzunehmen und zu verstehen. Um diese Freude wieder empfinden und die feinen Zwischentöne hören zu können, müssen wir einen Weg der kleinen Schritte gehen.
Wenn wir dann ein starkes und sensitives Bewusstsein für unseren Körper entwickelt haben, können wir in einen Dialog mit ihm treten. Der ganze Körper wird sich leicht, pulsierend und vibrierend anfühlen.

Die Sexualenergie auf der Gefühlsebene

Die meisten Menschen werden nicht darin bestärkt, ihre Gefühle wahrzunehmen und sich von ihnen leiten zu lassen. Daher entsprechen unsere Gefühle selten dem Stand unserer intellektuellen Entwicklung, und schon gar nicht unserem tatsächlichen Alter.
Es hört sich recht einfach an, ab sofort wieder alle Gefühle zuzulassen. Denn mit den positiv bewerteten Gefühlen haben wir nur selten Probleme – unsere Freude, Zuneigung und Liebe drücken wir gern aus. Aber wie steht es mit den negativ bewerteten Gefühlen? Damit mögen sich viele nur zögernd

auseinander setzen. Frauen verleugnen z. B. gern ihre Aggression und ihre Wut, bei Männern ist offene Trauer verpönt. In unserer Kultur ist es erstrebenswert, vor allem die negativen Gefühle zu kontrollieren und zu beherrschen.
Im Laufe des Erwachsenwerdens neigen wir dazu, Gefühle nur zu denken. Es ist aber wichtig, zwischen Denken und Fühlen unterscheiden zu können.
Wenn wir all unsere Gefühle wahrnehmen und leben, nutzen wir unsere gesamte Energie. Dann haben wir den Zugang zu der Stimme unseres Körpers (wieder)gefunden und können unsere innere Stimme wahrnehmen.

Die Sexualenergie auf der mentalen Ebene

Unsere Gedanken sind mächtig und kreativ. Denn durch sie erschaffen wir uns die Wirklichkeit, an die wir glauben – die Energie folgt den Gedanken. Die Kraft der Gedanken können Sie für sich nutzen. Dafür müssen Sie sich zunächst bewusst werden, was Sie denken und welche Prägungen und Muster dahinter stehen. In einem zweiten Schritt geht es darum, welche Gedanken Sie unterstützen wollen und welche nicht.
Halten Sie kurz beim Lesen inne, und denken Sie an das schönste Bild, das Sie innerlich von sich selbst haben. Wenn Sie Ihre positiven Gedanken verstärken wollen, sollten Sie sie jetzt laut aussprechen – dann werden sie noch kraftvoller und können sich eher auf der Handlungsebene manifestieren.

Agieren statt reagieren

So wie wir voller Lebendigkeit und Ekstase geboren werden, sind wir auch mit der Fähigkeit ausgestattet, genau zu wissen, was wir wollen. Schauen wir uns einmal kleine Kinder an: Wie unmissverständlich sind sie doch in ihrem Ausdruck, in ihren Gefühlen – unabhängig davon, wie dies von ihrer Umgebung aufgenommen wird! Doch dann lernen sie, mit welchen Gefühlen sie willkommen sind und mit welchen nicht. Und sie beginnen sich zurückzunehmen, nicht mehr so wild und spontan zu sein.

Mit der Zeit haben wir gelernt, dass wir das, was wir wollen, nicht bekommen können. Demzufolge gehen wir, um Enttäuschungen zu vermeiden, unseren Leidenschaften und Wünschen nicht mehr nach. Wir weichen dem Risiko aus und entscheiden uns für ein kalkulierbares Leben. Dieses Leben ist jedoch oft nicht viel mehr als ein Funktionieren. Es ist auf weiten Strecken ein Leben in der Mittelmäßigkeit.

All die Gefühle, die wir gelernt haben zu unterdrücken und nicht zu zeigen, blockieren unsere Lebensenergie und damit unseren spontanen Ausdruck. Genau dasselbe geschieht mit unserer Sexualenergie, mit dem Ausleben von Erotik und Sexualität.

Verantwortung für die eigene Erotik übernehmen

Leider werden viele junge Frauen nicht ermutigt, ihre Kraft und Schönheit, ihre Sinnlichkeit, Körperlichkeit und Sexualität zu leben und zu genießen. Einfache Schuldzuweisungen an Eltern oder die Gesellschaft greifen aber zu kurz – jeder Mensch kann nur das weitergeben, was er selbst integriert hat.

Es zieht sich ein roter Faden durch die Lebensläufe der verschiedenen Frauengenerationen: Den meisten Frauen fällt es sehr schwer, das umzusetzen, was sie sich erträumen, und dafür Verantwortung zu übernehmen. Das zeigt sich gerade am Beispiel der Sexualität besonders deutlich. So trauen sich viele Frauen nicht, Erotik auszustrahlen. Andere leiden darunter, ihren eigenen Körper nicht mehr zu spüren.
Trotz der offensichtlichen äußeren Veränderungen, die dank der Frauenbewegung und Emanzipation stattgefunden haben, verhalten wir uns in vielen Bereichen (noch nicht) wie Meisterinnen unseres eigenen Lebens. Es sieht so aus, als hätten wir das Gefühl vom »Opfersein« sozusagen mit der Muttermilch eingenommen. Wenn äußere Einschränkungen wegfallen, übernehmen meistens unsere inneren Kontrollinstanzen diese Funktion (siehe auch: Die innere Stimme).
Verinnerlichte Instanzen arbeiten in der Regel sehr subtil. So ist es eine Herausforderung, sich selbst immer wieder einer Realitätsüberprüfung zu unterziehen: Lebe ich mein Potential? Lebe ich meine Wahrheit, meine Körperlichkeit, meine Sexualität?

Akzeptieren und verzeihen

Wir brauchen Kraft und Mut, aus der Opferrolle auszusteigen und das eigene Leben in die Hand zu nehmen. Wir müssen ein gesundes Selbstbewusstsein haben, wenn wir uns für die eigene Größe und Schönheit entscheiden. Und wir sollten akzeptieren, dass es im Leben jeder Frau Ereignisse gibt, die weder erklärt noch verändert werden können. Es geht darum zu verzeihen – uns selbst, den Menschen, die uns verletzt haben, und dem Leben, das uns Schmerz zugefügt hat.
Wir können die Opferrolle durchbrechen, indem wir Bezie-

hungen, Gedanken und Aktivitäten suchen, die uns in der Würde und Kraft des Frauseins unterstützen und nähren.

Wir wissen, dass wir andauernd unsere Realität selbst erschaffen: Die Energie folgt unseren Gedanken. Überlassen wir unser Leben dem Zufall, wird eine unbewusste Reaktion von der nächsten abgelöst. Denn wie das Wort schon sagt, ist Reaktion nichts anderes als die Wiederholung einer Aktion.

Wenn wir reagieren, handeln wir nach einem Programm aus der Vergangenheit. Wir beurteilen und bewerten die Erfahrungen, die wir gerade machen, und suchen in unserem Erinnerungsspeicher nach einer gleichen oder ähnlichen Erfahrung, um dann genauso zu handeln wie das letzte Mal.

Wollen wir agieren, müssen wir diesen Kreis der Wiederholungen durchbrechen und zunächst eine bewusste Entscheidung fällen und diese dann auch in die Tat umsetzen. Wir brauchen Disziplin, uns immer wieder an die Entscheidung zu erinnern und am Ball zu bleiben. Aber nur so schaffen wir uns die Gegenwart, die auf unserer jetzigen Wahrheit basiert.

Es ist also wichtig, ein Bild vom eigenen Ich zu haben: Wer wollen wir sein? Was wollen wir erreichen? Welche Prioritäten setzen wir in unserem Leben? Wenn uns die Antworten klar sind, sind wir dazu aufgefordert, dieses innere Wissen umzusetzen und durch entsprechendes Handeln in eine Form zu bringen, uns zu gebären und somit zum Leben zu erwecken.

Würde und Kraft des Frauseins

Frauen, die sich ihrer Kraft und Schönheit bewusst sind, zeichnen sich durch Anmut, Würde, Stolz und Erotik aus. Sie

lassen die Urkraft und die Urenergie zu – sie sind sich ihrer Sexualenergie bewusst und setzen sie auch gezielt ein.
Sexualenergie an sich ist wertfrei, ein Potential, das wir mitbringen und für uns nutzen können. Verbinden wir diese Energie mit unserem Herzen, unserer Intuition und Weisheit, wecken wir die Liebe in uns. Es ist eine lebendige, energiegeladene, kraftvolle, wilde und charismatische Liebe. Eine Liebe, die verändert, und unser Wesen hervorbringt. Eine Liebe, die Kraft gibt, die eigenen Werte umzusetzen. Eine Liebesenergie, die Mut macht, der Wahrheit und Weisheit des eigenen Herzens zu folgen.
Für diese Schritte brauchen wir ein starkes Selbstbewusstsein und Selbstwertgefühl. Doch gerade damit sind wir oft nicht reich gesegnet. Wie häufig betteln wir um Anerkennung und sehnen uns danach, unterstützt und geliebt zu werden? Wie oft versinken wir in tödlicher Resignation oder in Selbsthass?

Von anderen Frauen und Männern lernen

Die für unser Wesen gültigen Werte müssen wir selbst finden. So können wir z. B. nicht werden wie eine Person, die uns besonders beeindruckt. Denn dadurch werden wir zu einer Kopie. Wir können jedoch von anderen Frauen und Männern lernen, sie als Rollenmodell nehmen. Wir können uns solche Menschen näher anschauen: Welche Eigenschaften schätzen wir ganz besonders an ihnen und inwieweit haben wir diese Fähigkeiten bereits selbst entwickelt?
Wir können aus Büchern lernen und überprüfen, welche Inhalte uns berühren. Wir werden die Erfahrung machen, dass immer wieder neue Lehrerinnen und Lehrer in unser Leben treten, die uns die Räume öffnen, die im Moment wichtig sind.

Über all das lernen wir unsere ganz eigenen, individuellen Werte kennen.
Wenn ich mein persönliches Leben im Rückblick anschaue, stelle ich in großer Dankbarkeit fest, dass jeweils im richtigen Moment die richtigen Personen oder Ereignisse in mein Leben traten.

Weibliche Welt

Frausein heißt, alle Formen und das ganze Farbenspiel des eigenen Wesens zu akzeptieren und auszudrücken. Frausein heißt, im Prozess zu sein und die eigene Sexualität zu leben. Es heißt auch, eine Wahl und einen freien Willen haben.
Zu den Fähigkeiten, die zu einem ganzheitlichen Frausein gehören, zähle ich u. a. Mitgefühl, Liebe, Respekt und Achtung vor der Natur und den Zyklen, Hingabe, auch die Hingabe an das Wilde und Unzähmbare in uns sowie die Fähigkeit, Beziehungen einzugehen und zu kommunizieren. Frausein heißt, eins zu sein mit der Intuition, der inneren Stimme. Es bedeutet, den Körper, die Sinnlichkeit, Erotik und Sexualität zu zelebrieren – und die Kraft und Macht der Sexualität zu nutzen, für uns und unseren Prozess.
All diese Fähigkeiten tragen wir in uns – sie gehören zu unserem Frausein. Allerdings bekommen sie erst Kraft und Wirkung, wenn wir sie anerkennen. Niemand außer uns selbst kann ihnen den Wert zugestehen, den sie haben. Wenn wir uns jedoch mit diesen spezifisch weiblichen Eigenschaften verbinden, verbinden wir uns mit der ihnen innewohnenden Kraft.

Was wollen wir aus tiefsten Herzen?

Das Leben lädt immer wieder zum Rückzug und zur Überprüfung dessen ein, was gerade ansteht. Was ist aus meiner Seele geworden? Was droht abzusterben, wenn ich so weitermache wie bisher? Welche Wünsche habe ich begraben? Wie steht es um meine Liebesfähigkeit, um meine Wildheit? Welche Verbindung habe ich zu meinem Wesenskern?
Zu den wichtigsten Lebensaufgaben überhaupt gehört es, unterscheiden zu lernen. Oft bedeutet das, immer wieder zu verzichten und abzuwarten, bis sich das anbietet, was wir aus tiefstem Herzen wollen. Denn die Schlüsselfragen lauten: Worauf habe ich Hunger? Was will ich wirklich?

Traum von einer Bäckerei

»Meine eigene Entwicklung möchte ich Ihnen anhand eines Traumes verdeutlichen, den ich über einige Monate hinweg hatte und der sich im Laufe der Zeit veränderte.
Erster Traum: Ich gehe in eine Bäckerei und schaue mir die Auslagen mit all den Köstlichkeiten an. Ich fühle mich überfordert, eine Wahl zu treffen. Meine Augen fallen ganz unten rechts auf einen versteckten Schokoriegel. Ich traue mir nicht, den ganzen Riegel zu verlangen, und frage scheu nach der Hälfte.
Zweiter Traum: Ich gehe in die gleiche Bäckerei und freue mich bereits im Vorfeld auf die ganzen Süßigkeiten. Beim Betrachten der Auslage läuft mir das Wasser im Munde zusammen. Ich fühle eine gewisse Scheu und bin überfordert mit einer Auswahl. So verlange ich einen Schokoriegel, denn ich weiß, wo sie liegen. Ich begnüge mich aber nicht nur mit der Hälfte, sondern habe schon den Eindruck, dass mir eigentlich ein ganzer Schokoriegel zusteht.
Dritter Traum: Voller Vorfreude gehe ich in die Bäckerei. Ich schaue mich um und freue mich an der großen Auswahl. Eigentlich finde

ich alles, was es zu kaufen gibt, wunderbar. Ich bin spielerisch und strahlend aufgelegt und entscheide mich, dass ich das Recht auf die ganze Bäckerei habe. Und so kaufe ich die ganze Bäckerei.«

Stationen auf dem Weg zum Frausein

Traditionell wurde der weibliche Lebenszyklus immer in Hinblick auf die drei Blutmysterien betrachtet, auch heute noch bedeuten sie wichtige Stationen im Leben jeder Frau. Der Übergang vom Mädchen zur jungen Frau wird durch die erste Monatsblutung – die Menarche – markiert. Dann folgen die vielen Jahre, in der das Blut monatlich aus unserem Schoß fließt. Unterbrochen wird diese Blutung nur dann, wenn wir schwanger sind. Schließlich folgt die Zeit, in der die Blutung ganz aufhört – die Menopause verdeutlicht den Übergang der Vollblutfrau zur weisen, reifen Frau (siehe auch: Menstruation – Von der Menarche zur Menopause).
Ende des 19. Jahrhunderts wurden Frauen nur rund 47 Jahre alt. Jede Schwangerschaft und Entbindung beinhaltete die Möglichkeit des Todes – für die Frau und auch für das Kind. Jede Schwangerschaft oder jede Krankheit war bedrohlich, Leben und Tod waren eng aneinander gekoppelt.
Heute werden viele Menschen dank der besseren Lebensumstände und der Medizin viel älter. Die durchschnittliche Lebenserwartung für Frauen liegt derzeit bei 75 Jahren. Wir haben also rund 30 Jahre mehr zur Verfügung. Und das sind Jahre, die wir neu entdecken und füllen können.

Mehr Möglichkeiten als früher

In den vergangenen Jahrzehnten haben sich die Bedingungen für uns Frauen in der westlichen Welt stark verändert. Wir werden mit anderen Themen in unserem Frausein konfrontiert als unsere Ahninnen. Es geht weniger um einen Überlebenskampf, denn die meisten von uns sind nicht mehr übermüdet und erschöpft durch eine anstrengende körperliche Arbeit.
Wir haben viele Möglichkeiten, unserem Leben den Ausdruck zu geben, den wir als wichtig erachten. Wir können uns entscheiden, welche Lebensbereiche wir besonders unterstützen wollen. Doch setzen wir bewusst Prioritäten für unseren Lebensweg und unsere Beziehungen? Machen wir unseren Beruf zu unserer Berufung? Wollen wir eine Familie gründen? Wollen wir Beruf und Familie unter einen Hut bringen?
Im Laufe der Generationen hat sich auch unsere Körperlichkeit geändert. Die Menarche setzt bei den heutigen Pubertierenden früher ein. Ihre Mädchenjahre werden verkürzt, der Ernst des Erwachsenenlebens mit all den dazugehörigen Verantwortungen beginnt früher. Heute können sich Frauen – mehr oder weniger – frei entscheiden, ob und wann sie Mutter werden wollen.
Sexualität und Fortpflanzung sind nicht mehr zwangsläufig aneinander gebunden. Dank der Geburtenkontrolle können wir uns für eine sinnliche, erotische und lustvolle Sexualität entscheiden, die wir in vollen Zügen genießen können.

Neue weitere Räume schaffen

Sicherlich sind die drei Blutmysterien auch heute noch wichtige Ereignisse im Leben einer Frau, die wir nicht einfach hinnehmen, sondern zelebrieren sollten. Mittlerweile bewegen

wir uns aber auf einem neuen Weg: Wir wachsen über die Mysterien hinaus und brauchen die körperlichen Übergänge von Menarche, Blutung und Menopause nicht mehr als Beschränkungen zu erleben, sondern können uns neue weitere Räume schaffen, um unser Leben zu gestalten.
Schauen Sie sich Frauen der mittleren Lebensjahre an. Wie vital, jung und im vollen Besitz ihrer Kräfte sie sind. Oder die heutigen Seniorinnen, die einen Neustart wagen und ihrem Leben eine andere Einfärbung geben. Es sind hellwache Frauen, die offen sind für die Veränderungen, die das Leben mit sich bringt.
Die Zeit ist reif, dass wir unser Frausein so gestalten, wie es für uns stimmt. Wir haben die Möglichkeit, eine erfüllte, lustvolle und ekstatische Sexualität zu leben. Wir können unseren Töchtern vorleben, was es heißt, als Frau wertvoll und respektiert zu sein. Wir müssen ihnen nicht beibringen, sich möglichst früh in ihren Verführungskünsten zu üben. Wir können sie darin bestätigen, ihr Selbstwertgefühl durch ihre Eigenart zu erhalten und unabhängig von äußeren Bestätigungen zu werden. Wir können ihnen deutlich machen, dass ihre körperlichen Veränderungen und Empfindungen wunderbar sind. Dass die treibende Kraft in ihnen die Lebenskraft ist und dass sie damit selbstverantwortlich umgehen können.

Im Dialog mit Frauen und Männern

Es ist eine wunderbare Zeit, die Vielschichtigkeit des Frauseins auf unsere individuelle Art zu entdecken. Und es ist eine Zeit, die uns tiefe und bereichernde Begegnungen mit Frauen und Männern ermöglicht. Wenn wir ein gutes Selbstbewusstsein entwickeln und uns die Unterschiedlichkeit zwischen den Geschlechtern bewusst ist, können wir in einen lebendigen

und wachstumsfördernden Dialog mit den Männern eintreten. Dann gibt es nichts mehr zu bekämpfen.
Viele Frauen und Männer sind heute stark verunsichert, was ihre weibliche bzw. männliche Identität betrifft. Diese Irritation macht verletzlich, öffnet aber auch gleichzeitig neue Möglichkeiten für einen anderen Umgang miteinander. Nutzen wir die Qualität der Zeit, und leben wir unser Frausein in Würde und mit Stolz!

I Unser Körper

Unsere Sinne – das Tor zur Erotik

Wir sehen, hören, schmecken, riechen und fühlen das Leben in und um uns. Unsere fünf Sinne sind das Tor zu unserer Wahrnehmung und Glückseligkeit. Über sie kommunizieren wir mit unserer Umwelt, mit Mensch und Natur.
Ein sinn-volles Leben, ein Leben mit allen Sinnen zu leben, heißt, sich von der Magie des Moments bezaubern zu lassen, ihn vollkommen auszukosten. Doch wie selten nehmen wir uns die Zeit, im Moment zu leben, im Hier und Jetzt wirklich und wahrhaftig zu sein. Wir erledigen tausend Dinge gleichzeitig: Beim Autofahren verschlingen wir schnell ein Sandwich, um anschließend mit unserer Mitarbeiterin zu telefonieren. Zu Hause angelangt hören wir Musik, arbeiten am Computer und unterhalten uns mit dem Lebenspartner. Beim Lieben führen wir innerlich Zwiegespräche mit einer Freundin und gehen auch gleich noch die Termine für den nächsten Arbeitstag durch. Anstatt einen Augenblick zu genießen, sind wir innerlich bereits beim nächsten, und in Gedanken planen wir bereits die übernächsten Aktivitäten.

Die Reize überfluten uns

Tagtäglich sind wir Millionen von Reizen ausgesetzt, welche uns im wahrsten Sinne des Wortes überfluten. Darum nehmen wir sie nicht mehr bewusst wahr. Es entsteht ein Manko, das uns antreibt, nach noch mehr Sinnesreizen zu dürsten.
Schneller, intensiver, aktionsreicher gestalten wir darum zu-

sehends unser Leben. Die ersehnte Intensität holen wir uns mittels Adrenalinschub in künstlich erzeugten Extremsituationen: Bungee-Jumping, Canyoning und Freeclimbing heißen einige der vermeintlichen Zauberworte.
Doch der Effekt dieser Extremsportarten ist kurz, das schale Gefühl in unserem Innern nimmt schon bald wieder überhand. Um es loszuwerden, leiten wir neue, noch aufregendere Aktivitäten in die Wege. Dasselbe gilt für die Gefühlsdramen, die wir inszenieren, um unser eigenes Ich endlich wieder einmal zu spüren und den Kontakt mit uns selbst, unserem innersten Selbst, zu intensivieren. Die Selbstüberlistung ist perfekt.

Die ganze Vielfalt eines Sinnes auskosten

Wer sich nach Sinn und Sinnlichkeit im Leben sehnt, muss sich selbst eine Chance einräumen, auf seine Sinne hören zu können. Das gelingt nur, wenn wir unser Lebenstempo bremsen und uns aus der Spirale der hektischen Reizüberflutung lösen. Dazu müssen wir umlernen, ganz bewusst aussteigen und uns der Langsamkeit des Seins zuwenden.
Erst wenn wir uns die erforderliche Zeit zugestehen und uns immer wieder nur auf einen Sinn ausrichten, können wir alles um uns herum intensiv wahrnehmen. Dank dieser Verlangsamung erkennen wir dann, dass jede Minute unseres Alltags voller Überraschungen ist. Zusätzlich zu der Wahrnehmung der ganz intensiven und leuchtenden Farben entwickeln wir mit der Zeit und einiger Übung ein Empfinden für die unendlich vielen fein abgestimmten Zwischentöne und -farben, die genauso berührend sind. Sie werden umso lebendiger und erfüllender, je mehr wir uns für diese Wunder des Alltags öffnen können.

Ein intensives Leben zu führen heißt, unter Einbezug all unserer Sinne zu leben. Dafür müssen wir uns Zeit nehmen. Zeit für uns selbst. Die Zeit, im Moment zu sein. Zeit, das Leben mit all seinen Facetten und Schattierungen wahrzunehmen.

Mit den feinsten Wahrnehmungen unserer fünf Sinne bereichern und verwöhnen wir uns. Sie werfen uns, vor allem im positiven Sinn, auf uns selbst zurück. Denn unsere Sinne sind das Tor zu uns selbst. Sie helfen uns, im Einklang mit unserer eigenen inneren Kraft zu leben. Und zwar nicht für ein paar Sekunden oder Minuten, wie es z. B. beim Extremsport häufig der Fall ist, sondern für immer. Lebenslang.

Als Kinder waren wir noch verbunden mit diesem unserem Innersten. Erinnern Sie sich daran, wie Sie völlig versunken Ihrer Mutter lauschten, wenn sie ein Märchen erzählte? Das ganze, volle Aroma der Geschichte konnte sich nur entfalten, weil wir uns ganz hingegeben haben. Mit offenem Ohr und offenem Herzen, manchmal sogar mit offenem Mund, haben wir der faszinierenden Geschichte gelauscht. Sie hat uns völlig in ihren Bann gezogen. Die Worte und Sätze füllten sich mit Leben, mit unseren eigenen Empfindungen, mit Bildern, Gerüchen und Geräuschen. Je nach Inhalt haben wir laut gelacht, oder aber uns flossen die Tränen.

Welch eine Wonne ist es doch, sich ganz in etwas verlieren zu können, ganz Ohr zu werden. Nach dieser Fähigkeit der absoluten Hingabe an einen Moment lohnt es sich zu streben. Denn wenn wir sie in uns selbst wieder gefunden haben – was für ungeahnte Wonnen werden dann erst die Komplimente und geflüsterten Liebkosungen unseres Geliebten bei uns auslösen!

Das goldene Tor der Sinne wieder öffnen

Seien Sie ehrlich zu sich selbst: Wann haben Sie zum letzten Mal mit all Ihren Sinnen eine Rose genossen, Ihre Augen auf diesem in sich absolut perfekten Naturwunder verweilen lassen, ihren Duft bis in die letzte Pore aufgesogen und die wunderbare Samtheit der Blütenblätter mit ihren Fingern sanft ertastet? Oder haben Sie in letzter Zeit die Variationen eines Pfefferminzblattes auf der Zunge ganz bewusst geschmeckt? Wann haben Sie sich die Zeit genommen, einer vorüberziehenden Wolke still und verträumt nachzuschauen?

Aus dem Karussell der Gedanken aussteigen

Ist das goldene Tor der Sinne wieder geöffnet, sind auch die grundlegenden Voraussetzungen für Erotik und Sexualität vorhanden. Unser Körper braucht die Sinnlichkeit des Erlebens, um für die Liebe warm zu werden. Ein Liebemachen ohne Sinnlichkeit verkommt zum kalten technischen Akt. Denn es geht nicht in erster Linie darum, zielgerichtet auf den sexuellen Austausch zuzustreben. Es geht auch nicht darum, auf der Überholspur direkt auf den Orgasmus zuzusteuern. Doch wie können wir dieser Falle in der Realität entfliehen?

Wenn sich zwei Menschen nach einem langen Arbeitstag begegnen, sind sie meist todmüde. Der Kopf ist noch voller Eindrücke des vergangenen Tages, das Karussell der Gedanken dreht sich weiter. Der Körper ist erschöpft und sehnt sich nach Ruhe. Auch emotional sind sie hungrig und ausgelaugt.

Trotzdem – und gerade deshalb – haben beide das Gefühl, es wäre wieder einmal an der Zeit, miteinander zu schlafen. Dass es so nicht zu einer wahren Begegnung und zu einem erfüllenden Austausch kommen kann, ist vorprogrammiert.

Genauso, wie die Sinnlichkeit im Alltag eine Zeitinvestition erfordert, braucht auch die gelebte Sinnlichkeit zwischen zwei Menschen ihre Zeit.
Damit die körperliche Liebe zum tiefen sinnlichen Erlebnis wird, muss jeder der Partner zuerst einmal bei sich, in sich selbst angekommen sein. Erst dann sind wir wieder im vollen Besitz unserer Kraft und können auf den geliebten Menschen zugehen, uns auf ihn einlassen, die Liebe zulassen, uns hingeben.

Petra: Kerzen und Blumen im Badezimmer

»Wir nehmen uns wöchentlich einen Abend Zeit füreinander. Letztes Mal gestaltete ich den Abend. Ich füllte das ganze Badezimmer mit Kerzen und stellte Blumen hinein, die ich morgens auf dem Markt gekauft habe. Ein Duftlämpchen verbreitete eine wunderbare Atmosphäre. Auf einem langen Brett bereitete ich ein leckeres Abendessen vor. Alles, was von Hand gegessen werden kann. Schön angerichtet, dazwischen Blumen. Ich ließ das Badewasser einlaufen und führte meinen Freund mit verbundenen Augen ins Bad. Ich entkleidete ihn und half ihm in die Badewanne. Dann zog ich mich aus, und zusammen saßen wir nun in der Wanne. Zuerst gab ich ihm einige Häppchen zum Probieren, dann nahm ich ihm die Augenbinde ab, und wir aßen gemeinsam. Anfangs war ich recht nervös, doch mit der Zeit hat sich das gelegt.
Nach dem Bad haben wir uns gegenseitig massiert und uns reichlich mit Öl eingerieben. Es war Sinnlichkeit pur, eine wahre Wonne. Es ging nicht um Sexualität, sondern um das Genießen. Wenn es zum Liebemachen führt, ist es schön, es muss aber nicht sein. Für mich ist das Wichtigste, dass wir zusammen sind und uns gegenseitig verwöhnen.
Die Zärtlichkeit, das Spiel kann stundenlang dauern. So wie zur Zeit der alten Römer: Schlemmen, Atmosphäre, Muße. Der pure

Sex tritt in den Hintergrund. Ich hasse es, dieses dem Orgasmus Hinterherhecheln. Das wird dann zu einem Zwang, und da ist mir alles andere viel wichtiger.«

Jeden einzelnen Sinn anregen

Wie steigen wir also aus der alltäglichen Hektik aus, wo sollen wir ansetzen? Wo ist dieses viel gepriesene Tor der Sinne, das es wieder zu öffnen gilt? Das ist einfacher, als Sie es sich vielleicht vorstellen. Denn wenn wir unseren einzelnen Sinnen die ganze Aufmerksamkeit schenken, reagieren sie sehr schnell, ja, sie werden überwach. Und sie lehren uns, dass jeder noch so kurze Zeitabschnitt eine immense Fülle an Leben beinhaltet. So wird das Morgenkonzert der Vögel zu einem tief berührenden Ereignis, das Streicheln einer sonnenwarmen Katze löst Wohlgefühle aus, und das Betrachten eines blühenden Kirschbaumes führt vielleicht zu Tränen.

Eine erotische Atmosphäre schaffen

Sie können sich neu für Ihre Sinne öffnen, indem Sie in Ihren Räumen eine erotische Atmosphäre schaffen und Sinnlichkeit zelebrieren. Kaufen Sie sich beispielsweise einen üppigen, betörend duftenden Rosenstrauß! Was für ein unglaublicher Genuss ist es doch, wenn Sie diese süßen Düfte willkommen heißen und das Auge in dieser wollüstigen Pracht förmlich versinkt!

An einem lauen Sommermorgen können Sie sich einen Spaziergang gönnen und das noch leicht kühle Lüftchen genießen, das sanft und erfrischend über Ihre Haut streicht. Saugen Sie den Duft frisch geschnittenen Grases bis in die

letzte Körperzelle ein. Ihre Seele wird vor freudiger Erregung vibrieren!
Wenn Ihnen an einem regnerischen Sonntag der Sinn nach lauschiger Musik steht, kuscheln Sie sich in Ihrem Lieblingsstuhl ein, schließen Sie die Augen, und lassen Sie sich von den Wogen der Töne hinwegtragen. Kosten Sie jeden Ton in seiner ganzen Fülle und Einzigartigkeit bis zur allerletzten Schwingung aus!
Vielleicht möchten Sie sich aber auch mal mit all Ihren Sinnen einer reifen Frucht hingeben? Wählen Sie z. B. einen besonders schönen Pfirsich aus. Betrachten Sie die feinen Härchen auf der in warmen Gelb- und Rottönen leuchtenden Haut. Schließen Sie die Augen, und streicheln Sie mit den Fingerkuppen über den Pfirsich. Riechen Sie daran, fahren Sie mit der Zunge über diese gleichzeitig samtene und raue Fruchthaut, ertasten Sie sie mit Ihren Lippen. Kosten Sie dann langsam, genüsslich und sehr bewusst vom weichen Fruchtfleisch und dem süßen Saft. Und tun Sie das vielleicht in der Badewanne. Nicht, dass Ihnen die Gedanken an die Flecken den Genuss verderben ...

Entdeckungsreise in das Innere

Die Entdeckungsreise ins innere Reich der Sinne beginnt damit, dass wir in der äußeren Welt immer wieder kleine Impulse setzen. Impulse, die unseren Sinnen schmeicheln, sie umschmeicheln. Das kann das ganz bewusste Genießen einer Frucht sein, das Auskosten eines wohltönenden, einzelnen Klangs oder das Riechen an einer köstlichen Duftessenz.
Das Geheimnis des Erfolgs liegt darin, genug Zeit zwischen diesen einzelnen sinnlichen Impulsen verstreichen zu lassen. So gelingt es, tiefer und tiefer in die Innenwelten zu sinken –

das innere Erleben wird vielschichtiger und reichhaltiger. Ungeahnte innere Räume werden sich eröffnen, die Sie umso stärker wahrnehmen, je mehr Zeit Sie sich zwischen den einzelnen Impulsen nehmen, um auf das Echo zu lauschen.

Empfänglich für das Erleben von Ekstase

Ein einziger Klang kann Erinnerungen an uralte Bilder und Situationen emporsteigen lassen, ein Duft regt unter Umständen eine ganze Abfolge von Assoziationen an. In diesen inneren Filmen sind wir gleichzeitig Regisseurin und Schauspielerin, sind es doch unsere eigenen Bilder und Welten, die sich uns zeigen und eröffnen.

All diese unter Einsatz des vollen Bewusstseins zelebrierten Sinneswahrnehmungen machen Körper und Seele empfänglich und sensibel. Die Gefühle schwingen sich in höchste Sphären auf, der Geist befindet sich auf der wachsamsten aller Stufen. Kurz, das gesamte menschliche Energiesystem dehnt sich so weit wie möglich aus, es wird offen und empfänglich für das Erleben von Ekstase.

Um die Sinne und unsere Sinnlichkeit richtig zu verstehen, müssen wir sie geduldig, einen nach dem anderen, erforschen. Denn nur so werden wir den ersten Schritt auf dem Weg hin zur erfüllenden Ekstase lernen.

Der Tastsinn

Für Kleinkinder ist der Tastsinn überlebenswichtig. Wenn sie nicht berühren und berührt werden, fühlen sie sich isoliert und werden ängstlich. Schlimmstenfalls neigen sie zum Hospitalismus: Sie entwickeln sich z. B. langsamer, zeigen Ver-

haltensauffälligkeiten und sind oft unfähig, Kontakte herzustellen. Hinzu kommt, dass ihr Immunsystem geschwächt ist und sie deshalb häufiger als andere Kinder krank werden.
In unserer Gesellschaft sind Berührungen streng reglementiert, weil sie mit Intimität und Gefühlen verbunden sind. Wir bemühen uns, die Körpergrenzen zu respektieren. Wenn wir in der Straßenbahn eine andere Person unbeabsichtigt berühren, entschuldigen wir uns sofort. Der Zahnärztin schauen wir nicht in die Augen. Nicht nur aus Angst vor dem Schmerz, sondern weil es uns peinlich und zu nah ist. Wenn wir uns massieren lassen, wird die Fachfrau sehr darauf bedacht sein, uns »professionell« zu berühren.
Menschen, die uns nahe sind, zeigen wir unsere Zuneigung, indem wir sie berühren. Wir legen unsere Hände auf eine schmerzende Körperstelle, streicheln ein Kind, wenn es Trost braucht, und halten die Hand unserer Freundin, wenn sie in der Klinik ist. Wir kuscheln uns aneinander, wenn wir uns miteinander wohl fühlen, und berühren einen Geliebten, um ihm zu zeigen, wie sehr wir ihn lieben und begehren.

Massagen mit wohlriechenden Ölen

Unsere Haut ist das größte Organ und hat eine – vermutlich – unersättliche Sehnsucht nach Berührung. Unabhängig davon, ob Sie eine Beziehung haben oder nicht: Verwöhnen Sie sich ab und zu mit einer sinnlichen Massage. Nehmen Sie dazu Ihr bestes Öl oder eine wohlriechende Bodylotion. Ist es nicht Luxus und ein wunderbarer Nebeneffekt, wenn Ihre Bettwäsche nach Ihnen riecht? Oder bitten Sie Ihre Freundin oder Ihren Liebhaber, Sie einzucremen. Lassen Sie sich gleichzeitig auf allen Ebenen berühren – körperlich und gefühlsmäßig. Erlauben Sie sich, die Nuancen der Berührung ganz bewusst

wahrzunehmen. Hören Sie das Reiben der Hände, wenn sie das Öl anwärmen, und genießen Sie den Schauer der ersten Berührung. Freuen Sie sich über das sinnlich erotische Spiel mit Ihrem Körper und dem Körper Ihres Partners bzw. Ihrer Partnerin. Lassen Sie sich mit einer Pfauenfeder streicheln, und nehmen Sie wahr, wie anders sich doch Bartstoppeln oder Körperhaare anfühlen. Um noch tiefer in Ihre Welt einzutauchen, können Sie auch eine Augenbinde anlegen.
Besuchen Sie eine Sauna, und erleben Sie das Öffnen der Poren, den Schweiß, der herunterrinnt, das Erschauern unter der kalten Dusche. Genießen Sie es, wenn das Wasser Ihre Haut umschmeichelt – sei es im See, im Hallenbad oder in der Badewanne. Es ist Ihre Aufmerksamkeit, die jede Sekunde zu etwas ganz Besonderem macht.
Berühren Sie verschiedene Materialien. Kaufen Sie sich Ton, kneten Sie die Masse mit verbundenen Augen, und formen Sie daraus Ihre inneren Bilder. Stellen Sie sich nackt in den lauen Sommerregen, oder wälzen Sie sich nach der Sauna im kalten Schnee.

Der Geruchssinn

Gerüche lösen die stärksten Sinneseindrücke und einen ganzen Strom von Erinnerungen aus. Der Grund: Das Geruchszentrum im Gehirn liegt sehr nahe an einem Bereich, der mit der Gedächtnisfunktion verbunden ist. Gerüche sind Pforten zu intensivstem Erleben auf allen Ebenen der Erfahrung. Sie beeinflussen die mentale Aktivität, das Erinnerungsvermögen und das Gedächtnis. Duftstoffe und Essenzen beeinflussen Stimmungen und Gefühle, aber auch körperliche Befindlichkeiten. Zudem reagiert unser Hormonsystem extrem auf Gerüche.

Wenn wir sagen »Den kann ich nicht riechen«, meinen wir das im wahrsten Sinne des Wortes. Denn es gibt Menschen, deren Ausdünstung uns ekelt, und es gibt Menschen, die uns über ihren Duft in ihren Bann ziehen. Düfte können stark polarisieren – die einen stoßen uns ab und jagen uns Ekelgefühle über den Rücken, die anderen ziehen uns magisch an, so dass wir mit erotischen Gefühlen reagieren.

In den Zeiten, als es noch keine Parfums gab, wussten die Adligen am französischen Hof um dieses Phänomen. Bevor die Hofdamen die edlen Ritter begrüßten, berührten sie sich an ihrem Geschlecht und betupften ihren Handrücken mit ihrem Sexualduft. Beim Knicks und dem obligaten Handkuss steuerte das Hormonsystem von selbst den weiteren Ablauf des Abends.

In unserer heutigen Gesellschaft wird alles »zugedeckt«, was mit unserem Körper – und vor allem unseren Sexualdüften – zusammenhängt. Es gibt eine unzählige Menge von Deos und Parfums, die verhindern, dass wir wirklich nach uns selber riechen.

Körperdüfte übermitteln uns jedoch unterbewusst Botschaften über das körperliche, seelische und sexuelle Befinden anderer Menschen. Vielleicht achten Sie beim Liebesspiel ja mal darauf, wie sich Ihr eigener Duft und der Ihres Partners bzw. Ihrer Partnerin verändert.

Angenehme Düfte schaffen Atmosphäre

Kreieren Sie in Ihren Räumen eine andere Atmosphäre, indem Sie ein Räucherstäbchen anzünden. Mischen Sie ein paar Tropfen Rosenöl Ihrem Reinigungswasser bei, und freuen Sie sich an dem veränderten Duft. Achten Sie auf die Reaktion Ihrer Gäste, wenn Sie Ihre Wohnung mit einer Essenz »gereinigt« haben.

Schließen Sie die Augen, und bitten Sie einen Freund oder eine Freundin, Ihnen verschiedene Nahrungsmittel zum Riechen zu geben. Ihre Nase hilft Ihnen auf die Sprünge: Schokolade erkennen Sie an der süßen Schwere, eine Himbeere an dem unverwechselbar fruchtigen Aroma, und der Duft eines Espressos regt sofort Ihre Magennerven an. Zimt erinnert Sie an die Weihnachtszeit, an die wärmende Verheißung eines Glühweins oder an die einmaligen Zimtsterne Ihrer Mutter.
Genießen Sie den Duft Ihres Partners bzw. Ihrer Partnerin. Schnüffeln Sie mit geschlossenen Augen seinen bzw. ihren Körper ganz bewusst ab. Merken Sie die feinen Nuancen der unterschiedlichen Körperstellen? Und wie ist es für Sie, wenn Sie beschnüffelt werden? Ist es angenehm, peinlich, ungewohnt, sexuell erregend? Werden Sie sich bewusst, wie Ihr Körpergeruch sich mit dem Monatszyklus ändert oder wenn Sie sexuell erregt sind.

Der Geschmackssinn

Wie der Geruchssinn liegt auch der Geschmackssinn an der Basis des Hirns, ganz in der Nähe des emotionalen Gedächtnisses. Einen Geschmack nehmen wir deshalb zuerst über das emotionale Gedächtnis wahr. Dieses ruft vielseitige Erinnerungen wach und kann uns bis in die Kindheit zurückversetzen. Wie einzigartig schmeckte doch Großmutters Kuchen!

Werden Sie ganz zum Mund

Das Schmecken hat viel mit Emotionen zu tun. Die Verfeinerung des Geschmackssinns können wir trainieren. Schließen Sie die Augen. Lassen Sie sich überraschen, wenn Ihr Freund

oder Ihre Freundin Ihnen verschiedene Früchte reicht. Kosten Sie jedes Aroma der einzelnen Früchte, zerdrücken Sie eine Erdbeere in Ihrem Mund. Spüren Sie die feinen Kernchen, wie fühlt sich das Fruchtfleisch an? Und was geschieht, wenn Sie nach einer Frucht zwischendurch ein Stück Schokolade erhalten? Wie reagieren Sie auf die verschiedenen Geschmacksrichtungen?
Gibt es einen Unterschied zwischen einer Zwiebel und einem Stück Apfel? Mögen Sie Bitteres, oder ziehen Sie Süßes vor? Welche Gewürze sprechen Sie an, und welche vermeiden Sie? Wie schmeckt Ihnen ein Schluck schwerer Rotwein? Verändert sich die Essenz, wenn Sie diesen Schluck aus dem Mund des Geliebten trinken? Gibt es Nahrungsmittel, die Sie vorziehen, wenn Sie sich gut fühlen, und wählen Sie anders, wenn Sie verstimmt sind?

Das Sehen

Die meisten Menschen nehmen nahezu 80 Prozent der Umwelteindrücke über die Augen auf. Sie erfassen einen Gegenstand, und das Hirn ordnet dann schnell zu. Wenn wir z. B. auf dem Tisch einen Apfel liegen sehen, benennen wir ihn blitzschnell als Apfel und kommen gar nicht mehr auf die Idee, ihn geschmacklich wahrzunehmen oder ihn zu berühren. Wir haben ihn innerlich als Apfel kategorisiert, und dabei bleibt es.
Die Augen sind nicht unbedingt der beste Gradmesser, was andere Menschen und uns selbst betrifft. Wir lassen uns gern über die Augen verführen – vor allem dann, wenn wir eine Person zum ersten Mal sehen.

Um zu verdeutlichen, dass der erste Eindruck nicht immer der richtige ist, möchte ich Ihnen von Saskia erzählen, die erst zu einem späteren Zeitpunkt in ihrem Leben voll erblindete. Sie interessierte sich in jungen Jahren für Männer, die ihr äußerlich gefielen. Es war ihr wichtig, von schönen Menschen umgeben zu sein und einen attraktiven Mann an ihrer Seite zu haben.
Die schönen Männer ihrer Wahl wurden aber auch von anderen Frauen sehr begehrt. Weil sie aber in der ständigen Angst lebte, austauschbar zu sein, ließ sie sich von ihrem Auserwählten einige Verhaltensweisen gefallen, die sie aber im Grunde störten. Heute »sieht« sie durch ihre blinden Augen anders – ihr sind andere Werte als früher wichtig, und sie nimmt die Dinge auf neue Art und Weise wahr.
Besonders über die Augen lassen wir uns gern vom Äußeren verführen. So lassen wir zum Beispiel Nähe zu, obwohl wir dazu eigentlich gar nicht bereit sind. Oder wir halten uns von jemandem fern, weil er oder sie nicht unserem Bild entspricht. Nehmen Sie sich einmal Zeit, an einem belebten Ort einen Moment zu verweilen und den Menschen zuzuschauen. Und schauen Sie sich selbst dabei zu! Wie schnell urteilen Sie über Ihre Augen? Welche Phantasien entwickeln Sie über das Leben und das Wesen der Beobachteten?

Mit den Farben spielen

Farben beeinflussen unsere Gefühle. Wagen Sie doch einmal mit den Farben, mit denen Sie sich umgeben und kleiden, zu experimentieren. Welches sind Ihre Lieblingsfarben, und welche Farben können Sie nicht ausstehen? Was geschieht, wenn Sie sich für eine andere Farbe entscheiden? Was ändert sich,

wenn Sie im wahrsten Sinne des Wortes Farbe bekennen? Welche Farbe wählen Sie, wenn Sie niedergeschmettert sind, und welche, wenn Sie sich in Hochstimmung fühlen?
Kreieren Sie sich einen Platz in Ihrer Wohnung, der Sie durch seine Ästhetik einlädt, einen Moment zu verweilen. Vielleicht arrangieren Sie bunte Blumen oder Zweige, Steine oder Kerzen.
Wenn Sie im Freien sind, beobachten Sie, wie der Wind ganz sanft mit den Blättern spielt. Lassen Sie das Farbenspiel eines Sonnenuntergangs durch Ihre Augen bis in die Seele dringen.
Bitten Sie Ihren Partner, einmal nur für Sie zu tanzen. Beobachten Sie seinen Körperausdruck. Genießen Sie ihn mit den Augen, nehmen Sie genüsslich wahr, wie er sich bewegt und welche Bilder über seine Bewegungen wachgerufen werden.

Der Hörsinn

Töne beeinflussen den Körper und die Seele des Menschen besonders stark. Über den Ton kommunizieren wir mit anderen Menschen, und über das Ohr und die Augen nehmen wir die Umwelt in uns auf. Es ist eine Wechselwirkung.
Da jeder Ton eine innere Resonanz auslöst, hören wir jedoch gewisse Töne nicht. So vermeiden wir unbewusst, über einen bestimmten Ton an eine unangenehme, in der Regel schmerzhafte Situation erinnert zu werden. Wir blenden den Ton und damit auch die dazugehörende Erinnerung einfach aus.
Musik kann unsere Stimmungen beeinflussen. Wann haben Sie sich das letzte Mal Zeit genommen, um Ihrer Lieblingsmusik zu lauschen? Wann sind Sie in ein Konzert gegangen, um sich in andere Sphären tragen zu lassen? Vielleicht wäre dieses Wochenende die Möglichkeit gegeben, sich Zeit dafür zu nehmen.

Auf einige Stimmen sprechen wir besonders an, sie können uns richtig verführen. Denken Sie nur an berühmte Sängerinnen und Sänger, die uns über die Stimme in ihren Bann ziehen. Wenn uns eine Stimme zutiefst in unserem Herzen berührt, empfinden wir Sympathie für unser Gegenüber und achten in der Regel nicht mehr so sehr auf das, was der andere überhaupt sagt. In diesen Fällen ist es sicherlich sinnvoll zu überprüfen, ob die Worte auch mit dem übereinstimmen, was wir von der Stimme her wahrnehmen.

Auf feine Nuancen achten

Jede Stimme ist einzigartig. Deshalb erkennen wir die Stimmen von geliebten Menschen jederzeit und überall. Wir nehmen auch sofort die Befindlichkeit des anderen wahr, wir erkennen die leiseste Veränderung, die feinste Nuance. Denn unsere Stimme klingt anders, wenn wir unsicher oder traurig sind, wenn wir wütend oder zärtlich sind. Achten Sie darauf, wie unterschiedlich Ihr Name ausgesprochen wird und welche Reaktionen das bei Ihnen auslöst. Es ist spannend, auf die verschiedenen Stimmen zu achten und den Unterschied zwischen einer Männer- und einer Frauenstimme zu bemerken.
Wenn Sie der Melodie verschiedener Sprachen zuhören, können Sie feststellen, wie sehr sie sich unterscheiden. Chinesisch hört sich völlig anders an als Deutsch – unabhängig davon, ob wir die Worte verstehen oder nicht.
Klänge und Töne nehmen wir als Vibrationen in unserem Körperinnern wahr. Sie erreichen aber auch unsere Psyche und können eine heilende Wirkung auf uns haben. Denn jeder Ton berührt eine andere Körperstelle und löst andere Vibrationen aus. Einige Töne können uns auch sexuell stimulieren. Mit einem Digeridoo, einem Gong oder einer Trommel werden Töne

erzeugt, die eher unseren Bauch ansprechen. Das Herz wird über die Geige berührt, Klangschalen laden zur Meditation ein.

Verschiedene Töne und Geräusche unterscheiden

Bitten Sie eine Freundin oder einen Freund, für Sie verschiedene Klänge zu erzeugen oder auf mehreren Instrumenten zu spielen. Wie hört es sich an, wenn eine Zimbel angeschlagen wird? Was empfinden Sie, wenn jemand mit den Fingernägeln über eine Trommel streicht? Was löst das Schnalzen mit der Zunge in Ihnen aus? Was nehmen Sie wahr, wenn Wasser in ein Glas eingefüllt wird? Achten Sie darauf, dass zwischen den einzelnen Tönen etwas Zeit verstreicht. Denn erst die Stille macht den Klang zu etwas Besonderem: »Wenn der Klang verschwindet, erlöschen die Gedanken« – das lehrt uns eine östliche Weisheit.

Verführerische Worte ins Ohr flüstern

Wie wäre es, wenn Sie sich mal eine Geschichte vorlesen lassen würden? Genießen Sie die Atempausen, das Geräusch des Atems, das Blättern der Seiten und die Stimme des Erzählenden, wie er seine Gefühle mit der Stimme ausdrückt.
Sie können sich auch wünschen, dass Ihnen Ihr Partner oder Ihre Partnerin verführerische Worte ins Ohr flüstert. Lauschen Sie mit geschlossenen Augen – wenn Ihr Körper reagiert, erübrigt sich eine Antwort.

Töne in der Stille

Einst schrieb der indische Meister Satja Sai Baba: »In jedem Augenblick und durch die kleinste Unruhe werden Töne erzeugt. Ihr mögt nicht in der Lage sein, sie zu hören, weil euer Hörvermögen begrenzt ist. Das Augenlid, das zufällt, verursacht ein Geräusch und ebenso der Tau, wenn er sich auf dem Blütenblatt niederlässt. Die geringste Bewegung, die die Ruhe stört, wird zwangsläufig einen Laut hervorbringen.«

Hören, was in der Luft liegt

Nur sehr wenige Menschen können »Nicht-Töne« hören. Aber sicherlich kennen Sie etwas Vergleichbares. Wenn Sie z. B. in einem Wald spazieren gehen, der nahe einer Stadt ist, nehmen Sie die Hektik und Unruhe auf, die in der Luft liegt. Vielleicht hören Sie die Autos und die Geräusche der Stadt gar nicht, und doch stört etwas die Ruhe. Vergleichen Sie diese Atmosphäre mit der eines abgelegenen Bergtals, wo es weit und breit keine Autos und Flugzeuge gibt. Oder fahren Sie an den Strand, und lauschen Sie den Meereswellen, dem Spiel der Brandung und den Rufen der Möwen.

Beziehung zum eigenen Körper

In unserem Körper wohnen wir ein Leben lang, er passt sich an, verändert sich. Es ist ein Wechselspiel: Wir erleben mit dem Körper unsere Umwelt, und unsere Umwelt prägt unseren Körper.

Das Entstehen unseres Körpers ist ein absolutes Wunderwerk der Natur. Daher wird oft auch vom »Körper, dem Tempel unserer Seele« gesprochen. Allein die Verschmelzung der Ei- und Samenzelle im Mutterleib ist ein Wunder. Das Entstehen von neuem Leben ist viel komplizierter und um einiges schwieriger, als wir es uns überhaupt vorstellen können. Auch die Wissenschaft kann noch nicht alle Vorgänge im Körper der Mutter und des Embryos erklären.
Das Ungeborene tastet sich immer weiter in ein fremdes Gebiet vor und muss einem ihm unbekannten Bauplan folgen. Ist es nicht ergreifend, dass innerhalb von neun Monaten ein perfekter Körper entsteht und dass es jeden von uns nur einmal auf dieser Welt gibt? Jeder Körper ist einzigartig! Unser eigener Körper erzählt die Geschichte unseres Lebens, unserer Ängste und Hoffnungen, unserer tiefsten Geheimnisse und Erfahrungen.
Sind wir uns bewusst, dass wir wirklich in einem Tempel wohnen, und bewohnen wir ihn auch? Wissen wir dieses Geschenk, einen Körper zu haben und ein Körper zu sein, zu würdigen? Die meisten von uns schätzen diese Tatsache gar nicht richtig. Sie empfinden es als Selbstverständlichkeit, einen funktionierenden Körper zu haben.

Die Sprache unseres Körpers

Unser Körper schenkt uns unendlich viele Möglichkeiten, zu uns und zu anderen zu sprechen – durch seine Haltung, die Farbe der Haut, den Rhythmus des Atems, die Bewegungen, die Organe und Zellen sowie durch Gesundheit und Krankheit.
Der Körper ist kein statisches physisches Etwas, sondern ein dynamisches, sich ständig veränderndes Energiefeld. Es wird durch die Erbmasse, die Ernährung, Beziehungen, die Gesell-

schaft, die Kultur und das Zusammenspiel aller damit zusammenhängenden Faktoren und Aktivitäten beeinflusst. Alle Teile unseres Körpers sind in einem ständigen Austausch und nehmen jeden Moment eine Flut von Informationen und Energien auf.

Unsere individuellen Einstellungen, Erfahrungen und Meinungen beeinflussen, strukturieren und prägen unseren Körper. Der Körper ist unsere Schöpfung. Er sagt uns, was funktioniert und was nicht. Wenn wir uns bewusst mit den eigenen Körperempfindungen auseinander setzen, funktioniert er wie ein Spiegel. Er zeigt uns direkt und klar, welche Gefühle wir haben, mit welchen Glaubenssätzen und Einstellungen wir durchs Leben gehen.

Weil unser Körper in einem ständigen Wandel ist, bietet er uns täglich neu die Chance, uns zu verändern und zu heilen. Wir werden eingeladen, selbstverantwortlich für unsere Gesundheit auf allen Ebenen zu sorgen.

Susanne: Körper und Seele nicht im Einklang

Der Körper spricht eine deutliche Sprache, wenn eine Situation nicht befriedigend ist. Susanne beschreibt, wie es ihr ergangen ist: »Seit 16 Jahren habe ich eine Liebesbeziehung mit einem verheirateten Mann. Ich bin sehr belastet, was meinen Alltag betrifft. Abgesehen davon, dass ich allein erziehende Mutter bin, arbeite ich teilweise. Dass mein Freund verheiratet ist, stört mich nicht. Weil wir die Beziehung geheim halten müssen, kann ich ihn jedoch nicht jederzeit erreichen.

Wir haben etwas gemeinsam, was wirklich stimmt, und das ist die Sexualität. Wir fühlen uns sehr wohl, unser Zusammensein hat an Vertrautheit gewonnen. Ich möchte nicht nochmals von vorne anfangen mit einem neuen Mann. Auf der sexuellen Ebene habe ich, was ich brauche, und gehe deshalb nicht fremd.

Seit einem Jahr habe ich eine Hautkrankheit. Ich war bei vielen Ärzten, aber niemand weiß, was es ist, und niemand kann mir helfen. Die Haut ist entzündet und schuppig, sie brennt und tut weh. Die Ursache ist sicherlich psychisch, sie hat bestimmt auch mit meiner Beziehung zu tun. Es ist schade, dass ich eine solche Vertrautheit mit einem Mann lebe, so intim und so nah, es aber äußerlich nicht stimmt. Denn er ist ja woanders daheim. Das ist ein Zwiespalt, eine Kluft, die meine Seele nicht zusammenbringt.
Ich hadere immer wieder mit mir und überlege, was ich wohl falsch mache. Ich komme nicht zur Ruhe und habe ständig Kopfschmerzen. Manchmal sind diese Schmerzen weg, dafür habe ich diese Hautprobleme. Eigentlich ginge es mir gar nicht so schlecht. Aber etwas will raus, irgendwie. Mein Körper zeigt mir, dass ich mich in meiner Haut nicht wohl fühle.«

Mit dem Körper kommunizieren

Wir können nur überleben, wenn wir eine Beziehung zu unserem eigenen Körper herstellen und seine Sprache und Empfindungen wahrnehmen. Leider wissen die wenigsten, wie sie mit dem Körper kommunizieren können. Nicht, dass es etwas Magisches oder Geheimnisvolles wäre. Nein, im Gegenteil – denn als Kind war es für uns selbstverständlich, eins mit unserem Körper zu sein.
Mit der Zeit haben wir jedoch das fein abgestimmte Sensorium verloren, um auf die Rückmeldungen des Körpers zu reagieren. Wir horchen in der Regel erst dann auf, wenn der Körper massiv auf Unstimmigkeiten hinweist. Die Signale deuten wir dahingehend, dass etwas nicht mehr richtig funktioniert, und greifen zu altbewährten, meist chemischen Mitteln, um den kranken Körperteil sofort wieder funktionstüchtig zu machen.

Wenn wir aber nicht darauf lauschen, was uns der Körper oder die Organe mitzuteilen haben, verlieren wir mit der Zeit die Fähigkeit, die Stimme des Körpers zu hören, oder wir spalten die Körperempfindungen von unserer Wahrnehmung ab. Wir sind nicht mehr der Körper, sondern wir haben einen Körper, und der soll einfach funktionieren. Wir trauen unseren Empfindungen nicht mehr, werden unsicher und verlassen uns lieber auf Ärztinnen und Ärzte und deren Laborbefunde. Wir wissen nicht mehr, welche Nahrungsmittel uns unterstützen, und nehmen uns zu wenig Zeit zum Ausruhen. Stattdessen fordern wir unserem Körper ein Maximum an Leistung ab – und das 365 Tage im Jahr.

Unser Körper ist ein Schlüssel zum Frausein – zu unserem Selbstwert und auch zu unserer weiblichen Identität: Wir fühlen uns stark und schön, wenn wir mit unserem Körper im Einklang sind. Wenn wir Kopfschmerzen haben und uns träge und müde fühlen, empfinden wir uns weniger begehrenswert. Je besser es uns geht, desto bezaubernder ist unsere Ausstrahlungskraft. Wir fühlen uns rundum weiblich und werden auch als Frau angesprochen.

In meinen Seminaren lege ich sehr viel Wert auf Körperübungen, denn über den Körper können wir ganz direkte Erfahrungen machen. Wissen ist gut, durch eigene Erfahrungen gewinnen wir jedoch ganz andere Erkenntnisse. Wenn ich eine Körper- oder Atemübung vermittle, werde ich häufig gefragt: Was muss ich dabei empfinden? Was ist der Sinn der Übung? Solche Fragen zeigen mir, wie unsicher viele Frauen in Bezug auf ihre Körperempfindungen sind. Ich antworte dann immer, dass es darum geht, mit den Empfindungen in Kontakt zu kommen – und das kann bei jedem Menschen etwas anderes sein. In diesem Sinne geht es nicht um richtig oder falsch.

Ein höchstsensibles Instrument

Wenn wir die Sexualität betrachten, ist unsere Beziehung zum eigenen Körper von zentraler Bedeutung. Der Körper, die Sinne und die Sexualität stehen in einer engen und einander bedingenden Beziehung zueinander. Über die Sinne nehmen wir den Körper wahr und über unseren Körper leben wir die Sexualität. Auch im Hinblick auf unsere sexuellen Reaktionen ist unser Körper ein hochsensibles Instrument, das sehr zart besaitet ist.

Als Kind war es für uns eine Selbstverständlichkeit, alle Feinheiten der körperlichen Reaktionen auszukosten. Die Sinne waren wach und offen, der Körper reagierte auf alle Impulse, kurz – unsere Lebensenergie war im Fluss. Der Körper war noch voller Freude und spontanem Ausdruck. Wenn wir lachten, lachte es bis hinunter ins Becken. Auf jede Berührung reagierten wir mit dem ganzen Körper und allen Gefühlen. Ein Kleinkind ist lebendig und erotisch, es ist Freude und Ekstase pur.

Mit der Zeit haben wir verlernt, unser fein abgestimmtes Körperinstrument zu pflegen und zu spielen. Doch was hindert uns daran, dieses Instrument jetzt – und nicht morgen oder übermorgen oder wenn wir gerade Lust haben – wieder hervorzuholen, neu zu entdecken und auszuprobieren?

Bis wir uns mit jemandem in einer Fremdsprache unterhalten können, vergehen meist Monate und Jahre. Wenn wir uns mit unserem Körper unterhalten wollen, werden wir schnell ungeduldig. Und wenn wir mit einem zweiten Körper spielen wollen, erwarten wir, dass sofort die wunderschönste Melodie erklingt und uns in ekstatische Räume entführt. In manchen Fällen klappt das tatsächlich – dieses Geschenk können wir dann in vollen Zügen genießen. Häufig passiert jedoch wenig, und dann braucht es einfach etwas Geduld, weitere Übung und ein ausdauernderes Spiel.

Anfangs reagiert unser Körper vielleicht etwas zögernd, weil er so lange vergessen wurde und wir es ihm nie gedankt haben, dass er so gut funktioniert. Je mehr wir uns aber mit ihm beschäftigen, desto sensibler nehmen wir seine Reaktionen wahr.

Gönnen wir unserem Körper doch eine Extraportion Zeit und Zuwendung, und verführen wir ihn zum Spielen. Wie ein Kind wird er nicht lange zögern und mitspielen, um sich auszudrücken. Und genießen wir die Entdeckungsreise zu unserem eigenen Körper, wie dies ein Kind tun würde – unschuldig, neugierig und offen.

Spielaufgaben

Die beiden folgenden Übungen sind sehr sanft, Sie brauchen sich dabei überhaupt nicht anzustrengen. Und dennoch sind das innere Lächeln und das Summen sehr effektiv, um wieder besser mit dem Körper in Kontakt zu kommen. Die Übungen unterstützen Sie darin, die sehr leisen Töne und Reaktionen des Körpers zu hören.

Das innere Lächeln

Was verändert sich für Sie, wenn Ihnen ein lieber Mensch zulächelt? Ist es nicht wie Weihnachten mitten im Jahr? Wie wäre es, wenn Sie sich in diesem Moment selbst ein Geschenk machen würden? Sie wissen, wie es geht, denn es ist so einfach: Die Mundwinkel gehen leicht noch oben – es darf noch etwas mehr sein, es ist ganz für Sie allein! Zaubern Sie Ihr schönstes Lächeln auf Ihr Gesicht. Und dann lassen Sie diese Energie in Ihren ganzen Körper hineinfließen, in Ihre Organe, in Körperstellen, die schmerzen oder mit denen Sie keinen guten Kontakt haben.

Wiederholen Sie dieses Lächeln einige Male. Spüren Sie, wie gut es sich anfühlt. Schenken Sie sich dieses Lächeln in Momenten, wo Sie Zeit haben, und vor allem in Situationen, die eher schwierig sind.

Das Summen

Eine der machtvollsten Meditationen, die mir bekannt sind, ist das Summen. Denn über das Summen können Sie jede Körperzelle erreichen, die Sie in Schwingung bringen wollen. Sie können es jederzeit machen, es ist einfach, wirkt stimulierend und heilend.
Vielleicht fangen Sie damit an, morgens im Bett durch Ihren ganzen Körper zu summen. So schenken Sie sich einen sanften und liebevollen Einstieg in den Tag. Sie können das Summen auch spezifischer machen, indem Sie Ihre Aufmerksamkeit auf eine bestimmte Körperstelle lenken, mit der Sie mehr Kontakt haben möchten. Sie können auch ein Organ wählen. Konzentrieren Sie sich ganz auf diese Stelle, atmen sie einige Mal ganz tief ein und aus, und lassen Sie dann ein leises Summen über Ihre Lippen kommen.
Summen Sie z. B. in Ihren Bauch hinein: Zuerst vielleicht ganz allgemein in den Bauchraum. Wenn Sie wollen, können Sie dann auch jeder Darmwindung folgen oder in die einzelnen Beckenorgane hineinsummen. Entdecken Sie jeden Winkel, und beleben Sie ihn mit dem Summen. Sie werden spüren, wann es Zeit ist, mit dem Summen aufzuhören. Genießen Sie den Moment, und lauschen Sie dem Echo. Wenn Sie bereit sind, verabschieden Sie sich wieder von Ihrem Bauch. Besuchen Sie zu einem späteren Zeitpunkt Ihren Bauch noch einmal. Achten Sie dann darauf, ob und wie er auf Ihr erneutes Summen reagiert.
Bei dieser Übung können Sie nichts falsch machen: Es ist völlig egal, wie sich das Summen anhört, und Sie brauchen auch nichts Sensationelles zu empfinden! Nehmen Sie einfach wahr, was passiert.

Selbstbild und Fremdbild

Das heutige Schönheitsideal können die meisten Frauen nicht erreichen. Denn Fett ist absolut out, und den Frauen werden Körperformen abverlangt, die der Genetik widersprechen. Vor allem die Werbung propagiert, dass die Zeichen der Zeit korrigiert werden müssen. Sie wertet es als einen Mangel und einen Fehler der Natur, wenn man die Erfahrungen und das Alter im Körper eines Menschen erkennen kann. Graues Haar müssen wir deshalb tönen, die ersten Fältchen decken wir mit Make-up ab, Altersflecken werden via Laser entfernt – und gegen das nicht mehr so elastische Bindegewebe kämpfen viele im Fitness-Studio an.

Was ist schon ein Idealmaß?

Die so genannten idealen Maße und Größen und das ideale Gewicht haben die Modeschöpfer und die Medien zu einem Schönheitsdiktat erhoben. So ist es kein Wunder, dass die durchschnittlich gebaute Frau ein Bild der Unvollkommenheit mit sich herumträgt. Verzweifelt versucht sie, sich besonders gut zu kleiden und zu schminken. Doch da sie weiß, dass der Schein trügt, fühlt sie sich als Betrügerin und wagt es kaum, leger gekleidet oder gar ungeschminkt herumzulaufen. Komplimente anzunehmen fällt ihr schwer, da sie überzeugt ist, dass sie nicht ehrlich gemeint sind.
Viele Frauen wollen dem äußeren Idealbild entsprechen und entwickeln dabei auch quälende Maßstäbe im Innern. Um gegen das Diktat im Außen zu rebellieren, brauchen wir ein gutes Selbstwertgefühl. Wesentlich mehr Energie brauchen wir jedoch, um auch das innere Diktat aufzulösen.

In meinen Seminaren rede ich mit den Frauen über ihre Körper, gemeinsam schauen wir sie an. Was dann passiert, läuft immer wieder gleich ab: Die Frauen mustern sich und gehen sehr kritisch mit sich um, sie weisen präzise auf ihre vermeintlichen Schwachstellen hin. Die Brüste sind zu groß oder zu klein, sie hängen zu sehr, der Bauch ist schlaff, der Po zu breit, die Oberschenkel zu dick – nichts stimmt.
Manchmal finden sie doch noch etwas Schönes, meist aber erst nach langem Zögern. Wenn sich dann aber die anderen Teilnehmerinnen am Gespräch beteiligen, lenken sie das Augenmerk auf ganz andere Punkte. Sie bezeugen, dass die Frau wunderschön aussieht, wenn sie nur zu sich steht.

Pia: Zwischen zwei Spiegeln

»Beim Tantra-Seminar gab es eine Übung, bei der ich mich nackt zwischen zwei Spiegel stellte. Im Hintergrund saß die Gruppe, und ich redete zu mir. Ich sprach über meinen Körper und über mein Frausein. Das fand ich sehr schwierig. Im Nachhinein glaube ich aber, dass ich mich damals selbst zum ersten Mal so richtig als Frau wahrgenommen und die Konfrontation mit mir ausgehalten habe.
Ich spürte, dass die Atmosphäre sehr liebevoll und tragend war. Das Echo der Gruppe hat dieses Erlebnis nachhaltig in mir verankert. Vordergründig habe ich über meinen Körper gesprochen, doch da schwang natürlich alles Psychische und Emotionale mit. Ich bin sehr dankbar für diese Übung, ich weiß noch, wie ich erfüllt von mir selbst nach Hause ging. Heute schaue ich mich viel lieber an. Ich schätze meinen Körper und habe eine recht gute Beziehung zu und mit ihm.«

Magie setzt ein, wenn wir in die Gegenwart – ins Hier und Jetzt – kommen und zu uns und unserer Geschichte stehen. Genauso, wie jeder Baum erzählt, ob er genügend Wasser hat,

in welcher Landschaft er steht, in welcher Jahreszeit wir ihn gerade antreffen, genauso erzählt jeder Körper eine Geschichte. Nämlich die Geschichte der Frau, die sich zeigt. Die Brüste erzählen, ob sie Kinder genährt haben. Die Beine sagen, ob sie uns tragen. Das Becken strahlt, wenn es mit Lebendigkeit und Erotik gefüllt ist. Und der Bauch lacht, wenn er so sein darf, wie er ist.
Wenn wir uns nackt zeigen, werden wir sehr verletzlich. Daher fühlen wir uns meist wohler, wenn wir uns verhüllen – mit unseren Kleidern, unseren Haaren, unserem Make-up und unserem Verhalten. Diese Ablenkmanöver nutzen wir, damit uns andere nicht im Innersten erkennen. Doch es lohnt sich, den ersten Schritt zu tun und uns so zu zeigen, wie wir sind – also nackt im wahrsten Sinne des Wortes. Denn dann lassen wir zu, ganz tief berührt zu werden.

Paradoxes Verhalten

Wenn ich in meinen Seminaren die sexuelle Ausstrahlung der Frauen anspreche, leuchten bei vielen die Warnlämpchen auf. Denn nur wenige von uns erlauben sich das Spiel mit der Erotik wirklich. Das ist völlig paradox: Zum einen geben wir ein Vermögen für unser Erscheinungsbild aus. Wenn wir jedoch äußerlich viel Erotik, Sinnlichkeit und Lebendigkeit zeigen, können wir es kaum aushalten, wie unsere Umwelt darauf reagiert.
Viele von uns tragen den Satz in sich: Wenn ich viel verspreche, muss ich es auch einlösen. Oder anders ausgedrückt: Wenn ich mich in meiner Sinnlichkeit und Schönheit zeige, muss ich auch »Ja« sagen zum Sex. Doch das ist ein Irrtum. Wir dürfen sinnlich und erotisch sein, wir dürfen unsere Lebendigkeit zeigen. Es ist ein Genuss und ein Geschenk für

alle – besonders für uns selbst. Denn Sinnlichkeit ist reine Lebensenergie, Erotik pur. Sie kann zur Sexualität führen, muss aber nicht.

Simone: Lesbische Liebe

»In der Pubertät merkte ich, dass ich lesbisch bin. Ich war 16, in einer kaufmännischen Ausbildung. Damals habe ich eine Frau kennen gelernt. Das war ein Erlebnis, wie ich es noch nie zuvor hatte. Ich möchte das auch nicht unter dem Stichwort Verliebtsein abbuchen. Es gibt einfach Menschen, die wecken etwas in einem, so dass die Welt aufgeht. Durch das Interesse an deiner Person beginnst du, ganz neue Dinge an dir zu entdecken. Eine solche Erfahrung habe ich mit dieser Frau gemacht. Sie lebt nach wie vor heterosexuell. Wir haben noch immer Kontakt zueinander. Eine total bereichernde Beziehung. Später, als ich auf dem zweiten Bildungsweg die Matura machte, habe ich mich in eine Lehrerin verliebt. Da kam erstmals Sexualität mit einer Frau ins Spiel – ich war 22. Ich hatte wohl mal eine Jugendliebe mit einem Jungen aus meiner Klasse, mit Knutschen und Küssen. Doch richtig geschlafen mit einem Mann habe ich noch nie, nein.

Viele Leute haben ein bestimmtes Bild von lesbischen Frauen. Z. B. dass wir es mit Männern versucht und dann aus Enttäuschung zu den Frauen gewechselt haben. Doch ich bin durch und durch lesbisch, unberührt von einem Mann. Nicht, dass ich stolz darauf wäre. Vielleicht wäre es eine gute Erfahrung gewesen. Doch ich wollte es einfach nicht und bin insofern stolz auf mich, dass ich mich nie zu etwas habe zwingen lassen in dieser Richtung. Auf der rein sexuellen Ebene lebe ich ganz klar Frauenbeziehungen. Doch ich habe auch Männern gegenüber erotische Gefühle. Ich kann mit Männern flirten, und sie können mir sehr nahe sein. Aber sexuell reizen sie mich nicht. Frauen sind einfach schöner, nur schon zum Ansehen. Sie sind reizvoller. Es fährt mir viel mehr ein, ich empfinde Freude an ihnen, sie sind einfach appetitlicher als Männer.«

Vor allem junge Frauen verwechseln häufig Sinnlichkeit und Sexualität, sie senden eine Doppelbotschaft aus: Zum einen signalisieren sie den Männern: »Hallo, hier bin ich. Nimm mich wahr und verehre mich.« Doch dann sind sie zutiefst empört, wenn ein Mann tatsächlich auf sie zugeht. Es fällt ihnen schwer, die Aufmerksamkeit, die sie auf sich ziehen, auch auszuhalten. Ihr Selbstbild stimmt nicht mit dem Bild überein, das sie nach außen hin zeigen, und meist sind sie noch nicht imstande, die Spannung der Erotik auch zu halten. Um keine Reaktionen mehr auszulösen, nehmen sich viele Frauen im Laufe der Jahre zurück. Sie kleiden sich in wallende Gewänder, verstecken sich hinter grauen Farben oder geben sich betont burschikos. Halten Sie jetzt beim Lesen kurz inne, und fragen Sie sich selbst: Brauche ich den Schutz der Tarnung heute wirklich noch, oder gehört er der Vergangenheit an?

Mit dem Auftreten spielen

Wir alle tragen Bilder in uns, wie wir sein könnten. Die Bilder ändern sich mit den Lebensphasen und den Themen, die gerade anstehen. Wir können diese Bilder wachrufen, indem wir unser Äußeres entsprechend wandeln. Das Spiel mit unserer Kleidung und unserem Auftreten können wir nutzen, um unserer Energie einen Weg zu bahnen und wachzuküssen, was in uns schlummert. Vielleicht wählen Sie ja ein paar Zwischenschritte auf dem Weg zu Ihrem neuen Selbst und veranstalten z. B. mit Ihrer Freundin eine kleine Modenschau. Wenn Sie es in Ihren eigenen vier Wänden ausprobieren, fällt

es Ihnen sicherlich leichter, auch draußen selbstbewusst aufzutreten.
Eine schöne Frau wirkt deshalb auf uns, weil sie all ihre individuellen Aspekte ausdrücken kann. Sie zeigt nicht nur ein festgelegtes Bild von sich. Sie ist in Kontakt mit den verschiedenen Facetten ihres Wesens, und es macht ihr Spaß, diese Anteile über ihre Kleidung, ihr Make-up und ihren Schmuck auszudrücken. An einem Tag kann sie sich ganz romantisch und sinnlich geben, an einem anderen kleidet sie sich betont unisex. Wir können lernen, unser Inneres auch mit unserem Erscheinungsbild auszudrücken, und das kann viel Spaß und Vergnügen bereiten. Es gehört zum Reifungsprozess, die verschiedenen Seiten von sich wahrzunehmen, anzuerkennen und zu zeigen.
Je älter wir werden, desto mehr Möglichkeiten haben wir, die verschiedenen Aspekte unseres Frauseins auszudrücken und zu feiern. Und dies kann unheimlich viel Spaß und Freude machen. Wir haben ein Geburtsrecht darauf, erotisch und sinnlich zu sein. Und es gehört zum Leben, dieses Spiel zu spielen und zu genießen.

Sabine: Aus dem grauen Alltag ausbrechen

»Zuerst ging ich zum Friseur, ließ mir die Haare schneiden und einige Farbtupfer einfärben. Eine Freundin borgte mir ein eng anliegendes Kleid, das die Figur betont. Sie half mir auch beim Schminken. Zusammen besuchten wir dann eine recht gediegene Bar. Anfangs war es mir peinlich, aber vor allem ungewohnt – es war im wahrsten Sinne des Wortes Neuland für mich. Zu meiner eigenen Überraschung bestellte ich in der Bar einen Drink. Das würde ich sonst nie machen. Ich war unendlich dankbar dafür, dass meine Freundin mit dabei war. So konnte ich immer überprüfen, wie frau sich denn in diesem Lokal bewegt.

Ermutigt durch diesen ersten Schritt besuchten wir im Laufe des Abends die Disco des SkyDancing Instituts. Dort treffen sich hauptsächlich Teilnehmerinnen und Teilnehmer aus den Seminaren. Das ist eine gute Möglichkeit, unter Gleichgesinnten zu sein. Ich fand es gut, dass fast alle allein zum Tanzen gekommen waren. So konnte ich mich problemlos unter die Leute mischen. Seit diesem Abend gehe ich häufiger in die Disco. Dann beobachte ich, wie sich die anderen Frauen kleiden, wie sie sich bewegen und wie sie Kontakte machen.«

Spielaufgaben

Betrachten Sie sich im Spiegel

Vermutlich stehen Sie täglich im Badezimmer vor dem Spiegel. Nehmen Sie sich einen Moment, um in Ihre Augen zu schauen. Was sehen Sie? Welche Gefühle sind da? Nehmen Sie sich Zeit, Ihr Gesicht ganz genau zu betrachten. Was »lesen« Sie in Ihrem Gesicht? Welche Züge sind Ihnen vertraut? Wo haben sich im Laufe der Zeit kleine Fältchen gebildet? Sind es Lachfältchen? Drücken sie Sorgen aus? Was hat sich in den letzten Monaten verändert?
Und nun betrachten Sie sich in einem Spiegel in Ihrer vollen Größe – achten Sie auch auf die Doppeldeutigkeit des Wortes. Wie ist Ihre Haltung? Wohin atmen Sie? Wie tragen Sie den Kopf? Wie stehen Sie mit den Füßen auf dem Boden? Kneifen Sie den Po zusammen, oder ziehen Sie den Bauch ein? Lassen Sie Ihre Augen über den ganzen Körper wandern, und sprechen Sie innerlich oder auch tatsächlich aus, was Sie sehen. Vermeiden Sie die kritischen Blicke, und betrachten Sie sich wohlwollend.
Bitten Sie Ihre Freundinnen, Ihnen zu sagen, was sie an Ihnen schön finden. Vielleicht wagen Sie es, sich nackt zu zeigen. Ver-

kneifen Sie sich jeden Kommentar. Hören Sie einfach zu, und lassen Sie die Worte auf sich wirken.

Unser Körper erinnert sich

Wir tragen die Geschichte unseres gesamten Lebens in unserem Körper. In unserem Gewebe haben wir alle Muster, Glaubenssätze, Präferenzen, Erwartungen, Hoffnungen und Ängste – kurz, unsere ganze Einstellung dem Leben gegenüber – gespeichert. Was wir erlebt haben und wie wir uns gerade fühlen, drücken wir mit unserer Haltung und unseren Bewegungen aus.

Die meisten von uns haben als Kind die Erfahrung gemacht, dass nicht all unsere Wünsche und Bedürfnisse befriedigt wurden. Etwas nicht zu bekommen löst in einem Kind Schmerz, Wut, Trauer und Frustration aus. Das Kind entscheidet sich unbewusst, diese unangenehmen Gefühle zu vermeiden oder den Schmerz nicht allzu tief in sich eindringen zu lassen. Es spannt den Körper an, macht dicht und blockiert seine Gefühle, die Atmung, die Stimme und die Bewegungen – die Energie wird gehalten und kann nicht mehr frei fließen.

Die Erfahrung zeigt: Je schmerzhafter die ursprüngliche Verletzung ist, desto fester wird der Muskelpanzer und desto schwieriger sind die damit verknüpften Gefühle zugänglich.

Verspannungen lockern

Wenn wir älter werden, verfestigen sich diese Abläufe. Häufig behalten wir sie ein Leben lang bei. So wird die Geschichte bei

vielen Menschen deutlich sichtbar: Sie haben ein unbewegliches Becken, einen krummen Rücken, einen chronisch steifen Nacken, oder ihr Körper ist so verspannt, dass er kaum noch gelockert werden kann.
Wer häufig Stress und Angst erlebt, zieht die Schultern nach oben und nach vorn und spannt den Bauch an. Wenn sich die stressige Situation über längere Zeit nicht entspannt, festigt sich die Körperhaltung immer mehr. Die Energie kann nicht mehr frei fließen, und auch Gefühle können wir nicht mehr ausleben. Viele Menschen gewöhnen sich über all die Jahre an ihre Verspannungen und ihre Lustlosigkeit und bemühen sich gar nicht mehr, etwas dagegen zu tun.
Wie anders ist doch unsere Körperhaltung, wenn wir uns gut und selbstbewusst fühlen. Wir stehen und sitzen aufrecht, bewegen uns aus dem Becken heraus, das Brustbein ist nach oben gerichtet, und die Schultern sind entspannt. Der Bauch darf sein, wie er ist, die Atmung strömt ein und aus. Wir zeigen uns so, wie wir sind – stolz, selbstbewusst und aufrecht.

Alte Geschichten und Muster

Menschen, die viel an sich arbeiten, können zwar den Hintergrund ihrer Trauer und Resignation benennen. Sie wissen vielleicht, dass sie unendlich traurig und wütend sind, weil ihr Vater sie früh verlassen hat. Ihre Befindlichkeit und ihr Körpergefühl ändert sich aber über dieses intellektuelle Wissen nicht. Denn alle Gefühle sind im Körper gespeichert. Um unterdrückte Gefühle zu befreien und die Energie wieder frei fließen zu lassen, müssen wir uns in erster Linie bewegen und unsere Muskelverspannungen lockern. Wenn wir die Körper-, Gefühls- und Energiepanzerungen gezielt lösen, werden auch alle Geschichten und Muster gelöst, die damit verbunden sind.

Falls es sich bei Ihnen um tiefe Verletzungen oder Traumata handelt, sollten Sie professionelle Hilfe suchen. Während einer Psychotherapie, einer Körpertherapie oder der Kombination aus beiden Formen lernen Sie unter Anleitung, Ihre Energien freizusetzen.
Viele Menschen bewegen sich nicht, weil sie nicht mit ihrer Vergangenheit in Kontakt kommen wollen. Wenn wir uns aber entschieden haben, unser Frausein frei auszudrücken, müssen wir in Bewegung kommen. Eine Freundin von mir gab die Losung aus: »Trust and move« (Vertraue und bewege dich). Wir müssen all unseren Mut zusammennehmen, um uns auf den Weg zu machen und uns mit dem zu konfrontieren, was ist. Doch ich kann Ihnen versprechen: Das Anschauen der eigenen Geschichte, die seit Jahren verdrängt in uns geschlummert hat, setzt eine erstaunliche Menge an Energie frei. Denken Sie an das Bild des Eisbergs: Die Spitze ragt aus dem Wasser, sie ist unserem Bewusstsein zugängig. Der riesige Anteil, der unter Wasser versteckt ist, liegt im Unbewussten. In unserer Kindheit haben wir gelernt, unsere schmerzlichen Gefühle zu verdrängen. Doch nun stellt sich die Frage, ob wir diese Strategien noch brauchen oder ob die Zeit nicht reif ist, das ins Bewusstsein zu holen, was wir bis jetzt verdrängt haben.

Blockierte Energien wieder befreien

Wenn wir unsere Geschichte betrachten, stellen wir nicht selten fest, dass wir im Bereich der Sexualität besonders häufig verletzt wurden. Die Abwehrmuster unseres Körpers können wir vor allem mit Hilfe der Bewegung, aber auch der Atmung und der Stimme auflösen (siehe auch: Die drei Schlüssel, um die Sexualenergie zu wecken).

In unseren Zellen und unserem Gewebe sind nicht nur die dunklen, sondern auch die kraftvollen, ekstatischen Momente gespeichert. Obwohl unser Körper wie ein Computer alles wertfrei abspeichert, neigen wir in der Regel dazu, die guten Momente zu vergessen, und richten uns auf all das aus, was uns einschränkt.
Um unseren eigenen Weg zu gehen, müssen wir uns von den Aspekten befreien, die uns an unserem Wachstum hindern. Diesen Prozess können wir auch beschleunigen, indem wir uns an all den freudvollen Erinnerungen nähren und ihnen Energie geben. Wir müssen uns die Bilder und Situationen wieder in Erinnerung rufen, in denen wir uns lebendig und erotisch fühlen. Wenn wir an diese freudigen und vibrierenden Momente anknüpfen, »erinnern« sich auch unsere Zellen – und das wiederum spiegelt sich in unserer Körperhaltung.

Spielaufgaben

So erinnern sich Gewebe, Muskeln und Zellen an Freude, Sinnlichkeit und Erotik

Machen Sie irgendetwas mit Ihrem Körper, das Ihnen Spaß macht und Sie unterstützt, sich aufzuladen und die Atmung zu aktivieren. Legen Sie z. B. eine Tanzmusik auf, und bewegen Sie Ihren Körper nach Lust und Laune. Sie müssen keine Performance hinlegen – es geht darum, dass Sie sich etwa 20 Minuten lang energetisch aufladen.
Bleiben Sie stehen, und schließen Sie die Augen. Sinken Sie sanft in die Knie, und atmen Sie durch den leicht geöffneten Mund. Vor Ihrem inneren Auge lassen Sie jetzt all die Situationen und Momente aufsteigen, in denen Sie sich lebendig, schön, sinnlich, vibrierend, erotisch und ekstatisch fühlten. Je länger Sie atmen,

umso klarer werden Ihre Empfindungen. Erlauben Sie Ihren Sinnen, aktiv zu werden. Vielleicht zeigen sich Ihnen Ihre inneren Welten über Bilder, vielleicht hören Sie Geräusche, oder Sie erinnern sich an frühere Begebenheiten.
Atmen Sie in diese Bilder hinein, und lassen Sie all die freudigen Gefühle zu, die damit verbunden sind. Treten Sie in den inneren Film ein. Beobachten Sie sich in der Situation, und verbinden Sie sich mit Ihren Gefühlen. Spüren Sie Ihre Sinnlichkeit, Ihr Vibrieren, Ihre Lust. Richten Sie Ihre Aufmerksamkeit immer wieder auf diese positiven Empfindungen. Und stellen Sie sich die Frage: Bin ich bereit, ab sofort wieder solche Momente zu erleben?

Vor dem körperlichen Lieben

Je aufgeladener Ihr Körper ist, desto stärker können Sie etwas empfinden. Diese Erfahrung können Sie auch für das Liebesspiel nutzen. Probieren Sie es aus: Bewegen Sie sich, schütteln Sie sich, oder tanzen Sie vor der ersten Berührung. Anschließend werden Sie auf der körperlichen Ebene mit Ihrem Partner oder Ihrer Partnerin viel mehr wahrnehmen.
Die Alternative: Nehmen Sie sich einen Moment Zeit, schließen Sie die Augen, und konzentrieren Sie sich auf die Atmung, ohne sie zu verändern. Lassen Sie innerlich die Bilder und Situationen aufsteigen, in denen Sie sich sinnlich, erotisch und freudvoll gefühlt haben. Tauchen Sie mit all Ihren Sinneswahrnehmungen für einen Moment in dieses Erleben ein. Verbinden Sie sich ganz mit Ihrem Gefühl.
Vielleicht spüren Sie, vielleicht erahnen Sie mehr, wie diese »früheren« Glücksgefühle in Ihre Arme, Hände und Finger fließen. Mit einem tiefen Atemzug lassen Sie die Bilder wieder los und kommen in die Gegenwart zurück. Mit Ihren »liebenden« Händen berühren Sie dann Ihren Partner oder Ihre Partnerin.

Annette: Einstimmen auf die körperliche Liebe

»Meist bin ich abends todmüde. Mein Mann und ich sind froh, wenn wir endlich ins Bett sinken können. Vom Liebemachen ist dann keine Rede mehr. Mit der Zeit fanden wir das frustrierend, da die Sexualität wichtig für uns ist. Wir suchten nach Möglichkeiten, uns auch auf der körperlichen Ebene wieder vermehrt zu begegnen, und dies nicht immer in einem ausgelaugten Zustand.
Mein Mann ist Lehrer und hat zwei Nachmittage pro Woche frei. Diese Chance nutzen wir jetzt: An einem Nachmittag bringen wir unsere Kinder zur Schwiegermutter, das ist jetzt unser Liebesnachmittag. Nicht, dass wir gleich miteinander ins Bett gehen. Nein, zuerst setzen wir uns hin und erzählen uns gegenseitig je eine halbe Stunde lang, wie es uns geht und was uns beschäftigt. Dabei hören wir einander schweigend zu, wir unterbrechen den anderen nur, wenn wir etwas nicht verstehen.
Nach diesem Zwiegespräch machen wir eine Kaffeepause. Da wir beide begeisterte Sportler sind, gehen wir danach miteinander joggen – unabhängig davon, wie das Wetter ist. Nach einem erfrischenden Waldlauf und dem anschließenden Duschen fühlen wir uns lebendig, wach, energetisiert und mit Sauerstoff voll getankt. Erst jetzt ziehen wir uns zurück, um uns körperlich zu begegnen. Durch diesen Wohlfühltag hat sich die Qualität des Liebens grundsätzlich geändert. Jetzt findet ein lebhafter Dialog statt, der uns auf allen Ebenen erfüllt. Unsere Liebesnachmittage möchte ich nicht mehr missen. Wenn wir einen Termin nicht einhalten können, suchen wir sofort eine Alternative – wir wollen wenigstens zweimal pro Monat Zeit für die Liebe haben.«

Die Körperempfindungen wecken

Mit dem eigenen Körper in Einklang zu sein ist nicht nur für das Wohlbefinden wichtig, sondern auch, um Grenzen setzen zu können.
Einen Hinweis darauf, ob Sie mit Ihrem Körper in Einklang sind, erhalten Sie, wenn Sie sich im Alltag beobachten. Wie bewegen Sie sich? Fließen die Bewegungen beim Gehen durch den Körper? Haben Sie ein Gefühl von einer gewissen Geschmeidigkeit? Sind Sie mit Ihren Gedanken dort, wo Sie gerade mit Ihrem Körper sind? Oder denken Sie ständig an andere Dinge?
Wir sind eine kopflastige Gesellschaft – diese Aussage lässt sich gut mit einem Bild verdeutlichen: Stellen Sie sich ein Haus vor. Das Dach ist Ihr Kopf, die Räume bilden den restlichen Körper. Viele Menschen »wohnen« nur vom Halse an aufwärts. Die Grenze, die unseren Kopf vom Körper trennt, schneidet uns jedoch von unseren Erfahrungen, Gefühlen und Wahrnehmungen ab. Somit bleibt der größte Teil von uns selbst unbewohnt und unbeachtet. Wer aber soll antworten und die Türe öffnen, wenn wir gedanklich im siebten Himmel schweben und nicht mit unserem Körper verbunden sind? Wer soll uns sagen, dass wir im Moment allein sein wollen und keine Lust auf einen Dialog haben? Wenn wir nicht in unserem Körper sind, wer soll dann sagen, was für uns stimmt und wie oder wo wir berührt werden möchten?

Die eigenen Grenzen setzen

In der Regel fällt es Frauen schwer, Grenzen zu erkennen, zu setzen oder aufzulösen. Diese Grenzen können innerhalb unse-

Körpers liegen, z. B. zwischen Kopf und Rumpf. Einige Frauen berichten aber auch, dass sie das Gefühl haben, ihr Becken sei losgelöst vom Rest des Körpers – das ist meist ein Hinweis darauf, dass sie von ihrer Sexualität abgespalten sind.
Es gibt aber auch Grenzen um unseren physischen Körper herum. Ob wir diese Grenzen beachten, merken wir, wenn wir mit anderen Menschen zusammen sind. So wird es uns z. B. häufig zu eng, wenn wir in einem Lift stehen und mehrere Leute zusteigen. In anderen Situationen grenzen wir uns absichtlich stark ab. Damit sich z. B. am Strand niemand allzu nah an uns heranwagt, verhalten wir uns so, dass unser Nein weithin sichtbar wird.
Unsere psychischen und energetischen Grenzen erfahren wir, wenn es darum geht, zu genießen oder leidenschaftlich zu sein. Können wir uns in die Situation hinein entspannen, offen bleiben, unsere Grenzen sogar etwas auflösen und in dieser »Ausdehnung« ruhen? Können wir uns ekstatisch hingeben, oder ziehen wir uns in uns selbst zurück, damit es ja nicht zu viel für uns wird?

Flexible Grenzen

Wenn wir geboren werden, kennen wir noch keine Grenzen. Somit sind Grenzen etwas Erlerntes. Sie sind flexibel und werden immer wieder neu definiert. Wenn uns die eigenen Grenzen aber zu wenig bewusst sind, werden sie starr. Und dann geht es darum, sie wieder aufzuweichen oder nochmals sehr klar zu ziehen.
Es ist eine Kunst, im jeweiligen Moment die angemessene Grenze zu finden. Jede Situation fordert uns wieder aufs Neue heraus. Versuchen Sie, sich immer wieder dabei zu beobachten. Wie klar setzen Sie eine Grenze? Sind Sie so flexibel, dass

Sie sich nach einer klaren Abgrenzung wieder ausdehnen können?
Paradoxerweise öffnet ein klares Nein häufig den Raum für ein anschließendes Ja, denn einmal gesetzte Grenzen können wir nachträglich auch wieder ausdehnen. Das Barometer, ob wir uns in der jeweiligen Situation richtig verhalten haben, ist unsere eigene Befindlichkeit. Wenn wir unsere Reaktionen genau beobachten, wird unser Sensorium mit der Zeit immer feiner.

Katrin: Stimmige Grenzen setzen

»Als junge Frau sagte ich zu allem und jedem immer Ja, meinte aber Nein. Vor allem die Männer ließ ich zu schnell und zu nahe an mich heran. Es waren auch welche darunter, die mir nicht entsprachen und die mich demütigten.
Als mir mein eigenes Verhalten schmerzhaft klar wurde, wechselte ich meine Strategie und reagierte auf Annäherungsversuche mit einem messerscharfen Nein. Dieses Nein half mir auf Dauer aber auch nicht weiter, weil ich jeden auf Distanz hielt und mich damit auch isolierte. Meine Sehnsucht, Nähe zuzulassen, konnte ich nicht ausdrücken.
Weil ich so nicht recht weiterkam, versuchte ich, die feine Balance zwischen einem anbiedernden Ja und einem schneidenden Nein zu finden. Jeden Abend nahm ich mir Zeit, das Tagesgeschehen in Erinnerung nochmals durchzugehen. Ich reflektierte meine Gefühle und achtete auf Veränderungen. Sobald ich merkte, dass sich meine Befindlichkeit in einer bestimmten Situation geändert hatte, wurde ich sehr wach. Oft ertappte ich mich im Nachhinein, dass ich wieder Ja gesagt hatte, obwohl ich das eigentlich gar nicht wollte. Ich habe aber allmählich gelernt, mich für solche Fehler nicht zu bestrafen, sondern mir zu verzeihen, um das nächste Mal in einer vergleichbaren Situation wacher zu sein. Es war ein langer

Weg für mich, ein gesundes Maß von Nähe und Distanz zu finden, aber jetzt klappt es immer besser.«

Dem Körper neue Impulse geben

Unser Körper ist nicht kompakt und fest, sondern besteht größtenteils aus Wasser und Körperflüssigkeiten. Stellen Sie sich einmal einen See vor, und werfen Sie nun einen Stein hinein. Was passiert? Dort, wo der Stein ins Wasser eintaucht, bilden sich Kreise, die nach außen hin immer größer und gleichzeitig weniger deutlich werden.

Ähnlich verhält es sich, wenn wir unserem Körper einen Impuls geben. Wenn er durchlässig und offen ist, werden sich diese Wellenbewegungen durch den ganzen Körper hindurch ausbreiten. An der Stelle, wo der Impuls gesetzt wurde, kann er deutlich wahrgenommen werden. Je weiter wir uns davon entfernen, desto mehr verliert sich die Empfindung.

Beim Orgasmus empfinden wir das Gefühl von Strömen und Pulsieren nicht nur im genitalen Bereich. Wenn unser Körper durchlässig und offen ist, durchfluten die Vibrationen und Wellen von Glückseligkeit den ganzen Körper und die Seele – ein wahrhaft »ozeanisches« Gefühl.

Fangen wir also mit dem ersten Schritt an: Wecken und sensibilisieren wir die Empfindungen. Doch denken Sie daran, dass es Zeit, Geduld und Kontinuität braucht, um mit den eigenen Körperreaktionen in Kontakt zu kommen.

Spielaufgaben

Bestandsaufnahme

Beginnen Sie die Entdeckungsreise zu Ihrem Körper, indem Sie aufschreiben, welche Beziehung Sie zurzeit zu ihm haben: Mit welchen Körperteilen sind Sie vertraut? Welches sind eher unbekannte Flecken auf der Landkarte? Was wünschen Sie sich? Was wollen Sie verändern? Sind Sie eher eine (zu) aktive oder eher eine (zu) träge Frau?

Ihre Bestandsaufnahme könnte sich z. B. lesen wie folgt: »Ich habe einen guten Zugang zu meinem Becken. Wenn ich mich bewege, bewege ich mich aus der Mitte heraus. Das gibt mir auch eine gute Verbindung zu meinen Beinen, die mich tragen. Ich fühle mich gut geerdet. Zu meinen Brüsten habe ich hingegen wenig Kontakt. Wenn ich sie berühre, empfinde ich wenig. Sie gefallen mir zwar von der Form her, ich habe jedoch den Eindruck, dass sie nicht zu mir gehören. Ich erlebe sie eher als Anhängsel meines Körpers. Das stimmt mich traurig. Ich wünsche mir, dass ich mehr Zugang zu meinen Brüsten finde.«

Wenn Sie sich über den Ist-Zustand Gedanken gemacht haben, sollten Sie entscheiden, wie oft und wie lange Sie sich Zeit für sich selbst nehmen. Was ist eine realistische Angabe, die Sie auch umsetzen können? Welches könnte der erste Schritt sein? Für welche Übung entscheiden Sie sich? Wählen Sie etwas, das Ihnen Spaß macht! Je mehr Spaß es Ihnen macht, desto motivierter werden Sie sein.

Nehmen Sie sich Ihre Notizen nach einiger Zeit wieder vor. Was hat sich verändert? Notieren Sie Ihre Erfahrungen. Es wird spannend sein, im Nachhinein festzustellen, dass Sie sich in kleinen Schritten verändert haben.

Auf Grenzen achten lernen

Stellen Sie sich in einem Abstand von etwa zwei Metern einer Freundin gegenüber. Atmen Sie einige Male tief ein und aus, hinunter bis in Ihren Bauch. Während der ganzen Übung bleiben Sie mit der Atmung verbunden. Sie selbst bleiben stehen, während Ihre Freundin im Zeitlupentempo Schritt für Schritt auf Sie zukommt. Wenn Sie Ihnen zu nahe ist, sagen Sie »Stopp«.
Atmen Sie tief ein und aus, und spüren Sie nach, ob Sie Ihrer Freundin nach einiger Zeit erlauben, noch näher zu kommen, oder ob Sie sie bitten, wieder zurückzugehen. Sie können die Übung auch so verändern, dass beide gleichzeitig in Bewegung sind. Sie werden merken, wie subtil das Spiel mit den Grenzen ist und dass Sie sehr aufmerksam sein müssen, um den jeweils richtigen Abstand zu spüren. Mit der Zeit können Sie es auch einmal mit geschlossenen Augen versuchen.

Bewusst duschen und sich einölen

Nehmen Sie sich Zeit, wenn Sie morgens im Bad sind. Genießen Sie beim Duschen das Umschmeicheln des Wassers. Spüren Sie ganz bewusst die Wärme und das Fließen auf der Haut. Benutzen Sie das fließende Wasser als heilendes Element, um all die Gefühle oder Gedanken wegzuspülen, die Sie nicht mögen.

Baderitual

Gehören Sie zu den Frauen, die sich kaum eine Atempause gönnen? Dann hängen Sie an die Badezimmertür ein Schild mit der Aufschrift »Besetzt«. Kreieren Sie einen Raum, wie Sie ihn für Ihre beste Freundin oder Ihren Liebsten schaffen würden, und verwandeln Sie das Badezimmer in Ihren eigenen Badetempel: Stellen Sie eine Kerze oder gleich ein ganzes Meer von Kerzen auf, wählen

Sie eine Duftessenz und einen duftenden Badezusatz. Vielleicht leisten Sie sich den Luxus, Ihrem Badewasser Rosenblätter beizufügen? Hören Sie beim Baden Ihre Lieblingsmusik, und gönnen Sie sich ein Glas Ihres liebsten Getränks.
Gleiten Sie mit den Ohren knapp unter die Wasseroberfläche, und tauchen Sie in Ihre eigene Welt und Tiefe ein. Überlassen Sie sich ganz Ihrem Atem, wie er regelmäßig aus- und einströmt, und wiegen Sie Ihren Körper im Wasser. Es gibt nichts zu tun – die ganze Zeit und die ganze Welt gehört Ihnen. Zum krönenden Abschluss reiben Sie sich mit angewärmten Badetüchern trocken.

Ganzkörpermassage

Verwöhnen Sie sich ab und zu mit einer Ganzkörpermassage. Wenn Ihnen der Besuch bei einer Masseurin zu teuer ist, können Sie auch in einem Lehrinstitut anfragen, ob ein Modell gebraucht wird.
Während Ihr Körper massiert wird, lenken Sie Ihre Aufmerksamkeit zu den Stellen, die gerade berührt werden. Atmen Sie tief ein und aus, und bleiben Sie innerlich wach. Wie fühlt sich Ihr Körper an, wenn er massiert wird? Welche Gefühle steigen in Ihnen auf? Welche Gedanken kommen Ihnen in den Sinn? Sie müssen nichts ändern – alles darf sein, wie es ist.

Bewusstes Gehen an der frischen Luft

Bringen Sie Ihren Körper in Schwung. Bewegen Sie sich dreimal die Woche 30 Minuten lang an der frischen Luft. Sie brauchen nicht zu joggen, auch ein Gehen mit zügigen Schritten (Walking) ist ein Genuss. Setzen Sie Ihre Füße bewusst auf, genießen Sie das Vertrauen, dass die Erde Sie trägt. Atmen Sie bewusst den Sauerstoff ein, sie aktivieren dabei die Organe und den Stoffwechsel. Mit jedem Einatmen nehmen Sie all die Vitalität und Freude auf, die Sie brauchen. Mit dem Ausatmen lassen Sie alles los, was Sie nicht mehr brauchen. Nehmen Sie wahr, wie sich Ihr Körper bei der Bewegung verändert.

Eigenmassage des Bauches

Nehmen Sie ihr bestes Massageöl, und legen Sie sich so hin, dass es Ihnen bequem ist. Achten Sie darauf, dass es warm genug ist, und beobachten Sie Ihre Atmung. Stellen Sie die Beine auf, die Füße befinden sich in etwa unter den Knien. Wärmen Sie Ihre Hände an, und salben Sie mit dem Öl Ihren Bauch ein. Massieren Sie den Bauch im Uhrzeigersinn, um dem Verlauf des Dickdarms zu folgen. Während Sie den Bauch massieren, stellen Sie sich vor, dass Sie all die Gefühle und Erlebnisse verdauen und loslassen, die Sie nicht mehr wollen. Nehmen Sie den Druck und die Wärme Ihrer Hände wahr. Was geschieht mit Ihrer Atmung? Legen Sie zum Abschluss die Hände mit der Handinnenfläche auf die Gebärmutter und Eierstöcke: Die Fingerspitzen der Daumen berühren sich dabei genau auf dem Bauchnabel. Die Zeigefinger treffen sich, die übrigen Finger liegen dicht beieinander und zeigen nach unten. Im Innenraum des so entstehenden Dreiecks liegt die Gebärmutter, die kleinen Finger zeigen auf die Eierstöcke. Lenken Sie jetzt Atmung und Aufmerksamkeit auf die Gebärmutter und die Eierstöcke, und verweilen Sie bei Ihren Organen. Mit dem Summen können Sie die positive Wirkung noch verstärken. Sollten Ihnen Organe entnommen worden sein, stellen Sie sich die Organe einfach an ihrem ursprünglichen Platz vor, denn energetisch sind sie immer noch da. Auf die beschriebene Weise können Sie jede Körperstelle und jedes beliebige Organ massieren. Stellen Sie sich vor, dass Sie in die Körperstelle hineinatmen, mit Ihrer ganzen Aufmerksamkeit sind Sie genau an dem Ort, wo Ihre Hände ruhen.

Die weiblichen Organe

Wenn wir uns mit unserer weiblichen Sexualität auseinander setzen, ist es hilfreich, zumindest die wichtigsten Funktionen und Aufgaben unserer Organe zu kennen. Wir können uns von dem ganzheitlichen Wissen inspirieren lassen und psychologische und energetische Zusammenhänge in unsere Überlegungen einbeziehen.

Die weibliche Brust

Die weibliche Brust erfüllt zwei Funktionen. Sie ist eine Quelle der sexuellen Lust, und sie versorgt den Säugling mit optimaler Nahrung. Unsere Brust ist das einzige Organ, das wir bei unserer Geburt nicht »mitgebracht« haben. Die Brüste entwickeln sich erst mit dem Einsetzen der Pubertät. Sie werden zunächst zu kleinen Knospen, um dann allmählich ihre endgültige Form anzunehmen. Die Mutter Natur lässt jedoch keinen Stillstand zu: Die Brüste verändern sich im Laufe des monatlichen Zyklus, während der Schwangerschaft und der Stillzeit und auch dann, wenn wir älter werden.
Wenn ich mit den Frauen in meinen Seminaren über ihren Körper und ihr Aussehen spreche, werden die Brüste sehr schnell genannt. Die meisten Frauen wissen genau, ob sie ihre Brüste mögen oder nicht. Viele beschreiben ihrer Brüste als zu klein, zu groß, zu unförmig, zu hängend, zu schlaff oder zu prall. Viele Frauen empfinden ihre kleinen Brüste als Mangel. Sind sie hingegen größer, glauben sie, ihre Oberweite provoziere die Mitmenschen.
Die Form und die Größe der Brüste und der Brustknospen (Brustwarzen) sind individuell sehr unterschiedlich. So ist die

linke Brust meist etwas stärker, ohne dass dies jedoch besonders auffallen würde. Wie klein oder groß eine Brust ist, hat jedoch keinen Einfluss auf die Intensität des sinnlich erotischen Erlebens oder das Stillen eines Babys. Kleinere Brüste können genauso empfindsam sein und gleich viel sexuelle Lust vermitteln wie größere Brüste.
Die weibliche Brust besteht vorwiegend aus Fettgewebe und Drüsen, die sehr sensibel auf hormonelle Veränderungen im Körper reagieren. Sie verändern sich mit dem Menstruationszyklus und sind eng mit den Geschlechtsorganen verbunden. Durch die Stimulation der Brustknospen beim Streicheln oder beim Stillen wird in der Hypophyse mehr Prolaktin ausgestoßen. Dieses Hormon beeinflusst auch die Gebärmutter und kann Kontraktionen auslösen.
Emotional stillen die Brüste die wohl ältesten Wünsche aller Menschen – die Sehnsucht nach Zuwendung, tiefer Liebe und dem Gefühl, angenommen zu sein. Wer kann sich schon einen besseren Ort zum Ausweinen vorstellen als die weiche Brust der Mutter oder einer mitfühlenden Freundin?

Die Brust – eine Metapher für Geben und Nähren

Von Kindheit an sind wir darauf geprägt, die Brust zu suchen. Das Leben beginnt mit dem angeborenen Saugreflex. So sind die weiblichen Brüste eine Metapher für das Geben und gleichzeitig für die Nahrung. In alten Zeiten symbolisierten sie den Überfluss und die nährenden Eigenschaften der Natur. Frauen tendieren dazu, alle in ihrem Umfeld zu nähren – ihre Kinder, ihre Freundinnen, ihren Geliebten, ihre Nachbarn, ihre Geschäftskolleginnen. Alle anderen, nur nicht sich selbst. Sie sind so mit dem Geben beschäftigt, dass sie dabei vergessen, sich zu fragen, woher sie selbst Nahrung bekommen. Sie ge-

ben und geben, bis die Quelle versiegt. Meist fühlen sie sich um die 40 herum ausgelaugt und erschöpft. Ernüchtert müssen sie dann feststellen, dass sie die Balance zwischen Geben und Nehmen nicht gefunden haben.
Welchen Einfluss die Brüste auf die Erotik haben, nimmt jede Frau anders wahr. Die einen reagieren schnell auf eine Berührung, bei anderen lösen Streicheln und Küssen überhaupt nichts aus. Gerade weil viele Frauen so stark zum Geben tendieren und sich dabei selbst vergessen, sollten sie sich immer wieder um ihre Brüste kümmern. In Form von Berührungen und Eigenmassagen können sie sich selbst Nahrung geben und gleichzeitig die Brust sensibilisieren.

Ursula: Ständiges Geben laugt aus

»Die Beziehung zu meinem depressiv veranlagten Partner war gefühlsmäßig eine rechte Strapaze. Ich gab und gab. Ich gab meinem Kind, ich gab ihm. Die Situation fühlte sich wie ein Fass ohne Boden an. Ich schüttete oben rein, was ich konnte, aber in seinen depressiven Phasen kam nichts zurück. Das ging so weit, dass ich selbst fast krank wurde. Ich wurde immer leerer und fühlte mich verletzt. Ich fühlte mich wie abgestorben, tot.
Ich sah keine andere Möglichkeit, als mich von meinem Partner zu trennen. Im Anschluss brauchte ich zwei Jahre, bis ich mich wieder spürte und auch bereit war, auf einen anderen Mann zuzugehen.«

Spielaufgaben

Eigenmassage der Brüste

Sie können liegen, sitzen oder stehen – wie immer Sie sich wohl fühlen. Lenken Sie Ihre Atmung in Ihre Brüste hinein, und reiben

Sie sich die Hände warm. Nehmen Sie ein nährendes Massageöl oder auch Olivenöl aus der Küche, und wärmen Sie es in ihren Händen an. Legen Sie beide Hände auf Ihr Brustbein, streichen Sie vom unteren Ende des Brustbeins hoch bis zum oberen Ende. Die linke Hand kreist jetzt um die linke Brust, die rechte Hand um die rechte Brust. Wiederholen Sie das Kreisen, solange es sich gut anfühlt. Achten Sie darauf, welche Berührungen, Streichungen und Knetungen Ihnen gefallen.

Die Gebärmutter

Außer den Brüsten sind auch die Gebärmutter und die Eierstöcke mit der weiblichen Sexualität verbunden. Gebärmutter und Eierstöcke liegen geschützt und eingebettet im Körperinnern. Die Gebärmutter (Uterus) ist ein kräftiges, hohles Muskelorgan, das an Gewebebändern im Zentrum des Beckens befestigt ist.

Bei einer Frau, die nicht schwanger ist, hat die Gebärmutter die Größe einer kleinen Avocado: Sie ist etwa sieben bis zehn Zentimeter lang, zwischen 80 und 120 Gramm schwer und hat eine längliche, birnenähnliche Form. Während der Schwangerschaft dehnt sich die Gebärmutter auf die 20fache Größe aus.

Der Uteruskörper nimmt etwa zwei Drittel der oberen Gebärmutter ein. Der Gebärmuttergrund bildet die obere Kuppe, der Gebärmutterhals (Zervix) mündet in den Scheidenkanal und kann von der Scheide her ertastet werden. Der in die Scheide ragende Teil des Gebärmutterhalses wird auch Portio genannt. Die Öffnung der Gebärmutter wird als Muttermund (Ostium uteri) bezeichnet. Die innere Gewebeschicht der Gebärmutter ist mit einer Schleimhaut ausgekleidet. Diese baut sich im Laufe des Menstruationszyklus auf und wird mit der Blutung wieder abgestoßen.

Die Gebärmutter reagiert äußerst sensibel auf Hormone und nimmt über komplizierte Mechanismen aktiv am weiblichen Lebensrhythmus teil. Wenn sich ein befruchtetes Ei eingenistet hat, bietet die Gebärmutter dem heranwachsenden Embryo einen geschützten Raum, damit er dort wachsen und reifen kann. Diese Höhle ist der eigentliche Schoß des Menschen, aus dem wir alle kommen. Bei der Geburt verlässt das Baby den Schoß durch den Muttermund und die Vagina.
Bei der Menstruation, beim Stillen oder bei direkten Berührungen ziehen sich die Muskeln der Gebärmutter zusammen – ebenso wie bei sexueller Stimulation und beim Orgasmus. Die rhythmischen Kontraktionen der Gebärmutter beim Orgasmus werden häufig als Schmetterlingsgefühle im Bauch beschrieben, viele Frauen empfinden sie als sehr angenehm.

Symbol für das Selbstgefühl

Häufig wird die Gebärmutter lediglich im Zusammenhang mit Schwangerschaft und Geburt betrachtet. Im übertragenen Sinne ist sie jedoch auch mit dem tiefen Selbstgefühl und den Bildern der inneren Welt verbunden. Sie steht für die Träume und Visionen der Frau und für das Selbst, das sie »tragen« möchte. Welche Visionen haben wir, und mit welchen Träumen gehen wir schwanger? Wie lange tragen wir sie schon in uns, um sie dann zu gebären und umzusetzen?
Der Gesundheitszustand der Gebärmutter ist ein Spiegel der tiefen emotionalen Realität und des Selbstvertrauens. Wenn wir mit unseren tiefsten Wünschen und Sehnsüchten verbunden sind, berühren wir unser Innerstes. Was wollen wir umsetzen? Welche Art von Frau und Mensch wollen wir sein? Wenn wir uns diese Wünsche und Träume eingestehen, und

mit ihnen schwanger gehen, um sie schließlich umzusetzen, gibt uns dies ein enormes Selbstvertrauen.

Die Eierstöcke

Beim weiblichen Embryo entwickeln sich die beiden Eierstöcke im vierten Schwangerschaftsmonat. Die Ovarien sind bereits bei der Geburt mit rund 400 000 Eiern ausgestattet, aber nur rund 400 Eizellen reifen im Laufe unseres Lebens heran. Jedes Ei ist für sich in einen Follikel gehüllt. Die Eizelle ist mit etwa einem halben Millimeter Durchmesser die weitaus größte Zelle des menschlichen Organismus.

Die Eierstöcke sind kleine, längliche, perlmuttfarbene Organe, die direkt unter den Eileitern auf beiden Seiten der Gebärmutter liegen. Sie produzieren das ganze Leben hindurch Hormone einschließlich der Östrogene, des Progesterons und der Androgene. Wie viele dieser Hormone gebildet werden, hängt vom Alter und der physischen und emotionalen Befindlichkeit ab. Die Menge ändert sich auch, wenn eine Frau schwanger ist. Gesteuert wird die Funktion der Eierstöcke von der Hirnanhangsdrüse (Hypophyse).

Teile der Eierstöcke werden vom 30. Lebensjahr an allmählich kleiner. Nach dem 45. Lebensjahr ist ihre Größe deutlich verringert. Überflüssig werden sie jedoch keinesfalls, sie sind und bleiben dynamische Organe.

Die Eierstöcke haben vor allem die Aufgabe, die Fruchtbarkeit der Frau sicherzustellen. Sie sind die weibliche Schatzkammer der Evolution, und die in ihnen gespeicherten Eier bilden eine Art Gedächtnis der genetischen Entwicklung. Die Eierstöcke schenken im wahrsten Sinne des Wortes »Leben«, indem sie das ureigene, ganz individuelle Erbgut der Frau mit dem Eisprung weitergeben.

Ausdruck der Kreativität

Die Eierstöcke sind verbunden mit dem Thema Kreativität. Mit der Eierstockenergie können wir etwas neu erschaffen. Wie groß das Potential unserer Kreativität ist, zeigt sich schon in der Tatsache, dass wir mit Tausenden von Eiern zur Welt kommen. Von der Anlage her verfügen wir also über enorme Ressourcen - auch wenn wir auf der physischen Ebene nur einen Teil davon nutzen. Welche Ideen und Visionen wir in unser Leben einfließen lassen wollen, bleibt uns selbst überlassen.

Viele Frauen haben das Gefühl, andere Menschen oder die äußeren Umstände würden es nicht zulassen, kreativ zu sein. Die Frage ist jedoch, ob wir nicht allzu hohe Erwartungen an unsere Kreativität stellen. Denn wir müssen nicht unbedingt malen, handwerkern oder dichten können. Kreativ können wir auch in unserem Alltag werden, indem wir unsere täglichen Arbeiten auf eine kreative Art erledigen.

Unsere Kreativität können wir nicht erzwingen. Sie braucht Zeit und Raum, um sich ihrem eigenen inneren Rhythmus gemäß zu entwickeln. Wir können jedoch Ausdrucksmöglichkeiten für unsere kreative Kraft finden, die mit unserem eigenen Wachstum und unserer Entwicklung übereinstimmen.

Die Eileiter

Der etwa 12 bis 15 Zentimeter lange Eileiter hat die Aufgabe, die aus dem Eierstock austretende Eizelle aufzufangen und zur Gebärmutter zu transportieren. Beim Eisprung verlässt die Eizelle den rechten bzw. linken Eierstock und wandert durch diesen feinen Kanal zur Gebärmutter. Ei- und Samenzelle begegnen sich häufig im unteren Ende der Eileiter.

Wenn ein Organ entnommen wird

Einige Frauen werden damit konfrontiert, dass ihnen ein weibliches Organ entnommen werden muss. Die meisten Frauen sind erschüttert, wenn sie wissen, dass ihnen eine solche Operation bevorsteht. Denn der Eingriff berührt alle Ebenen ihres Seins und trifft sie zutiefst in ihrer Identität als Frau. Es dauert lange, bis sie sich mit allen Aspekten auseinander gesetzt haben. Häufig hilft es ihnen, eine professionelle Unterstützung und Begleitung zu suchen, um die damit verbundenen Themen zu bearbeiten.

Vielleicht kann Sie der Gedanke etwas trösten, dass ein entnommenes Organ auf der energetischen Ebene, durch die seelische Repräsentanz im Körperbild, immer erhalten bleibt. Sie können sich also jederzeit mit der Energie und der Qualität des Organs verbinden. Wenn Ihnen zum Beispiel ein Eierstock entfernt werden musste, bedeutet dies nicht, dass Sie keinen Zugang mehr zu Ihrer Kreativität haben. Vermutlich setzen Sie sich dann verstärkt mit der Frage auseinander, in welchen Bereichen Sie Ihre kreativen Fähigkeiten fruchtbar machen wollen.

Menstruation – von der Menarche zur Menopause

Statistiken belegen, dass der weibliche Zyklus durchschnittlich 29,5 Tage dauert. Die Menstruation ist stark mit dem Mond verbunden, denn dessen Zyklus ist nur unwesentlich länger – er dauert 29,8 Tage. Der Zusammenhang von Menstruation und Mond wird auch über die Sprache aufgezeigt:

Das lateinische Wort »mensis« bedeutet Mond, Monat oder auch Maß. Es ist wissenschaftlich erwiesen, dass der Mond das Verhalten von Flüssigkeiten – von den Gezeiten des Meeres bis zu den Körperflüssigkeiten – reguliert und sich auch auf das Unbewusste und die Träume auswirkt.
Den rhythmischen Wechsel, den wir bei den Mondphasen erleben, erfahren Frauen auch in ihrem Innern: So entspricht die Phase der Eireifung dem zunehmenden Mond. Die Ovulationsphase kann man mit dem Vollmond vergleichen, die prämenstruelle Phase gehört zum abnehmenden Mond, und die Menstruation entspricht dem Neumond. Dass diese Analogie nicht weit hergeholt ist, zeigt sich bei Frauen, die in einer natürlichen Umgebung ohne künstliches Licht zusammenleben: Ihr Eisprung setzt tatsächlich meist bei Vollmond ein, und ihre Blutung beginnt bei Neumond. Die Frauen befinden sich also in einem nahezu gleichen Rhythmus und in der gleichen Schwingung.

Der Mond symbolisiert unsere Gefühle

Viele Frauen erfahren jeden Monat, dass der Zyklus ihr psychisches Befinden beeinflusst: Vor dem Eisprung erleben sich die meisten als extrovertiert und voller Energie. Danach sind sie eher introvertiert und nachdenklich. Auch in dieser Hinsicht bestehen Parallelen zum Mond, denn er symbolisiert seit jeher unsere Gefühle. Er steht für unsere innere Stimme, unsere Intuition.
Während des Eisprungs sind wir aufnahmebereit – auf allen Ebenen. Wir können alle Energien unseres Körpers für die Schöpfung einsetzen. Dies ist der Moment, in dem ein Kind gezeugt werden kann. In diesem Moment ist es auch möglich, unsere geistigen Kinder in Form von Visionen und Träumen

zu zeugen. Die Zeit des Eisprungs ist also unsere kreativste Phase. Das Potential, das uns damit zur Verfügung steht, können wir – sofern wir diese Wahl treffen – für uns verwenden.
Wenn wir unseren eigenen Zyklus und seine Beziehung zum Mondzyklus beobachten, können wir den Rhythmus der Natur aufnehmen und zum Zyklus der Natur werden. Wir können lernen, auf die leisen Körperreaktionen zu lauschen und die Veränderungen wahrzunehmen. Unsere Monatsblutung erinnert uns daran, dass sich alles in uns und um uns verändert. Nichts bleibt gleich, die Natur und somit unser Körper und unsere Psyche sind in einer steten Wandlung. Wir erfahren, dass das Leben nicht einer linearen, sondern einer zyklischen Gesetzmäßigkeit unterliegt. Diese enorme Kraftquelle sollten wir ausschöpfen. Sie bietet uns einen Zugang zum weiblichen Mysterium und eine große Chance, einen spirituellen Weg zu gehen. Nutzen wir die Möglichkeit, um über unseren roten Saft Zugang zum eigenen Zyklus zu bekommen, zum Schöpfungszyklus, zum Zyklus der Natur und zu den zyklischen Gesetzen des Lebens (siehe auch: Alles ist zyklisch).

Der rote Fluss des Blutes

Alle Frauen setzen sich irgendwann im Laufe ihres Lebens mit dem roten Fluss des Blutes auseinander. Die einen verstehen die Blutung als Symbol von Weiblichkeit, als sichtbaren Strom der Lebensenergie. Die anderen empfinden sie als Einschränkung, Schmerz oder Ekel und lehnen sie ab, oder sie haben eine ambivalente Einstellung dazu.
Ob wir unserer Menstruationsblutung gegenüber positiv oder negativ eingestellt sind, machen wir auch durch unsere Wortwahl deutlich. So sprechen die einen vom Zyklus oder von der

Periode, sie haben ihre Tage oder ihre Regel. Andere drücken eher ihr Unwohlsein oder ihre Unpässlichkeit aus.
Nicht nur in unserer Zeit und Kultur wird die Blutung der Frau ambivalent bewertet. Auch in archaischen Völkern wurde der Stellenwert der Frau während ihrer Blutung recht unterschiedlich beurteilt. In einigen Kulturen wurden Frauen während der Phase des roten Flusses abgesondert. Sie durften weder an alltäglichen Handlungen noch an Ritualen teilnehmen. Die Monatsblutung galt als Zeichen der Verunreinigung. Zudem ängstigten sich die Männer vor der Kraft, über die die Frauen während ihrer Menstruation verfügen.
In einigen Kulturen galt und gilt der Menstruationszyklus als heilig, weil er als Teil des Schöpfungsprozesses gesehen wird. Auch im Tantrismus werden die blutenden Frauen verehrt und mit besonderen Ritualen gewürdigt.

Die Menarche – der Übergang vom Mädchen zur Frau

Wenn ein Mädchen zum ersten Mal ihre Periode hat, bedeutet das einen großen Einschnitt in ihrem Leben. Viele Frauen, mit denen ich in meinen Seminaren über ihre Menarche gesprochen habe, erinnern sich bestens, was sie damals fühlten und wie ihre Mitmenschen darauf reagierten. Rückblickend bedauern es einige Frauen, dass es in unserer Kultur nicht üblich ist, diesen wichtigen Übergang vom Mädchen zur Frau mit einem Fest oder einem Ritual zu feiern.
In einem Seminar holten wir diese »Initiation« für eine Frau nach, die gerade blutete. Sie hockte sich auf ein weißes Tuch, und alle warteten, bis sich einiges Blut angesammelt hatte. Um dem Blut mehr Ausdruck zu geben, fügten wir noch Kirschsaft und Himbeermarmelade dazu. Wir vermengten

alles miteinander und bemalten ihren Körper damit. Während diese »rote Frau« in der Mitte des Kreises stand, reichte ihr eine ältere Frau, stellvertretend für ihre Mutter, einen Kelch mit rotem Traubensaft. Die »Initiantin« sprach einen Wunsch aus und trank zur Bekräftigung einen Schluck aus dem Kelch. Zum Abschluss tanzte die ganze Gruppe nach heißen Afrorhythmen wild durcheinander.

Junge Frauen, auf der Schwelle vom Mädchen zur Frau, machen einen großen Schritt ins Unbekannte – in einer Zeit, in der sie durch die vielen Veränderungen stark verunsichert sind. Daher ist es besonders wichtig, dass nahe Bezugspersonen angemessen und positiv reagieren. Erinnern Sie sich noch daran, ob, und wenn ja, wie Ihnen damals die Zusammenhänge zwischen Menstruationszyklus, Körper und Sexualität erklärt wurden? Wie wurden Sie auf diesen Übergang vom Mädchen zur sexuell aktiven Frau vorbereitet? Was erfuhren Sie über die medizinischen Erklärungen hinaus über die Menarche?

Die Menstruation in der mittleren Lebensphase

Die Menstruation begleitet und kennzeichnet unsere mittlere Lebensphase. Denn das Blut fließt rund 40 Jahre lang jeden Monat aus dem Schoß der Frau – spürbar und unübersehbar. Es prägt die Einstellung zu unserer eigenen Körperlichkeit.

Seit uns der Zusammenhang von Sexualität und Schwangerschaft klar ist, haben wir die Möglichkeit, unsere Sexualität bewusst und selbstbestimmt zu leben. Wir verfügen über genügend Informationen über die unterschiedlichen Formen der Schwangerschaftsverhütung. Wir können – fast immer – selbst bestimmen, ob wir schwanger werden wollen oder nicht. Unsere Großmütter und Ur-Großmütter konnten das Liebesspiel nicht immer in vollen Zügen genießen. Denn sie konnten bzw. durften noch nicht optimal verhüten und mussten immer damit rechnen, ungewollt schwanger zu werden. Zudem war es nicht selbstverständlich, dass Mutter und Kind die Schwangerschaft und die Geburt überlebten. Bei der Sexualität unserer Ahninnen schwang also immer auch etwas Todesangst mit.

Tamara: Schwanger trotz Verhütung

»Zu meiner Jugendliebe hatte ich 15 Jahre lang keinen Kontakt mehr. Dann kam er eines Tages mit seiner Freundin nach Zürich. Irgendwie ist es passiert, dass wir zu dritt im Bett landeten. Auf Wunsch von ihr, was ja spannend ist. Und nach dieser Nacht – nach einer halben Stunde vielleicht – war ich schwanger. Drei Monate lang war ich in einer Krise. Ich hatte schon drei Abtreibungen hinter mir. Ich war 39 und konnte es einfach vor niemandem verantworten, ein viertes Mal abzutreiben. Vor mir nicht, und auch nicht vor dem göttlichen Prinzip, oder wie immer ich das ausdrücken soll. Es war eine Gewissensfrage. Nicht eine moralische. Ich habe jeden Tag hin- und herüberlegt. Ja, nein, ja, nein. Schließlich habe ich mich für das Kind entschieden und es bis heute nicht bereut. So wie Ödipus zurück zu seiner Mutter musste, so musste ich einfach dieses Kind haben. Aber ich dachte nicht, dass es so schwierig ist. Ich habe mir ein Leben mit Kind leichter, einfacher vorgestellt. Dieses Organisieren und dazu noch das Geldverdienen. Ich schäme mich deswegen nicht, ich brauche keine Psychotherapie. Ich habe deswegen kein Trauma, höchstens eine leichte Traurigkeit.

Die Abtreibungen waren klare Entscheidungen, aber vielleicht verdränge ich da auch etwas. Die beiden ersten Male wurde ich von einem Mann schwanger, mit dem ich eine langjährige Beziehung führte. Die erste Abtreibung war schlimm. Er verließ mich während der Schwangerschaft, um zu seiner Exfrau zurückzugehen. Später kam er zurück. Ich wurde noch einmal von ihm schwanger. Er meinte, dass ich das Kind haben könnte, aber nicht mit ihm rechnen dürfe. Seither versuche ich, für mich allein zu entscheiden und die Dinge umzusetzen, die anstehen.«

Auch heute noch spielt es bei jedem Liebesspiel zwischen Frau und Mann eine Rolle, ob das Paar schwanger werden will oder nicht. Wir können uns jetzt aber entscheiden, eine sinnliche, erotische Sexualität zu leben und es dabei zu lassen.
Unter Umständen wird die Pille zur ständigen Begleiterin der Frau, denn vor allem jungen Frauen wird sie gern zur Empfängnisverhütung verschrieben. Später setzt man sie zur Steuerung der Schwangerschaft ein, und im Alter zwischen 45 und 55 lassen sich auf diese Weise die Hormonschwankungen ausgleichen.
Der Pille verdanken wir zu einem großen Teil unsere sexuelle Freiheit. Die Wahlmöglichkeit, die unsere Großmütter nicht hatten, empfinde ich als etwas Großartiges. Und dennoch sollten wir uns in jeder Lebensphase bewusst mit der Frage auseinander setzen, ob wir tatsächlich Hormone einnehmen wollen oder ob es nicht auch andere Lösungen für uns gibt.
Die Auseinandersetzung mit der Menstruation, dem roten Geheimnis, lädt uns ein, den roten Faden in unserem eigenen Leben zu entdecken und unsere eigene Ur-Macht zu leben. Eine solch geistige Schwangerschaft endet auch mit einer Geburt – der Geburt der eigenen Persönlichkeit, des eigenen Selbst.

Die Menopause

Wenn ein Mädchen das erste Blut entdeckt, weiß es, dass es seine erste Periode hat. Reife Frauen können die Menopause, die letzte Blutung, jedoch erst im Nachhinein festlegen.

Kaum eine Frau freut sich auf ihre Wechseljahre, die meisten stehen dieser Lebensphase ablehnend und angstvoll gegenüber. Die Befürchtungen werden häufig durch die Medien verstärkt, die immer wieder darauf hinweisen, welche negativen Begleiterscheinungen die Menopause haben kann. Dass viele Statistiken jedoch nur die Frauen erfassen, die wegen ihrer Schwierigkeiten medizinische Hilfe beanspruchen, wird häufig nicht klar genug herausgestellt. Denn all die Frauen, die diesen Wechsel problemlos erleben und somit selten die Frauenärztin aufsuchen, werden statistisch nicht erfasst.

Vor nicht allzu langer Zeit war die Menopause noch ein Tabuthema. Heute informieren sich die Frauen jedoch darüber, was bei den Wechseljahren geschieht und wie andere Frauen damit umgehen. Und mit großer Wahrscheinlichkeit stellt sich einmal mehr die Frage: Hormone – ja oder nein?

Im Leben einer Frau läuten die Wechseljahre eine Veränderung ein, die sich über einen Zeitraum von rund sechs bis zehn Jahren vollzieht. Sie beginnt im Alter zwischen 40 und 50, wenn die Eierstöcke ihre Funktionsweise umstellen. Dann fällt immer mal wieder eine Periode aus, oder die Menge des Blutes verändert sich. Die Menstruation kann auch mehrere Monate lang aussetzen, um dann wieder zurückzukehren. Manchmal kommt es auch zu so genannten Schmierblutungen – schon das Wort deutet auf eine Abwertung hin.

Mit dem Wort »Wechsel« assoziieren wir in der Regel einen Austausch oder eine Ablösung. Die Wechseljahre sind also keine Endstation, sondern eine neue Lebensphase mit all ihren Möglichkeiten und mit einem neuen Gleichgewicht. Lassen Sie sich deshalb nicht einreden, dass dieser Wechsel einen Mangel ausdrückt – auch wenn Ihnen Begriffe wie Östrogendefizit, Knochenabbau und Erschlaffung der Haut und des Bindegewebes das suggerieren mögen.

Auf der Leiter zum Höhepunkt des Lebens

Die Wechseljahre laden uns ein, offen stehende Themen zu erledigen. Wir sind aufgefordert, Ballast abzuwerfen und leicht zu werden, uns weiter zu entwickeln. Mit all unseren Erfahrungen des Zyklischen, der Nähe zum Leben und der Möglichkeit der Empfängnis können wir den Weg zur weisen Frau gehen. An diesem Punkt sind wir nicht mehr im gleichen Maß wie früher darauf angewiesen, anerkannt zu werden, weil wir eine gewisse innere Gelassenheit und Ruhe entwickelt haben.
Diese Entwicklung wird auch durch das Wort »Klimakterium« verdeutlicht. Klimax heißt Treppe oder Leiter – auch Höhepunkt, zu dem sich etwas entwickelt. Wenn wir die Wechseljahre unter diesem Aspekt betrachten, können wir uns das Klimakterium auch als einen Prozess vorstellen, der zum Höhepunkt unseres Lebens führt.
Wie sich die Wechseljahre auf unsere Sexualität auswirken, hat viel mit unserer grundsätzlichen Einstellung zu tun. Zum Glück wagen sich immer mehr ältere und weise Frauen an die Öffentlichkeit, um über ihr Sexualleben zu erzählen. Ihren Berichten zufolge beschert uns das Alter weiterhin sinnliche, orgasmische und genussvolle Stunden.

Elisabeth: Erfüllte Sexualität im Alter

»Ich bin jetzt 71. Früher lehnte ich meinen Körper ab, weil er nicht meinem inneren Bild entsprach. Freude an der Sexualität hatte ich wenig. Das körperliche Zusammensein mit meinem Mann empfand ich immer als Pflicht. Ich glaubte, dass es halt einfach zur Ehe gehört. Aus dieser Pflicht heraus haben wir fünf Kinder bekommen. Mein Mann starb, als ich 64 Jahre alt war.
Vor zwei Jahren lernte ich einen etwa gleichaltrigen Mann kennen.

Zuerst trafen wir uns regelmäßig bei Tanzveranstaltungen. Erst später kam es zu körperlichen Begegnungen. Ich hätte nie im Traum daran gedacht, welche Freude ich an seinen Berührungen haben könnte. Ich erlebe eine Sinnlichkeit und Erotik, die mir bis dahin völlig fremd waren. Mein Freund findet mich schön, und das gibt mir großes Selbstvertrauen.
Orgasmen erlebe ich häufiger und tiefer als früher. Vermutlich hängt das damit zusammen, dass ich überhaupt nichts erwarte. Es kommt immer wieder vor, dass mein Partner keine Erektion bekommt. Das stört mich aber überhaupt nicht. Es ist auch schön, einfach zusammenzuliegen und die Körperwärme und das Kuscheln zu genießen. Wenn es dann aber doch so weit ist, fühle ich mich reich beschenkt. Weil ich nichts erwarte, bin ich einfach offen und empfänglich, ohne etwas anzustreben. Ob das wohl auch der Grund ist, dass ich überhaupt so beglückende Höhepunkte erleben kann?«

II Weibliche Sexualität

In wohl kaum einem anderen Lebensbereich sind wir so sprachlos wie in der Sexualität. Da sie jedoch unser Leben wesentlich beeinflusst, ist eine klare, direkte, ehrliche und offene Kommunikation besonders wichtig.

Eine erotische Sprache finden

Trotz der sexuellen Revolution ist es uns meist peinlich, über so intime und persönliche Dinge wie unser Liebesleben und unsere Sexualität zu reden. Es fällt uns schwer, das, was uns innerlich berührt, in angemessene Worte zu fassen. Es fehlt uns die Übung, unser Innerstes auszudrücken.
Hinzu kommt, dass wir nur wenige Worte kennen, um das, was wir meinen, auch bezeichnen zu können. So greifen wir häufig auf eine klinische oder auf eine vulgäre Sprache zurück, deren Worte aber mit Vorurteilen behaftet sind und einen Beigeschmack von Schmutzigsein und Verdrängung haben. Auch im medizinischen Vokabular häufen sich die schambesetzten, auf einen Mangel hinweisenden oder abwertenden Begriffe. Denken Sie nur an die Schamhaare, die Schamlippen, die Brustwarzen, die Schleimhaut und die Schmierblutungen.
Da die Energie dem Gedanken und somit dem Wort folgt, sollten wir für das Thema Sexualität eine Sprache finden, die uns entspricht und uns die Tore zu Erotik und Sinnlichkeit, Lust und Liebe, öffnet. Nutzen wir die Chance, und suchen wir neue Begriffe.

»Zurzeit ist es für mich das Wichtigste, meine Bedürfnisse zu erkennen und ganz klar zu formulieren. Aufgrund meiner Geschichte fällt es mir schwer, meine Gefühle, Wünsche und Bedürfnisse meinem Partner gegenüber auszusprechen. Eigentlich kann ich mich ganz gut ausdrücken, nur in meinen ganz nahen Beziehungen bringe ich es fast nicht fertig. Ich habe immer Angst, mich damit klein zu machen. Früher war mir das alles sehr peinlich, lange Zeit fehlten mir einfach die richtigen Worte.
Zu Beginn meiner langjährigen Beziehung berührte mich mein Partner auf eine Art, die mir nicht entsprach. Ich wusste nicht, wie und wann ich ihm das sagen sollte. Irgendwann fasste ich dann Mut und habe ihm gestanden, dass mir seine Berührungen zu grob sind. Dass ich es nicht mag, wenn er direkt meinen Sex ansteuert. Dass ich es mehr genießen kann, wenn er mich anfangs einfach streichelt, um sich dann langsam und mit feinen Berührungen zu nähern. Dieses Geständnis hat ihn bewogen einzugestehen, dass er selbst direkter und fester angefasst werden möchte. Mittlerweile haben wir auch Worte für unser Geschlecht gefunden. Es macht richtig Spaß, wenn ich sage, dass sich meine Höhle auf den Besuch seines Zauberstabs freut. Ich bin überzeugt, dass unsere Beziehung nur dann spannend bleiben kann, wenn ich mir erlaube, meine oft wechselnden Wünsche auszudrücken.«

Phantasievolle Worte

Wenn Sie Nähe und Beziehung zu sich selbst und zu Ihrem Liebespartner bzw. Ihrer Liebespartnerin aufbauen wollen, brauchen Sie Worte der Liebe, die sie erotisieren und ansprechen. Viele der folgenden Beispiele stammen aus anderen Kulturen. Vielleicht gefällt Ihnen ja das eine oder andere

Wort. Kreieren Sie sich eine vielfältige, phantasievolle, poetische und sexuelle Sprache, in der auch vulgäre Worte ihren Platz haben. Wichtig ist, dass Sie im richtigen Moment eine Wahl haben.

4 Weibliches Genital: Jadetor, Blume, Grotte, Liebeshöhle, Spalte, Lotus, Rose, Muschel, Goldenes Tor, Geheimnisvolles Tal, Tor des Lebens, Himmelstor
4 Schamlippen: Venuslippen, Charmelippen, Schmetterlingsflügel, Rosenblätter
4 Schamhaare: Charmehaare
4 Schambein: Charmebein
4 Brustwarzen: Knospen, Rosenknospen
4 Muttermund: inneres Tor, Tor zum Leben, Lebenspforte
4 Menstruation: die Zeit der Blumen, der rote Fluss

Yoni – Schoß, Ursprung und Quelle

Ich verwende gern Wörter, die aus der tantrischen Tradition stammen, z. B. für das weibliche Genital das traditionelle Wort »Yoni«, das aus dem Sanskrit stammt. Übersetzt heißt Yoni: Vulva, Schoß, Ursprung und Quelle. Dieses Wort ruft weder klinische noch abwertende Assoziationen hervor.
Im Tantra hat Yoni auch noch eine weitere, eher kosmische Bedeutung. Denn im Tantra werden die weiblichen Genitalien als heilige Symbole der großen Göttin Shakti betrachtet und verehrt. Shakti steht für das weibliche Energieprinzip, für die Schoßkraft, für Fülle und Lebendigkeit, kurz – für das Urweibliche. Somit ist Yoni ein Symbol des universalen Schoßes, der Quelle von allem. Und mit dieser Kraft verbinden wir uns, wenn wir das Wort Yoni aussprechen und von unserem Genital als Yoni reden.

Wenn es nicht um rein anatomische Definitionen geht, gebrauche ich diesen Begriff für das gesamte weibliche Genitalsystem. Yoni bezeichnet demnach sowohl die äußeren, sichtbaren Geschlechtsteile als auch die inneren Teile.

Was tut uns gut?

Haben wir erst einmal eine eigene Sprache entwickelt, besteht der nächste Schritt darin, herauszufinden, welche Berührungen uns stimulieren. Es kommt leider nur sehr selten vor, dass ein Märchenprinz in unser Leben tritt, der genau weiß, wie und wo er uns berühren und lieben soll.
Wenn der Märchenprinz noch auf sich warten lässt, tun wir gut daran, zu lernen, unsere Wünsche zu formulieren. Und natürlich ist es auch weise, selbst verschiedene Möglichkeiten auszuprobieren, die uns erregen. Denn nur, wenn wir wissen, was uns anmacht, können wir dies auch mitteilen.
Wenn wir herausgefunden haben, was wir brauchen, um uns sinnlich und erotisch zu fühlen und um erregt zu werden, gehört immer – und immer wieder – Mut dazu, dies im Liebesspiel dem Partner gegenüber auszudrücken. Zu Beginn einer neuen Beziehung mag uns das noch leichter fallen. Manchmal hoffen wir aber auch dann, dass alles ohne große Worte klappt. Wird am Anfang einer Beziehung wenig gesprochen, ist die Wahrscheinlichkeit groß, dass beide Partner immer weniger den Mut finden zu sagen, was ihnen passt und was nicht. Vor allem in länger dauernden Beziehungen gehen wir häufig davon aus, dass der andere schon weiß, was uns gut tut. Doch ohne Mitteilung und ohne Reaktion wird der Spielraum manchmal recht eng.
Wenn wir uns mit unserer eigenen Sexualität auseinander

setzen, können wir oft Parallelen zu unserem Alltagsleben entdecken: Wie wir uns in der Sexualität ausdrücken, sei es mit uns selbst oder mit dem Partner, so verhalten wir uns auch im Alltag. Fällt es uns z. B. schwer, unseren Mitmenschen Grenzen zu setzen, so fällt es uns in der Liebesbeziehung sicherlich noch schwerer.

Die Wahrheit aussprechen

Viele Frauen sagen: »Ich kann das meinem Partner nicht so direkt sagen. Das würde ihn verletzen.« Doch wen verletzen wir, wenn wir uns aus falsch verstandener Rücksicht dem Gegenüber nicht mitteilen? Wir verletzen uns selbst, weil wir uns nicht treu sind und unsere Wünsche und Bedürfnisse, also unsere Wahrheit, nicht aussprechen. Die Folge ist meistens, dass wir uns zurückhalten, nicht mehr voll dabei sind und uns verweigern. Das jedoch nutzt keinem von beiden.

Pia: Angst, über die eigenen Wünsche zu sprechen

»Ich lebe seit mehreren Jahren mit dem gleichen Partner zusammen, bin aber total frustriert, weil er sich so wenig Zeit für das Vorspiel nimmt. Ich traue mich nicht, ihm mitzuteilen, dass ich Zeit brauche, um mich zu spüren und zu öffnen. Vor allem aber habe ich Angst vor seiner Frage, wie ich es denn gern hätte. Denn ich bin selbst unsicher, welche Berührungen für mich wirklich stimulierend sind. Aus Angst, dass er sich nicht mehr als toller Liebhaber fühlt und gekränkt ist, schweige ich dann lieber.«

Den richtigen Moment wählen

Falls es Ihnen schwer fällt, über Ihre erotischen Wünsche und sexuellen Vorlieben zu sprechen, sollten Sie das Ihrem Partner oder Ihrer Partnerin nicht beim direkten Liebesspiel mitteilen. In dieser Situation sind wir alle sehr verletzlich, und dann ist es noch schwieriger, die richtigen Worte zu finden. Versuchen Sie es doch mal bei einem Spaziergang oder an einem ruhigen Abend bei einem schönen Musikstück – dann gehen Ihnen die Worte vielleicht etwas leichter über die Lippen.
Wenn Sie sich auf ein Gespräch über Ihre Sexualität vorbereiten wollen, können Sie vorab über folgende Fragen nachdenken: Wie will ich berührt werden? An welchen Körperstellen zuerst? Was brauche ich, um warm zu werden, um mich in meinem Körper wohl zu fühlen? Welche Sinne sind für mich besonders wichtig? Mag ich eine direkte Stimulation der Klitoris? Mit dem Finger? Mit der Zunge? Welche Liebespositionen mag ich? In welchen Stellungen fühle ich mich unwohl?
Viele Frauen tauschen sich stundenlang über die Qualität ihrer Beziehungen aus. Doch nur wenige reden darüber, wie sie Liebe machen, was sie anmacht und was nicht. Sprechen Sie doch mal mit Ihrer Freundin über die Art und Weise, wie sie ihre Sexualität lebt. Traut sie sich, wild zu sein? Wie erlebt sie Orgasmen? Allein? Zu zweit? Welches ist ihre Lieblingsstellung? Lassen Sie sich auch von anderen Frauen inspirieren. Hören Sie, was Sie so noch nie gehört haben, und überlegen Sie, was Sie vielleicht ebenfalls ausprobieren möchten. Wenn Ihre Freundin rote Ohren bekommt, liegen Sie mit Ihren Fragen garantiert richtig. Sie werden erstaunt sein, wie viel Nähe ein solcher Austausch bringt.

Reise ins weibliche Becken

Tagtäglich schauen wir in den Spiegel, betrachten unser Gesicht, unseren ganzen Körper. Doch wie oft schauen wir unser Genital an und gehen selbst auf Entdeckungsreise? Können Sie sich Ihre Yoni vorstellen, wenn Sie die Augen schließen?
Beim Blick in den Spiegel können wir einige weibliche Organe sehen, andere sind im Körperinnern verborgen. Beginnen wir unsere Reise mit dem, was wir sehen, wenn wir unsere Beine öffnen.

Das äußere Genital

Die Vulva

Als Vulva wird in der Regel das sichtbare Genital der Frau bezeichnet. Im Tantra wird die Vulva als heiliger Ort gewürdigt und mit Ritualen und sexuellen Praktiken verehrt.
Zur Vulva gehören die großen und die kleinen Venuslippen (Schamlippen), die Klitoris und die äußere Öffnung der Vagina. Die Haut der Vulva enthält – ebenso wie die Haut unter den Achseln – Schweißdrüsen. Im Unterschied zu diesen werden die Schweißdrüsen in der Vulva jedoch nicht nur durch körperliche Anstrengung, sondern auch durch emotionale und sexuelle Erregung stimuliert. Wir sprechen dann vom Schwitzen der Vulva.

Der Anus (After)

Die »Endstation« des Mastdarms ist der Anus, er verfügt über einen komplexen Schließmuskel (innerer und äußerer Sphincter). Die Haut des Afters ist mit einem Venengeflecht unterpolstert – in ihm können sich häufig Hämorrhoiden bilden. Viele Frauen empfinden es als sehr stimulierend, wenn ihr Anus und das umliegende Gebiet berührt werden.

Das Perineum (Damm)

Die Stelle zwischen Vulva und Anus wird als Perineum bezeichnet. Bei Frauen, die ein Kind gebären, wird diese Stelle häufig – und oft unnötig – geschnitten, um die Öffnung für das Austreten des Kindes zu vergrößern.
Das Zentrum des Beckenbodens liegt etwa beim Damm. Da das Perineum für die Energielenkung eine wichtige Rolle spielt, wird im Taoismus auch vom »Tor zum Leben und zum Tod« gesprochen (siehe auch: Der Beckenboden oder Die Kraft des Feuermuskels).

Die äußeren Venuslippen (Labia majora)

Die großen oder äußeren Schamlippen beginnen am Venushügel, d. i. die kleine Ausbuchtung aus Fettgewebe, die das Charmebein schützt. Sie erstrecken sich bis zum Damm (Perineum), der Vagina und Anus verbindet. In der Pubertät wachsen auf der äußeren Haut der Venuslippen die Charmehaare, die Innenseite bleibt glatt und haarlos. Bei sexueller Erregung schwellen die äußeren und inneren Venuslippen an. Die Duftdrüsen der äußeren Venuslippen scheiden Talg aus. Zwischen den äußeren Venuslippen und der Klitoris liegen die beiden Klitoralwurzeln aus schwammartigem, erektilem Gewebe. Sie sind für das Anschwellen der Venuslippen zuständig.

Die inneren Venuslippen (Labia minora)

Die kleinen oder inneren Schamlippen sind bei jeder Frau anders geformt. Einige der vielfältigen Varianten werden in dem Kapitel »Modell der weiblichen Sexualtypen« vorgestellt. Die Duft- und Schweißdrüsen der inneren Venuslippen sind ebenfalls für die Befeuchtung verantwortlich. Bei sexueller Erregung füllen sich die inneren Venuslippen mit Blut, sie schwellen bis zur doppelten Größe an und verändern ihre Farbe. Wo sie am oberen Ende – Richtung Venushügel – ineinander übergehen, bilden sie die Klitorisfalte.

Die Harnröhre (Urethra)

Die Harnröhre öffnet sich unmittelbar über dem Eingang der Vagina, in der Nähe der Vaginaldrüsen. Da das Gebiet um die Öffnung herum mit vielen Nervenenden versehen ist, reagieren viele Frauen äußerst sensibel auf Berührung und sexuelle Stimulation dieser Gegend.
Die Harnröhre ist bei Frauen nur etwa vier Zentimeter lang – also um einiges kürzer als bei den Männern. Über den kurzen Harnleiter können Bakterien von außen leicht in die Blase gelangen. Dies ist einer der Gründe, warum viele Frauen zu Blasenentzündungen neigen.

Bartholin'sche Drüsen (Vorhofdrüsen)

Rechts und links von der Vagina sitzt je eine winzige Drüse. Diese so genannten Bartholin'schen Drüsen sind zwischen der Vagina und dem hinteren Anteil der inneren Venuslippen eingebettet und befeuchten die Vaginalöffnung. Sie erzeugen sexuell stimulierende Duftstoffe (Pherome) und stehen somit im Zusammenhang mit dem Östrogenzyklus.

Die Klitoris

Die Klitoris ist das einzige Organ, das allein der sexuellen Lust dient. Sie besteht aus erektilem Gewebe und hat einen kurzen Schaft, der sich in zwei lange Schenkel spaltet.

In der Umgangssprache und in älteren Anatomiebüchern wird der Kitzler (Krone, Perle) als Klitoris bezeichnet. Die Klitoris umfasst aber viel mehr, denn der größte Teil liegt im Körperinnern und ist von außen nicht zu sehen.

Die Perle ist der Teil, der uns am vertrautesten ist. Abgesehen von der Perle besteht die Klitoris aus einem Schaft, einer Haube und zwei gegabelten Schenkeln (crura, lateinisch für Ausläufer). Die Schenkel ähneln der Frucht eines Ahornbaums – sie verlaufen auf den Seiten der äußeren Venuslippen nach unten und innen unter die Klitoriswurzel.

Die gegabelten Schenkel der Klitoris sind nicht sichtbar und lassen sich auch nicht ohne weiteres tasten. Bei sexueller Stimulation verstärkt sich der Blutandrang im Schaft (corpus) der Klitoris. Dadurch vergrößert sich die Klitoris samt ihrer Perle. Der Schaft ist ebenfalls empfindlich und kann sich bei Berührung unwillkürlich bewegen.

Der Schaft und die beiden Schenkel der Klitoris bestehen aus einem Gewebe, das man mit dem lateinischen Begriff »corpus

cavernosum« bezeichnet. Ursprünglich verwendete man diesen Begriff ausschließlich für den erektilen Teil des Penis. 1987 führte die amerikanische Wissenschaftlerin Josephine Lowndes Sevely diesen Begriff auch im Zusammenhang mit der Klitoris der Frau ein.
Da der »corpus cavernosum« aus autonomen Muskeln und einer Reihe von Hohlräumen besteht, füllt er sich bei Erregung mit Blut. In diesem Zustand schwillt das Gewebe an und reagiert sehr sensibel und lustvoll auf Berührung.

Die Perle (Krone, Klitorisspitze, Kitzler)

Die Perle ist relativ klein und enthält eine hohe Anzahl von Nervenenden. Bei sexueller Erregung vergrößert sie sich stark und wechselt auch die Farbe. Kurz vor dem Orgasmus zieht sie sich zurück und wird wieder kleiner. Die Perle ist äußerst sensibel, die Empfindungen können schnell von Lust in Schmerz umschlagen.
Meist ist die Perle von einer Haube umhüllt, die unterschiedlich groß sein kann. Es gibt auch Frauen, bei denen die Perle frei liegt – sie haben keine oder nur eine sehr kleine Haube.

Das innere Genital

Führen wir unsere Reise weiter vom äußeren zum inneren Genital. Von der Scheidenöffnung kommen wir zu den Organen, die im Körperinnern liegen. Einen Teil können wir mit einem Spekulum betrachten. Durch dieses schnabelförmige Instrument können wir die Scheide bis hin zum Gebärmutterhals und Muttermund sehen. Die Gebärmutter selbst sowie die Eierstöcke können wir von außen – über den Bauch – tasten.

Die Vagina (Scheide)

Das Wort »vagina« stammt aus dem Lateinischen und wird mit Scheide übersetzt. Mit diesem Begriff wird oft ein Schwert assoziiert – ein Schwert, das in der Scheide ruht. Es wird also langsam Zeit, ein angemesseneres deutsches Wort zu finden.

Die Vagina ist ein tiefer, gefurchter und muskulöser Kanal und erstreckt sich von der Vaginaöffnung (Vorhof) bis zum Gebärmutterhals. In der Nähe der Vaginaöffnung liegen der Ausgang der Harnröhre sowie die beiden Kanäle aus den Bartholin'schen Drüsen.

Die Schleimhäute der Vagina liegen – wenn die Frau nicht sexuell erregt ist – eng aneinander. Es grenzt an ein Wunder, wenn wir bedenken, wie stark sich die Vagina bei der Geburt eines Kindes ausdehnen kann.

Bei der sexuellen Vereinigung spielt die Scheide eine wichtige Rolle, denn Frau und Mann können sich auf der körperlichen Ebene nicht näher kommen als in der Vagina. Wenn die Frau erregt ist, dehnt sich die Vagina aus. Vor allem bei sehr hoher Erregung weitet sie sich im hinteren Drittel aus, was als »Zelteffekt« bekannt ist. Bei hoher Erregung und kurz vor dem Orgasmus bildet die Vagina eine so genannte orgastische Manschette, d. h. sie verengt sich am Vaginaeingang und im vorderen Drittel.

Das Hymen (Jungfernhäutchen)

Die Öffnung zur Vagina wird von einer Hautfalte, dem Jungfernhäutchen, verschlossen. Nach dem ersten Geschlechtsverkehr, der Defloration, bleiben häufig gut sichtbare Teile dieser Hautfalte in der Vaginalöffnung zurück.

Corpus spongiosum (Urethra-Schwamm)

Die Harnröhre wird von einem schwammigen Bindegewebe (corpus spongiosum) umschlossen, das Drüsen, Kanäle und Blutgefäße enthält. Dazu gehören die para-urethralen Drüsen und Kanäle. Einen Teil des Urethra-Schwammgewebes stimulieren viele Frauen, um zum Orgasmus zu kommen.

Die weibliche Prostata (Para-urethrales Drüsengewebe, G-Punkt)

Dieses Drüsengewebe wurde erst vor kurzem (wieder) entdeckt. Es wird auch die weibliche Prostata genannt, weil es der männlichen Prostata entspricht. Dieses Gewebe bildet die erogene Stelle, die als G-Zone bzw. als G-Punkt bekannt wurde Die weibliche Prostata wird durch rund 30 Kanäle mit der Harnröhre verbunden. Die Kanäle transportieren die Drüsensekrete, die weiblichen Liebessäfte. Bei diesem weiblichen Ejakulat handelt es sich um eine klare, glyzerinähnliche Substanz (siehe auch: Vom G-Punkt zum A-Punkt).

Vom G-Punkt zum A-Punkt

Die Tantriker kannten den G-Punkt und auch die weibliche Ejakulation seit jeher. Alte Schriften weisen detailliert auf das weibliche Ejakulat hin, bei uns im Westen wird dieses Phänomen jedoch immer wieder in Frage gestellt. In Fachzeitschriften und auf Kongressen entzünden sich häufig hitzig geführte Diskussionen, wenn es um den G-Punkt geht.

Benannt ist der G-Punkt nach dem in den USA lebenden deutschen Gynäkologen Dr. Ernest Gräfenberg. Als er 1950 erstmals über die erogene Zone des G-Punkts berichtete, wurde er belächelt. Doch in den 60er Jahren beschäftigten sich schließlich auch andere Sexualwissenschaftlerinnen und -wissenschaftler mit Gräfenbergs Aussagen und Erkenntnissen.
Anfangs hieß es zwar, ein G-Punkt existiere nicht. Neuere Forschungsergebnisse bestätigen jedoch, dass es ihn tatsächlich gibt. Zudem berichten zahlreiche Frauen von ihren Erfahrungen mit dem G-Punkt und der weiblichen Ejakulation.
Der Gräfenberg-Punkt (G-Gebiet, G-Zone) ist ein Gewebe, das eine Vielzahl von Nervenenden, Blutgefäßen, para-urethralen Drüsen und Kanälen enthält und die Harnröhre umhüllt. Bei sexueller Stimulierung füllt sich das Gewebe mit Blut, wodurch es anschwillt und erst dadurch deutlicher tastbar wird. Neuere Forschungsergebnisse weisen nach, dass dieses Gewebe um den G-Punkt ein Enzym mit einer Struktur enthält, das sich auch in der männlichen Prostatadrüse findet. Deshalb wird auch von der weiblichen Prostata gesprochen.

Die weibliche Ejakulation

Die Existenz der weiblichen Prostata erklärt, warum sich bei vielen Frauen eine Flüssigkeit bildet, wenn ihr G-Punkt stimuliert wird. Dabei handelt es sich um wenige Tropfen, bei einigen Frauen auch um eine größere Menge. Da das Sekret über die Harnröhre abgegeben wird, haben einige Frauen das ungute Gefühl, dass sie beim Orgasmus Urin lassen – was natürlich nicht stimmt.
Die Tantriker bezeichnen das weibliche Ejakulat als Nektar: Alte tantrische Texte sprechen vom lieblichen Duft und der heilenden Kraft des weiblichen Liebessaftes. Sie betonen, dass

das Auftreten dieser Säfte bei den Frauen und ihren Liebespartnern das größte Lustgefühl und die Intimität gemeinsamer Leidenschaft weckt.

Der Göttinnenpunkt

Den G-Punkt bezeichne ich am liebsten als Göttinnenpunkt, das scheint mir treffender und auch erotischer. Der Göttinnenpunkt liegt – je nach Anatomie – nahe am Scheideneingang. Bei einigen Frauen findet er sich bis zu etwa fünf Zentimeter tief in der Scheide.

Diese höchst erogene Zone ist selbstverständlich kein Punkt, auf den wir einfach nur drücken müssen, damit der Orgasmus einsetzt. Wir können den Göttinnenpunkt zwar nicht sehen, bei sexueller Erregung schwillt er jedoch an und lässt sich gut ertasten. Dann spüren wir ein geriffeltes Gewebe an der inneren Vorderwand der Scheide. Vielleicht hilft ein Vergleich: Während sich die Vaginahaut wie die Innenseite der Lippen anfühlt, also fein und zart, ist der Göttinnenpunkt eher rau wie die Zunge.

Da der Göttinnenpunkt um die Harnröhre und somit zur Blase hin liegt, haben viele Frauen bei der Stimulation das Gefühl, sie müssten Wasser lassen.

Wollen wir unseren Göttinnenpunkt selbst finden, müssen wir uns entspannt hinhocken oder hinlegen. Wenn wir dann ein oder zwei Finger in die Scheide einführen, in Richtung Charmebein drücken und das Gewebe massieren, können wir den Punkt entdecken. Die Region wird aber erst richtig fühlbar, wenn wir bereits hoch erregt sind.

Wenn Frauen sich selbst berühren, können sie die Vulva, das Gebiet des äußeren Genitals, entdecken. Diese Erfahrung machen auch schon die kleinen Mädchen, wenn sie auf Ent-

deckungsreise gehen. Sie berühren ihre Venuslippen, die äußeren Teile der Klitoris, tasten sich aber selten – auch wegen des Jungfernhäutchens – zum G-Punkt vor.
Bei den meisten Frauen ist der Göttinnenpunkt anfangs wenig sensibilisiert, weil er viel zu selten berührt wird. Auch bei der häufigsten Position im Liebesspiel – der Missionarsstellung – stimulieren wir ihn nicht. Jede Körperstelle, die wenig berührt wird, befindet sich wie Dornröschen in einem Schlafzustand. Wir müssen den Göttinnenpunkt also »wachküssen«, damit auch tiefere Empfindungen und Reaktionen möglich werden.
Viele Frauen empfinden ein Gefühl des Strömens und des Überfließens, wenn ihr Göttinnenpunkt stimuliert wird. Diese Empfindungen sind nicht besser als diejenigen bei Stimulation der Perle, sie sind einfach anders.

Der A-Punkt

Ebenfalls Richtung Charmebein, zwischen Göttinnenpunkt und Gebärmutterhals, liegt der A-Punkt. Der malaysische Gynäkologe Dr. Chua machte meines Wissens erstmals auf diesen Punkt aufmerksam. Der A-Punkt ist – im Gegensatz zum Göttinnenpunkt – nicht durch ein spezifisches Gewebe ertastbar, wir können ihn lediglich durch die lustvollen Empfindungen lokalisieren.
Dr. Chua empfahl die Massage des A-Punktes den Patientinnen, die sich beklagten, dass sie trotz sexueller Erregung nicht feucht genug seien. Die Resultate zeigten, dass die Vagina feucht wird, wenn die Frauen ihren A-Punkt rund 20 Minuten lang stimulieren und massieren. Zusätzlich zum stärkeren Schwitzen der Scheide entwickelten sich bei den Frauen auch erotische Gefühle.
Wenn Sie in der Menopause sind, sollten Sie es mit der Mas-

sage des A-Punktes versuchen. Viele Frauen berichten, dass es ihnen geholfen hat.

Entdecken Sie weitere Punkte

Viele Teilnehmerinnen aus meinen Seminaren haben noch andere Punkte in der Vagina entdeckt, die für sie hoch erregend sind. Diese Regionen fanden sie bei Selbstmassagen, beim körperlichen Lieben oder bei der Erweckung des Göttinnenpunktes. Lassen auch Sie sich deshalb zu weiteren Forschungsreisen anregen. Es gibt noch viel zu entdecken ...

Spielaufgaben

Nehmen Sie sich viel Zeit für diese Spielaufgaben, und haben Sie Geduld – mit sich selbst und mit Ihrem Partner. Wenn Sie Ihren Göttinnenpunkt wecken, begeben Sie sich auf eine spannende Entdeckungsreise zu Ihrem innersten Wesenskern. Ihr Körper braucht etwa drei Monate, um die neuen Impulse aufzunehmen. Um es gleich vorwegzunehmen: Sie brauchen keinen Orgasmus zu erleben, Sie müssen nichts spüren. Sie müssen überhaupt nichts, dürfen aber alles.

Das Wecken des Göttinnenpunktes

Weil der Göttinnenpunkt in der Nähe der Blase liegt, sollten Sie sie leeren, bevor Sie mit der Übung beginnen. Bitten Sie Ihren Partner bzw. Ihre Partnerin, Sie zu massieren. Denn schon allein die Körperhaltung erschwert es Ihnen anfangs, auf alles zugleich zu achten.

Lassen Sie sich zuerst mit einer Ganzkörpermassage verwöhnen. Wenn Sie sich körperlich gut fühlen, können Sie Ihren Partner bzw. Ihre Partnerin bitten, sich dem Göttinnenpunkt zu nähern. Damit Sie mit den Empfindungen des G-Punktes besser in Kontakt kommen und die Massage nicht schmerzhaft ist, sollten Sie sexuell erregt sein und eine feuchte Vagina haben. Nehmen Sie ein Gleitmittel, damit für genügend Feuchtigkeit gesorgt ist.
Ansonsten gibt es nichts zu tun. Legen Sie sich entspannt hin, und konzentrieren Sie sich auf die Atmung. Achten Sie im Laufe der Übung immer wieder auf das Ein- und Ausatmen. Den anderen Teil Ihrer Aufmerksamkeit lenken Sie in die Scheide, an den Ort des G-Punktes. Versuchen Sie, immer wieder dort zu sein, wo die Berührungen erfolgen. Wenn Sie abschweifen, lenken Sie die Aufmerksamkeit wieder zurück zur Atmung oder zum Ort der Berührung. Die Atmung hilft Ihnen, sich ganz auf die Empfindung auszurichten.

Die Massage

Während Sie sich entspannen und sich immer wieder mit der Atmung verbinden, kann Ihr Partner bzw. Ihre Partnerin mit der Massage beginnen. Mit den Fingern soll ein starker Druck ausgeübt werden. Bitten Sie um kreisende, pressende, lösende und reibende Berührungen, die jedoch nicht zu schnell aufeinander folgen. Geben Sie sich immer wieder Zeit zum Entspannen, aber bitten Sie darum, bei der gleichen Berührung zu bleiben, damit Sie die unterschiedlichen Qualitäten wahrnehmen können.
Zu oberflächliches Streicheln löst häufig nicht viele Reaktionen und Empfindungen aus. Wenn Sie anfangs Schmerzen empfinden, entspannen Sie sich, und bitten Sie Ihren Partner, langsam und geduldig, tief und stark zu massieren. Erwarten Sie nicht, dass Ihr Partner gleich weiß, wo und wie er Sie berühren soll. Es gibt kein genau »richtiges« Berühren. Teilen Sie jedoch mit, wenn Sie sich

stärkere Berührungen wünschen oder gern eine etwas andere Stelle massiert haben möchten.
Achten Sie immer wieder darauf, dass Sie regelmäßig ein- und ausatmen. Berühren Sie sich zwischendurch selbst, und massieren Sie Ihren Bauch oder Ihre Brüste.

Auch unangenehme Gefühle zulassen

Es ist gut möglich, dass Sie bei der Massage auch mit negativen Gefühlen in Kontakt kommen oder mit körperlichen Empfindungen, die nicht gerade angenehm sind. Sie werden wachgerufen, weil wir besonders in der Scheide viele Informationen gespeichert haben, die mit unserem Sexualleben zu tun haben. Das können Situationen sein, in denen Sie sich nicht wertgeschätzt fühlten, oder Momente, wo Sie Ja sagten, aber Nein meinten. Mitunter geht es auch um schwierige Geburten oder sexuelle Traumata. Versuchen Sie, all diese Gefühle zuzulassen, wenn sie hochkommen. Vielleicht mögen Sie sich auch Ihrem Partner oder Ihrer Partnerin mitteilen. Nehmen Sie sich die Zeit, die Sie brauchen, und lenken Sie die Aufmerksamkeit immer wieder auf die Atmung.
Wunderbar ist es natürlich, wenn Sie diese Massage über drei Monate hinweg dreimal die Woche bekommen. Für die meisten wird es wohl kaum möglich sein, sich so intensiv auf diese Entdeckungsreise einzulassen. Auch wenn Sie nur ab und zu diese sehr spezielle Erfahrung machen können, wird sich viel für Sie ändern. Jedes Mal werden sich neue Räume öffnen, die Ihnen zu neuen Erfahrungen verhelfen.

Was passiert beim Orgasmus?

Der Orgasmus ist enorm vielschichtig und schließt immer alle Ebenen ein – die körperliche, die gefühlsmäßige, die mentale und energetische. Jeden Orgasmus erleben wir neu und anders. Eine Rolle spielen dabei die Intensität des Vorspiels, die eigene Befindlichkeit, unsere Tagesform und unsere momentane Beziehung zu unserem Partner bzw. unserer Partnerin.
Das Wort »Orgasmus« stammt aus dem Griechischen und bedeutet »mit Lust anschwellen« und »vor Begierde strotzen«. Das Adjektiv »orgiastisch« bezieht sich ebenfalls auf ein ekstatisches, herausragendes Gipfelerlebnis.
Der Orgasmus ist das Intensivste und Lustvollste, was ein Mensch erfahren kann. Wenn wir einen Orgasmus haben, ist das ein Geschenk – verbunden mit dem Gefühl von Einheit, von Eins-Sein, von Schmelzen. Und dennoch beschreibt ihn jede Frau anders, jede nimmt ihn auf ihre eigene Art wahr und empfindet ihn jedes Mal unterschiedlich.

Barbara: Vulkanausbruch und Funkensprühen

»Der zärtliche Teil der Sexualität ist mir sehr wichtig, doch das würde mir nicht genügen. Ich genieße es, meine Lust auszudehnen. Hier streicheln, dort halten, nicht so sehr auf den Höhepunkt fixiert. Was den Orgasmus angeht, bemerke ich Unterschiede zwischen mir und meinem Freund: Den Höhepunkt erlebt er wie einen Vulkanausbruch, während ich meine Gefühle eher mit einem Funkensprühen beschreiben würde. Manchmal würde ich auch gern einen so wahnsinnstiefen Orgasmus wie mein Partner erleben.«

Blutfülle im Beckenraum

Je stärker wir erregt sind, desto mehr Blut wird im Beckenraum zurückgehalten. Diese Blutfülle verstärkt sich in den Schwellkörpern der Genitalregion – das Anschwellen des äußeren Genitalbereichs erzeugt ein intensives Gefühl von Spannung und Lust.

Wenn wir kurz vor dem Orgasmus sind, reagieren Klitoris, Harnröhre und Vagina gleichzeitig. Im Ruhezustand sind sie deutlich voneinander getrennt, im Zustand der sexuellen Erregung werden sie zu einer Einheit.

Um zu beschreiben, was beim Orgasmus passiert, benutze ich im Folgenden den Begriff »Klitoris« für den äußeren, sichtbaren Teil des Organs – also den Schaft, die Haube und die Perle.

Der Orgasmusreflex kann durch verschiedene Stimulationen ausgelöst werden: Manchmal genügt das Streicheln der Brüste oder des Bauches oder was immer für uns erotisierend ist. Vielleicht sind es Berührungen der Klitoris, des Göttinnenpunkts, anderer erogener Zonen in der Vagina oder des Gebärmutterhalses. Jede Frau hat ihre Vorlieben, ist unterschiedlich verführ- und sexuell stimulierbar. Um einen Orgasmus zu erleben, braucht es nicht zwingend einen Partner. Wir können auch selbst auf Entdeckungsreise gehen und unsere Orgasmusfähigkeit und -tiefe verändern. Der Orgasmus selbst setzt ein, wenn sich die Muskulatur des Beckenbodens und der Vagina rhythmisch zusammenziehen.

Der gemeinsame Orgasmus als Ziel?

Viele Liebespaare wünschen sich einen gemeinsamen Orgasmus. Dieses Ziel wird uns auch in vielen Sexfilmen nahe gelegt. Die eher männliche Version des Höhepunktes gleicht

dann einem feurigen Vulkanausbruch, während die weibliche Variante die romantisch geprägte Verschmelzung von Frau und Mann zeigt.
Ein gemeinsames Kommen ist wunderschön. Es sollte jedoch nicht das Einzige sein, an dem die Qualität des Liebesspiels gemessen wird. Denken Sie nur an all die anderen Spielvarianten: Wir können ruhig und meditativ werden, mit dem Innersten in Kontakt kommen, Bilder und Farben sehen. Es kann sein, dass nur die Frau oder nur der Mann einen Orgasmus erlebt. Ebenso schön ist es, wenn erst die Frau und dann ihr Partner zum Höhepunkt kommt.
Bedauerlicherweise haben viele Paare eine feste Vorstellung davon, wie ein Orgasmus sein soll. Häufig bewerten wir ein Liebesspiel erst dann als erfolgreich, wenn es zum Orgasmus führt. Das Wort müssten wir dann aber eigentlich anders schreiben: Orgas-muss.

Jeder Orgasmus hat seine eigene Qualität

Selbstverständlich erlebt jede Frau ihre Orgasmen ganz individuell. Es ist deshalb äußerst schwierig, diese inneren Erfahrungen zu beschreiben. Es kann jedoch grundsätzlich zwischen dem so genannten explosiven und dem implosiven Orgasmus unterschieden werden: Eine Explosion erinnert an den Vulkan, der einen so großen Innendruck aufbaut, dass er seine ganze innere Ladung nach außen schleudert. So wie man jeden Vulkanausbruch von außen erkennen kann, ist auch der explosive Orgasmus einer Frau gut sichtbar – ihr ganzer Körper reagiert mit Vibrationen.
Die Implosion ist genau das Gegenteil: Der Außendruck ist so groß, dass die ganze Bewegung nach innen geht und das Innenleben aktiviert wird. Die Frau empfindet vielleicht sehr

tiefe Gefühle, sieht Farben und Bilder oder fühlt sich tief in ihrem Wesenskern berührt. Der Ausdruck ist also weniger körperlich, sondern eher seelisch spürbar.
Anfang des 20. Jahrhunderts behauptete der Wiener Psychoanalytiker Sigmund Freud, dass sich eine reife Frau sexuell durch einen vaginalen Orgasmus ausdrücke. Diese Behauptung geistert noch heute in vielen Köpfen herum, obwohl sie schon lange überholt ist.
Außer dem vaginalen gibt es auch einen klitoralen und einen uteralen Orgasmus. Viele Frauen haben bislang nur eine Spielart kennen gelernt, andere haben ihre persönliche Vorliebe entwickelt. Wichtig ist einzig und allein, dass wir den Orgasmus genießen - ohne uns einreden zu lassen, was dabei richtig oder falsch sein soll.
Die meisten Frauen erleben die Stimulation der Perle und der ganzen Gegend um die Perle herum besonders lustvoll. Wird die Perle direkt oder indirekt stimuliert, löst das eine starke sexuelle Erregung und oft auch einen Orgasmus aus. Hoch erogen sind auch die kleinen Venuslippen und das Gebiet um den Harnröhrenausgang, weil hier viele Nervenenden liegen. Dasselbe gilt für das vordere Drittel der Scheide.

Der klitorale Orgasmus

Wenn sich das Gewebe eher im äußeren Bereich der Scheide rhythmisch zusammenzieht, wird vom klitoralen Orgasmus gesprochen. Er wird als kribbelnde, pulsierende Vibration empfunden. Vergleichbar ist diese Art von Orgasmus mit dem Bild eines Delfins, der mit fließenden Bewegungen schnell und spielerisch über die Wasseroberfläche springt.

Der vaginale Orgasmus

Bezeichnend für einen vaginalen Orgasmus sind die Aufmerksamkeit und das Erleben der Lust tief in der Vagina. Die Frau spürt ein starkes Verlangen und Begehren: »Ich will ihn in mir haben« und »Ich will gefüllt werden«. Diese Lust kommt aus dem Becken, aus dem Inneren, und ist nicht – wie bei der klitoralen Stimulation – nur auf das äußere Genital beschränkt. Viele Frauen empfinden die tiefen rhythmischen Kontraktionen der Gebärmutter als einen sehr beglückenden Teil des Orgasmus. Sie beschreiben dies z. B. mit Schmetterlingsgefühlen im Bauch.

Der vaginale Orgasmus ist sanft und hält lange an, er bezieht den ganzen Körper mit ein. Er löst meist Gefühle aus, tief im Wesenskern berührt zu sein, mit der eigenen Seele in Kontakt zu kommen. Als Bild eignet sich der Wal: Er bewegt sich recht langsam, taucht tief hinunter ins Wasser und bewegt sich wellenförmig fort.

Der uterale Orgasmus

Nur selten wird beschrieben, was es mit dem uteralen Orgasmus auf sich hat. Möglich wird er erst, wenn wir sehr stark sexuell erregt, aber gleichzeitig körperlich vollkommen entspannt sind. Wir müssen also wissen, wie wir uns energetisch aufladen und vollkommen hingeben können.

Die meisten Frauen erleben es als äußerst schmerzvoll, wenn ihr Partner mit dem Penis an den Gebärmutterhals stößt. Einige haben jedoch das verrückte Gefühl lieben gelernt, das entsteht, wenn sich Penisspitze und Muttermund küssen. Das Erleben eines uteralen Orgasmus ist ein Geschenk – wie selbstverständlich jeder andere Höhepunkt auch.

Gabriele: Zufrieden mit klitoralen Orgasmen

»Ich erlebe klitorale Orgasmen und bin völlig zufrieden damit. Mein Partner setzt mich jedoch unter Druck. Er behauptet, andere Frauen seien vaginal bei ihm gekommen – bei mir müsse also etwas nicht ganz richtig funktionieren. Ich bin durch diese Vorwürfe sehr verunsichert und frage mich, ob ich normal bin. Ich habe mich dann im Tantra-Seminar erkundigt und habe erfahren, dass mein Freund einem längst überholten Irrtum aufgesessen ist. Jetzt weiß ich, dass mein klitoraler Orgasmus ebenso normal ist wie der vaginale. Das Missverständnis haben wir aus der Welt geräumt, jetzt habe ich kein schlechtes Gewissen mehr.«

Energie aufladen und wieder entladen

Allen Arten von Orgasmen ist gemeinsam, dass wir eine starke energetische Aufladung brauchen, damit wir uns anschließend intensiv entladen können. Wenn wir nur wenig erregt sind, gibt es auch nicht viel loszulassen.

Der Orgasmus vereint scheinbar Gegensätzliches in sich: In der ersten Phase lädt sich die Erregung so lange auf, bis sie sich in der zweiten Phase entladen muss. Diese Entladung nennen wir Orgasmus. Zuerst geht es also darum, dass wir alles unternehmen, um eine Ladung aufzubauen. Unterstützen können wir dieses Aufladen durch unsere Atmung, Bewegungen, sinnliche und erotische Gedanken und körperliche Stimulation. Dann schlägt das Geschehen in den Gegenpol um – wir lassen es geschehen und geben die Kontrolle auf.

Im Orgasmus zeigen wir uns mit all unseren Facetten, und das kann auch verletzlich machen. Manchen Frauen fällt es leichter, die Auflösung allein zu erleben. Wir können es aber auch als wunderschönes Geschenk an unseren Partner bzw. unsere

Partnerin empfinden, wenn wir uns in dieser Öffnung zeigen. Vielleicht muss sich erst im Laufe der Zeit das Vertrauen entwickeln, sich in diesem Moment des Geschehenlassens zu zeigen. Es kann aber auch sein, dass uns der Höhepunkt versagt bleibt, wenn unsere Partnerschaft nicht unterstützend und vertrauensvoll ist.

Modell der weiblichen Sexualtypen

Viele Frauen sind sich nicht bewusst, dass ihre Yoni ebenso einzigartig ist wie ihr Gesicht. Zumindest gibt es so viele unterschiedliche Varianten, Farben und Formen wie bei den Brüsten. Jede Yoni sieht anders aus, fühlt sich anders an und riecht auch anders.
In unseren medizinischen Lehrbüchern steht nur wenig über die Bedeutung der unterschiedlichen Größen, Formen, Strukturen, Farben, Gerüche und Geschmacksrichtungen. In den östlichen Ländern gehört dieses Wissen zum ABC. So beschreiben die Japaner fünf verschiedene Typen des weiblichen Genitals und ordnen jede Variante einem der fünf Elemente zu. In China wird die Länge der Vagina gemessen und in acht Typen eingeteilt.

Die fünf Yonitypen der Cherokee-Indianer

Besonders inspirierend und lehrreich ist das komplexe System, das die Indianer Nordamerikas entwickelt haben, um die unterschiedlichen Anatomietypen der Yoni zu differenzieren. In Europa wurde dieses System in den 80er Jahren bekannt –

vermittelt wurde es von Dr. Harley Swiftdeer Reagan, einem Psychologen und Cherokee-Medizinmann. Das Modell, das die Cherokee-Indianer entwickelt haben, dient dazu, die unterschiedlichen Anatomietypen zu veranschaulichen. Lassen Sie sich von den folgenden Angaben nicht einengen, sondern nehmen Sie sie als Inspiration.

Für die Teilnehmerinnen meiner Seminare ist das System von Swiftdeer immer wieder sehr hilfreich, weil es die Vielfältigkeit auf eine wunderbare Art aufzeigt. So werden im Modell konkrete Angaben zu den verschiedenen Yonitypen gemacht. Diese sollen in erster Linie dazu anregen, die eigene Anatomie zu erforschen. Wie sollen wir wissen, ob unsere inneren Venuslippen eher groß oder klein sind, wenn wir keinen Vergleich haben? Lassen Sie sich von den verschiedenen Frauentypen inspirieren, feine Nuancen und eigene Vorlieben zu entdecken. Nehmen Sie die verschiedenen Informationen als Anlass, um Neues auszuprobieren.

Ihr Wissen über die verschiedenen Yonitypen vermitteln die Cherokee-Indianer anhand eines Kreises oder eines Rades. Stellen Sie sich einen Kreis vor, der in der Mitte einen Punkt hat, um das Zentrum zu markieren. Betrachten Sie dieses Rad wie das Zifferblatt Ihrer Armbanduhr, und stellen Sie die Zeiger auf die vier Hauptpositionen - auf zwölf, drei, sechs und neun Uhr. Diesen Markierungen werden die vier Himmelsrichtungen zugeordnet und je ein Element.

Zum Norden gehört das Element Luft, zum Osten das Feuer, zum Süden das Wasser und zum Westen die Erde. Dem Zentrum wird kein Element zugeteilt. Den vier Elementen entsprechen verschiedene Eigenschaften:

Die Luft (Norden) wird dem mentalen Bereich zugeordnet. Die Luft kann sich über die unterschiedlichen Winde ausdrücken - vom lauen Sommerwind bis zum Hurrikan. Winde können sich sehr schnell bewegen und verändern. Der Wind ist ein Symbol für die Schnelligkeit unserer Gedanken, Visionen und Phantasien.

Das Feuer (Osten) ist heiß, spendet Wärme und Licht. Wenn wir Feuer auflegen, brennt es zunächst lichterloh. Später fällt es wieder in sich zusammen, um vielleicht kurz darauf wieder Funken zu sprühen. Dem Feuer wird die Energiebewegung zugeordnet.

Das Wasser (Süden) gehört dem Reich der Gefühle und Emotionen an. Es hat zwar keine eigene Form, verändert aber mit der Zeit alle bestehenden Formen: Die Meereswellen zermahlen die Steine am Ufer zu Sand, der Fluss formt das Flussbett. Das Element Wasser und somit unsere Gefühle bewegen sich viel langsamer als die Luft. Wenn wir z. B. traurig sind, braucht es eine Weile, bis sich unsere Stimmung wieder ändert.

Die Erde (Westen) ist mit unserem physischen Körper und unseren Sinnen verbunden. Wenn wir in unserem Körper wohnen und unsere Sinnlichkeit leben, sind wir auch in Kontakt mit der Erde und den Naturzyklen. Wir können dem Lauf der Dinge vertrauen und fühlen uns gelassen. Die Erde hat den langsamsten Rhythmus, so wie sich die Jahreszeiten auch nur gemächlich verändern.

Vier klassische Sexualtypen

Jeder der vier Himmelsrichtungen und den dazugehörenden Elementen wird ein Frauentyp zugeordnet. Grundlage für die Einteilung ist nicht das äußere Erscheinungsbild einer Frau,

sondern die Form ihrer Yoni. Dafür werden die Form der inneren Venuslippen, der Abstand von dem äußeren Teil der Klitoris zur Vagina, die Tiefe und die Öffnung der Vagina sowie der Ort des Göttinnenpunktes miteinander verglichen.
Damit Ihnen die Unterschiede deutlicher werden, betrachten Sie auch die beigefügten Zeichnungen. Sie zeigen die Yoni von außen, die großen Venuslippen und Charmehaare wurden weggelassen. Auch der Göttinnenpunkt ist nicht eingezeichnet, da er im Körperinnern liegt.
Das Sexualtypen-Modell geht von vier Haupttypen aus und unterscheidet die Nord-, Ost-, Süd- und die Westfrau. Die Zentrumsfrau finden wir in der Mitte des Kreises. Bleibt sie in der Mitte, ist sie eine klare Zentrumsfrau. Bewegt sie sich z. B. auf den Westen zu, nimmt sie – je stärker sie zur Peripherie des Kreises kommt – die Einfärbung einer Westfrau an. Zentrumsfrauen unterscheiden sich demnach sehr stark voneinander – abhängig davon, in welche Richtung sie sich bewegen. Sie werden deshalb auch tanzende Frauen genannt.

Die Nordfrau

Dem Element Luft gehört die Nordfrau an. Sie zeichnet sich durch ihre mentalen Fähigkeiten, die Schnelligkeit und Klarheit der Gedanken aus. Um auf der Körperebene sinnlich und erotisch zu werden, nutzt sie ihre Phantasien, die Kraft ihrer inneren Bilder. Sie kreiert sich ihren eigenen inneren Film, der ihr gerade entspricht. Vielleicht spielt ihr Partner bzw. ihre Partnerin in diesem Film eine Rolle, vielleicht auch nicht. Sie baut sich diese Bilder langsam auf und braucht deshalb anfangs eine gleich bleibende Stimulation. Ändert ihr Partner beispielsweise plötzlich den Rhythmus des Stoßens, empfindet sie das wie einen Filmriss, und sie muss die Energie wieder neu aufbauen.

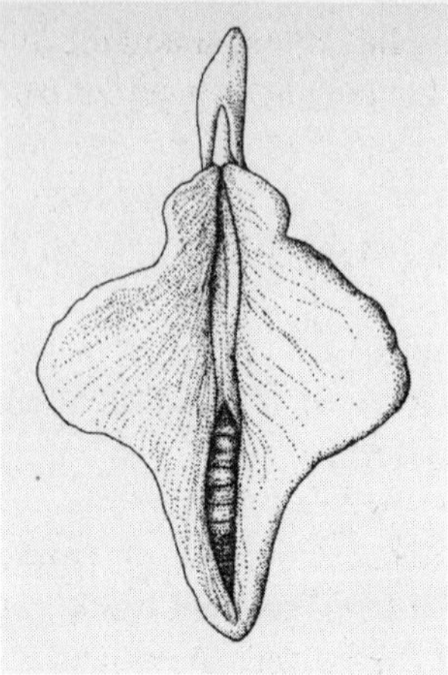

Nordfrau

Die inneren Venuslippen der Nordfrau fallen besonders auf: Sie sind recht zart und sehr lang. Wenn die Nordfrau steht, schauen die inneren Venuslippen hervor. Wenn sie die inneren Venuslippen mit den Fingern öffnet und auseinander streicht, sehen wir einen Schmetterling. Der Abstand von Perle und Haube zur Vaginalöffnung beträgt etwa ein bis zwei Querfinger. Auf der Zeichnung ist dieser Abstand für die klassische Nordfrau eher groß. Die Vagina ist zehn bis zwölf Zentimeter tief, sie ist etwa drei Zentimeter breit geöffnet. Beim Stimulieren des tief liegenden Göttinnenpunktes empfindet die Nordfrau schnell das Gefühl, Druck auf der Blase zu haben und Wasser lassen zu müssen. Dieses Gefühl ist bei ihr ausgeprägter als bei den anderen Frauen.
Beim Vorspiel – vor allem auch beim Orgasmus – liebt es die Nordfrau, Töne zu machen und ihre Stimme zu benutzen. Das kann dem Heulen eines Wolfes gleichen, es kann sich auch anhören wie das Säuseln des Windes. Ihr Höhepunkt drückt sich erst in explosiven, dann in implosiven, spielerischen und luftigen Wellen aus. Die gelöste Energie äußert sich also zu-

nächst über den Körper, die Bewegungen und die Stimme, um sich dann nach innen zu kehren und ruhiger zu werden.

Die Ostfrau

Mit dem Element des Feuers ist die Ostfrau verbunden. Sie nimmt sich und ihren Partner vor allem über den energetischen Aspekt wahr: So schnell wie ein Feuer lodert und heiß wird, so schnell kann es in sich zusammenfallen – um gleich wieder haushoch zu brennen.

Die Yoni der Ostfrau ist heiß und trocken. Auch wenn sie erregt ist, bleibt die Vulva (fast) trocken. Die äußerst zarten und feingliedrigen inneren Venuslippen sind kleiner als die äußeren Venuslippen. Die Perle liegt nahe des Vaginaeingangs, sie liegt entweder frei oder hat nur eine kleine Kapuze. Die Ostfrau in der Abbildung hat eine kleine Haube über ihrer Perle.

Der Göttinnenpunkt der Ostfrau liegt relativ nah bei der Vaginaöffnung. Ihre Vagina ist sehr tief und misst zwischen sieb-

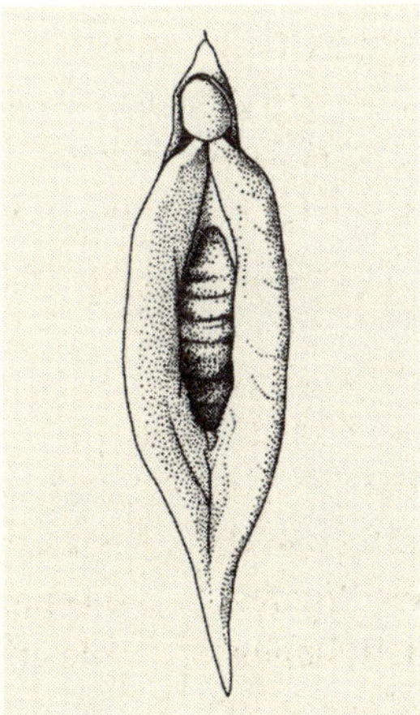

Ostfrau

zehn und zwanzig Zentimeter, die Vaginaöffnung ist jedoch mit einem Durchmesser von etwa 2,5 Zentimetern recht eng. Bei der Ostfrau liegen all die Orte sehr nahe zusammen, die die meisten Frauen bei Berührung als erotisierend empfinden. Deshalb mag die Ostfrau keine starke Stimulation und kein langes Vorspiel. Denn für ihr Empfinden sind Erregung, Lust und Schmerz sehr nahe beieinander. Ihr Orgasmus ist sehr explosiv und wird häufig als ein Freisetzen und Spiel mit der Energie erlebt. Von Natur aus kann die Ostfrau mehrere Male hintereinander kommen, was als multiorgastisch bezeichnet wird.

Die Südfrau

Dem Element Wasser und den Gefühlen wird die Südfrau zugeordnet. Sie liebt ein langes und gefühlsbetontes Vorspiel und legt viel Wert darauf, dass sie mit ihrem Liebespartner vertraut ist, bevor sie sich öffnet.

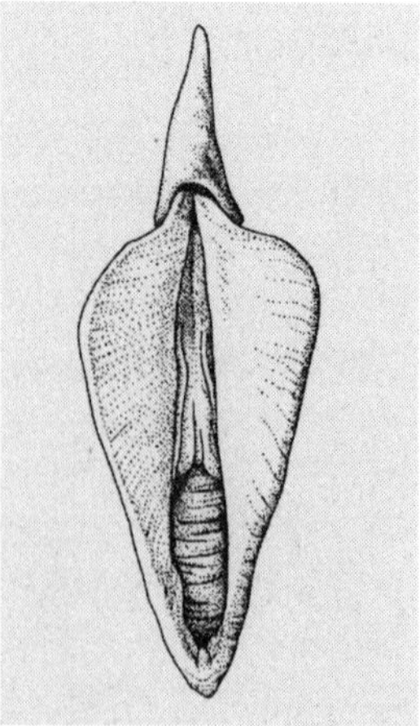

Südfrau

Verbunden mit dem Wasser ist ihre Yoni (fast) immer feucht unabhängig davon, ob sie nun erregt ist oder nicht. Gerade für eine Frau des Südens ist es wichtig, dass sie um ihre prinzipiell sehr feuchte Yoni weiß und ihrem Partner mitteilt, wann sie wirklich für die Penetration bereit ist. Denn eine feuchte Yoni bedeutet bei einer Südfrau nicht unbedingt, dass sie auch erregt ist.

Auffallend ist der lange, glatte Schaft, der in die Kapuze übergeht und die Perle versteckt. Die inneren Venuslippen der Südfrau sind fein, glatt und kleiner als die äußeren Venuslippen. Der Abstand zwischen Vaginaöffnung und der Perle mit dieser ausgeprägten Haube beträgt etwa zwei bis drei Querfinger. Die Vagina der Südfrau ist mit zwölf bis siebzehn Zentimetern ziemlich tief, geöffnet ist sie etwa drei Zentimeter. Auch der Göttinnenpunkt liegt eher tief.

Beim Höhepunkt drückt sich die Südfrau meist recht emotional aus. Häufig laufen ihr beim Orgasmus die Tränen der Freude, der Trauer oder des Verbundenseins. Das Wasser fließt, weil sie sich tief berührt fühlt. Den Orgasmus empfindet sie als implosive-explosive Wellen. Sie kommt zuerst stark mit ihren Innenwelten in Kontakt und zeigt ihre Gefühle dann auch äußerlich.

Die Westfrau

Dem Element Erde fühlt sich die Westfrau verbunden. Sie genießt ihre innige Sinnlichkeit und sehr konkrete, körperliche Berührungen. Bevor sie körperlich liebt, braucht sie Zeit, um ihren Körper richtig zu spüren. Sie mag es, wenn ihr Körper von oben bis unten massiert wird, sie tanzt und bewegt sich gern.

Die Westfrau hat sehr dicke, faltige und fleischige innere

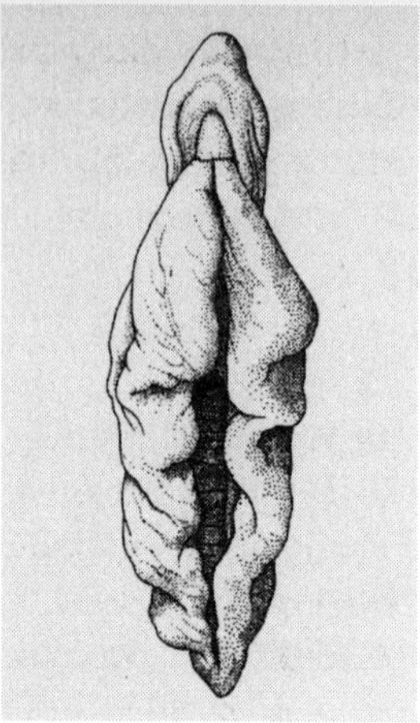

Westfrau

Venuslippen und eine starke, zeltähnliche Haube. Zwischen die Perle und die Vaginaöffnung passen etwa zwei bis drei Querfinger. Die Vagina ist acht bis zehn Zentimeter tief, sie ist fünf bis sieben Zentimeter breit geöffnet, also relativ groß. Der Göttinnenpunkt liegt etwa drei Zentimeter in der Vagina.
Die Westfrau zeigt sich im Orgasmus so, wie wir das in den meisten Filmen sehen. Sie reagiert mit dem ganzen Körper und bewegt sich heftig. Sie wohnt in ihrem Körper und zeigt sich, so wie sie ist. Den Höhepunkt erlebt sie wie ein Erdbeben mit vielen implosiven Wellen.

Die Zentrumfrau

Die klassische Zentrumsfrau steht in der Mitte des Kreises. Je nach individueller Veranlagung bewegt sie sich mehr oder weniger an die Peripherie. Sie kann sehr klar in eine Himmelsrichtung tanzen oder nimmt irgendeinen beliebigen Standort im Kreis ein. Erfahrungsgemäß gehört rund die Hälfte aller

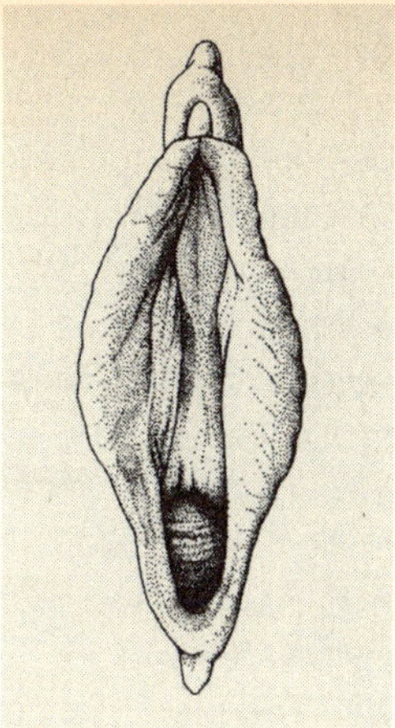

Zentrumsfrau

Frauen zu den Zentrumsfrauen. Sie mögen ein langes Vorspiel mit direkter Stimulierung der Perle, viele empfinden auch einen Vibrator als angenehm.

Die Zentrumsfrau genau zu beschreiben ist schwierig. Je näher sie an die Peripherie des Kreises kommt, desto mehr nimmt sie die charakteristischen Eigenschaften und Einfärbungen der jeweiligen Elemente an.

In der Regel sind die inneren Venuslippen der Zentrumsfrau eher klein. Sie können aber auch der Schmetterlingsform der Nordfrau oder den fleischigen Venuslippen der Westfrau ähneln. Die Yoni der Zentrumsfrau ist meist feucht. Der Abstand zwischen Perle mit Kapuze und Vaginalöffnung misst drei bis vier Querfinger. Die Öffnung ist mit einem Durchmesser von etwa 2,5 Zentimeter oft auch größer als auf der Abbildung. Bei den meisten Zentrumsfrauen liegt der Göttinnenpunkt recht tief.

Auf Entdeckungsreise zur Blume

Es ist gar nicht so einfach, aufgrund der Beschreibungen und Zeichnungen den eigenen Anatomietyp herauszufinden. Am besten richten Sie es sich dazu bequem ein. Mit Hilfe eines Spiegels können Sie nun eine Entdeckungsreise zu Ihrer Yoni machen. Besonders inspirierend ist es natürlich, wenn sich mehrere Frauen zusammensetzen, um einander anzuschauen. Dann fallen die Unterschiede eher auf.

Achten Sie darauf, dass jede Yoni eine etwas andere Farbe hat und dass sie ihre eigene Farbe verändern kann. So ist z. B. die Yoni einer Frau, nachdem sie geboren hat, meist etwas dunkler. Beim Liebesspiel ändert sich die Farbe – vor allem, je näher der Höhepunkt kommt. Ist die Vielfalt der Farben und Formen der inneren Venuslippen nicht einfach überwältigend? Sind Sie auch schon mal auf die Idee gekommen, den eigenen Geschmack zu testen?

Versuchen Sie herauszufinden, ob Sie eine tanzende Frau sind oder eine, die sich einer der vier Himmelsrichtungen deutlich zuordnen lässt. Wie die Teilnehmerinnen meiner Seminare werden Sie vielleicht feststellen, dass Sie anatomisch zwar ganz klar dem einen oder anderen Typ entsprechen, dass Sie aber ihren Orgasmus anders als vorne beschrieben erleben. Das hängt meist mit der eigenen Geschichte zusammen. Die meisten Frauen erzählen, dass ihnen ihre Gefühle sehr wichtig sind und dass sie vor allem emotionale Zuwendung brauchen. Das ist darauf zurückzuführen, dass die Sexualität nicht vom Beziehungsaspekt getrennt werden kann.

In einem Seminar gerieten sich zwei Frauen fast in die Haare, weil sie sich nicht vorstellen konnten, was die jeweils andere erlebt. So schilderte die eine, sie erlebe beim Orgasmus ein enormes Farbenspektakel und habe wegen ihrer Phantasien heftige Schuldgefühle. Die andere beschrieb, dass sie beim Höhepunkt vor lauter Gefühlen beinahe weggeschwemmt werde. Im anschließenden Gespräch stellten die beiden Frauen fest, dass unterschiedliches Erleben normal ist. Dieses Wissen regte sie später an, neue Vorlieben herauszufinden und mit den Veränderungen zu spielen.

Manchen Nordfrauen fällt es nicht leicht, ihre Stimme zu benutzen, weil sie glauben, dass das verboten sei. Einige berichten, dass sie mit ihren Schwestern das Zimmer geteilt haben und es ihnen peinlich war, einen Laut von sich zu geben, wenn sie sich selbst berührten.

Vielleicht lernten Sie als Feuerfrau in jungen Jahren, dass Sie nicht willkommen sind, wenn sie mehrere Orgasmen hintereinander haben. Dann kann es sein, dass Sie beschlossen haben, Ihren Liebhaber – und sich selbst – nicht zu überfordern.

Vielleicht wird Ihnen auch klar, dass Sie als Zentrumsfrau zu wenig stimuliert werden, wenn Sie sich mit Ihrem Liebhaber in der Missionarsstellung lieben. Schieben Sie einfach ein Kissen unter das Becken. So können Sie erreichen, dass Ihr G-Punkt berührt wird.

Wenn Sie die stärksten Empfindungen über die Perle haben, ist nicht jede Liebesposition geeignet. Vielleicht ändern Sie die Position, Sie berühren sich selbst oder bitten Ihren Partner, Sie zu berühren.

Als Westfrau brauchen Sie viel Berührung und direkten Körperkontakt. Wenn Ihr Partner vor Ihrer Beziehung mit einer Feuerfrau zusammen war, ist er daran gewöhnt, dass sie nur

wenig stimuliert werden wollte. Wahrscheinlich wird er Sie deshalb so berühren, wie es seiner früheren Partnerin gefiel. Wenn Sie ihm Ihre Wünsche nicht mitteilen, wird er sehr irritiert sein, dass er Sie nicht erregen kann, und Sie werden immer frustrierter sein, weil er Sie so zaghaft berührt.
Wenn Sie sich in der Vergangenheit eingeschränkt haben, wird es sehr spannend sein, sich neue Erfahrungen zu erlauben. Wagen Sie es ruhig, auf unbekanntes Territorium zu gehen. Wie wäre es, wenn Sie sich vor dem nächsten Rendezvous mal so richtig in einer Diskothek austoben würden? Oder spielen Sie mal mit Ihrer Stimme, und locken Sie die verschiedensten Töne aus sich heraus. Seien Sie wild wie eine Löwin, oder singen Sie wie eine Mutter, die ihr Kind schlafen legt. Malen Sie sich eine Geschichte aus, und geben Sie sich Ihrer Phantasie hin, während Sie mit Ihrem Geliebten oder Ihrer Geliebten zusammen sind.

Spielaufgabe

Betrachten Sie sich im Spiegel

Richten Sie sich einen Raum so ein, wie Sie es tun würden, um Ihren Geliebten zu empfangen. Doch dieses Mal sind Sie es sich selbst wert, einen Raum für sich ganz allein zu haben, in dem Sie sich wohl und aufgehoben fühlen. Nehmen Sie sich wirklich Zeit, um Ihre Yoni zu entdecken und zu begrüßen.
Sie können sich auf den Boden legen oder sich auf einen Stuhl setzen. Nehmen Sie genügend Kissen, damit Sie sich zurücklehnen können. Halten Sie einen Spiegel so, dass Sie Ihre Yoni gut sehen können. Öffnen Sie die Beine, und zupfen Sie die Charmehaare etwas auf die Seite. Lassen Sie sich überraschen, welches Gesicht ihre Yoni hat. Was sehen Sie zuerst, was fällt Ihnen auf? Welche

Blume entdecken Sie, wenn Sie mit Ihren Fingern die äußeren Venuslippen etwas öffnen? Wie sind Form und Farbe der Yoni? Welche Temperatur hat sie? Ist Ihre Perle unter der Haube versteckt und poppt sie neugierig hervor, wenn Sie die Haube etwas verschieben? Was riechen und schmecken Sie, wenn Sie etwas Lubrikation nehmen? Schließen Sie zwischendurch vielleicht auch mal Ihre Augen. Sehen Sie die Form der Venuslippen, fühlen Sie die Struktur, die Wärme? Öffnen Sie die Augen wieder, und überprüfen Sie, ob das innere Bild mit Ihrer Yoni übereinstimmt. Wagen Sie immer wieder mal eine Reise zu Ihrer Yoni, bis sie Ihnen so vertraut ist wie Ihr Gesicht.

III Das Spiel mit der Sexualenergie

Wenn wir uns mit unserer Sexualität auseinander setzen, schwingen immer auch die Themen Lust und Unlust mit. Vor allem die Medien suggerieren, dass wir unsere Sinnlichkeit und Erotik jederzeit und überall leben müssen. Viele Frauen haben daher ein schlechtes Gewissen, wenn sie diesem Bild nicht entsprechen.

Vom Frust zu Lust und Freude

Vor allem in Krisensituationen steht uns der Sinn nur selten nach Sex, weil wir dann all unsere Aufmerksamkeit darauf verwenden, unsere Probleme zu bewältigen. Wenn eine Krise lange andauert, kann sich eine allgemeine Lebensunlust entwickeln – und die wirkt sich dann auf unser Sexualleben aus. Phasenweise keine Lust auf Sex zu haben ist absolut normal. Ernsthafte Sorgen müssen wir uns erst dann machen, wenn wir über längere Zeit wenig oder gar keine Lust haben.
Viele Frauen erzählen, dass sie nur selten mit ihrem Partner bzw. ihrer Partnerin Liebe machen. Und sie haben schon gar kein Interesse daran, ihre Sexualität für sich selbst zu leben. Weil ihr ganzes Leben darauf ausgerichtet ist, über die Runden zu kommen, empfinden sie ihren Alltag als grau, monoton und eintönig.
Besonders schwierig wird es für sie dann, wenn sie mit jemandem zusammen sind, der seine Ansprüche anmeldet. Allzu schnell heißt es dann: »Er will immer, und sie verweigert sich.« Darunter leiden viele Frauen.

»Ich bin mit einem Mann zusammen, der immer will und immer kann. Mich überfordert das völlig. Ich fühle mich gefangen und sage häufig Ja, auch wenn ich mich eigentlich nicht wohl dabei fühle. Wenn ich Nein sage, habe ich Angst, ihn zu verletzen. Ich bedauere es, auf die Bedürfnisse meines Partners nicht immer eingehen zu können. Ich ziehe mich häufig zurück, wenn er mich berührt – aus Angst, dass er dann vielleicht mehr möchte.
Um aus diesem Muster auszubrechen, haben wir nun eine Vereinbarung getroffen. Wir liegen jeden zweiten Tag zwanzig Minuten hintereinander in der Löffelposition. Wir verbinden uns über die Atmung – derjenige, der hinten liegt, passt sich dem Atemrhythmus des anderen an. Die Positionen wechseln wir jedes Mal wieder. Ich bin sehr erleichtert, dass dieses Beisammensein nicht zwangsläufig in Sexualität übergehen muss. Mein Partner fühlt sich jetzt nicht mehr abgelehnt, weil wir durch unsere Vereinbarung in körperlichem Kontakt bleiben. Das Hintereinanderliegen führt immer öfter zum Austausch von Zärtlichkeiten, und manchmal führt es auch zum Liebemachen.«

Die Wellenbewegung der Lust

Lust ist ein sehr komplexes Gefühl, das einen Wellencharakter hat. Wenn das Leben intensiv und farbig ist, fühlen wir uns lustvoll und erotisch. Dann gibt es aber auch wieder Tiefs, in denen wir die Energie nach innen richten. Sie reicht gerade, um den Alltag zu bewältigen. Das Bedürfnis nach Sexualität ist dann häufig verschwunden. In solchen Momenten fühlen wir uns in der Regel nicht nur von unserer Lust, sondern ganz allgemein vom Leben abgeschnitten.
Die Wellenbewegung der Lust zeigt sich auch im Monats-

zyklus. Die meisten Frauen haben vor dem Eisprung mehr Lust auf Sex und nach dem Eisprung weniger. Die sexuelle Lust rückt nicht selten in den Hintergrund, wenn eine Frau gerade ein Kind geboren hat. In den ersten Monaten der Mutterschaft ist ihre ganze Aufmerksamkeit auf die neue Aufgabe ausgerichtet, sie muss sich neu orientieren und neue Prioritäten setzen. Das nächtliche Aufstehen, das Stillen und das permanente Gefordertsein zehren an ihren Kräften und lassen sie schnell ermüden. So verschiebt sich ihre Rolle für einige Zeit von der Geliebten zur Mutter.

Unsere allgemeine körperliche Befindlichkeit beeinflusst unsere Lust ebenso. Wenn wir uns wohl fühlen und vor Energie strotzen, sind wir in der Regel mit unserer Lust verbunden und für jeden Körperkontakt empfänglich. Werden wir hingegen stark beansprucht oder bedrückt uns etwas, ergreifen wir nur selten die Initiative und haben wenig Lust auf einen sinnlich-sexuellen Austausch.

Stress kann bis zu einem gewissen Grade ein Kick sein. Hält er jedoch zu lange an, wirkt er zermürbend. Wir sind auch nicht bereit, mit unserem Partner die Sexualität zu teilen, wenn wir uns in der Beziehung unsicher fühlen, wenn wir ständig anderer Meinung sind oder wenn wir uns verletzt und nicht wertgeschätzt fühlen.

Langjährige Beziehungen

Vor allem Frauen, die langjährige Beziehungen haben, stellen häufig fest, dass sie nur noch selten Lust haben. Meist heißt es dann: »Er hat immer Lust, ich aber nicht.« Selbstverständlich kann es auch umgekehrt sein. Bei einer solchen Rollenverteilung stellt sich die Frage nach den tieferen Gründen. Es könnte z. B. sein, dass sich das Paar dann ständig nur mit der

Lustlosigkeit auseinander setzt und das Thema vermeidet, das eigentlich dahinter steht.

Ulla: Hinter die Kulissen schauen

»Ich bin mit einem Mann zusammen, der beruflich stark engagiert ist. Er sagt, dass er einen sexuellen Austausch nicht braucht, weil er ja genügend andere Gemeinsamkeiten mit mir hat. Er schätzt vor allem unsere geistigen Auseinandersetzungen, unseren großen Freundeskreis und die Freizeitaktivitäten, die wir miteinander teilen. Damit ist er vollauf zufrieden.
Ich bin dynamisch und ausdrucksstark. Mir fällt es aber schwer, Gefühle zuzulassen und zu zeigen. Aufgrund meiner Geschichte habe ich mich wohl unbewusst entschieden, mich nie mehr von einem Partner abhängig zu machen. Meine Freundschaften sind daher eher oberflächlich, nähere Beziehungen vermeide ich.
Ich habe Angst, mich wirklich auf meinen Partner einzulassen. So kommt es mir in gewisser Weise nicht ungelegen, dass er auf der sexuellen Ebene sehr zurückhaltend ist. Wir streiten uns aber gelegentlich auch, wenn ich ein aktiveres Sexleben fordere. Die Gespräche drehen sich dann immer um seine Unlust, aber nie um meine Angst vor Nähe.«

Den Knoten lösen

Je länger eine Beziehung dauert, desto wahrscheinlicher ist es, dass alte Prägungen und Erlebnisse aus der Kindheit wieder auftauchen. Über die Sexualität wird vieles in Bewegung gebracht – sie ist zwar wertfrei, löst aber bei beiden Partnern häufig Erinnerungen, Verwirrung und Ängste aus. Um sich mit diesem Schmerz nicht immer wieder auseinander setzen zu müssen, ziehen sich viele Partner schließlich zurück. Da

sich das zugrunde liegende Problem auf diese Weise jedoch nicht lösen lässt, wäre es besser, das belastende und einengende Thema anzusprechen und transparent zu machen. Wenn der Knoten dann gelöst ist, können sich beide wieder annähern und die Sexualität schrittweise wieder zulassen.
Frauen, die mit ihrem Partner oder ihrer Partnerin schon viele Jahre zusammen sind, berichten, dass ihnen anfangs Erotik und Sex sehr wichtig waren und dass sie sich später eher nach Intimität und Geborgenheit sehnten. Zu Beginn einer Beziehung sind die Hormone Adrenalin und Testosteron sehr aktiv, das Feuer ist lebendig. Beide brennen vor Verlangen und Aufregung. Die Liebespartner müssen nichts machen, ihre Körper hungern nach Austausch. Mit der Zeit kommen mehr die Endorphine zum Tragen – das Bedürfnis nach Freundschaft, Wärme und Halt tritt in den Vordergrund. In diesen Phasen geht es mehr um Intimität im Sinne von Nähe.

Petra: Mit sexueller Wachsamkeit durch den Alltag

»Was mir sexuell einen Kick gibt, ist der Wechsel der Umgebung. Das Liebemachen einmal im Hotelzimmer oder in der Natur draußen. Einen besonderen Kitzel spüre ich, wenn die Chance groß ist, dass andere uns sehen könnten – wie beispielsweise im Sommer, als ich mich mit meinem Partner im öffentlichen Park liebte. Wir hatten eine geschützte Nische gefunden, trotzdem waren Passanten in der Nähe.
Mich erregt es auch, im Auto neben ihm zu sitzen. Der fremde Rhythmus des Fahrens, die Nähe zwischen uns. Da kommt bei mir ganz schnell Erotik auf. Ich lese auch gern Liebesromane. Es darf auch Schmalz sein. Was offiziell als erotische Literatur anerkannt ist, schätze ich weniger. Das ist zwar für den Augenblick toll, doch lese ich das nicht ein zweites Mal.«

Wenn wir über einen längeren Zeitraum überhaupt keine Lust haben, sollten unsere Warnlämpchen angehen. Denn wenn wir lust- und freudlos sind, werden wir manipulierbar oder verfallen immer häufiger in Resignation. Das Leben geht an uns vorbei – wir nehmen nicht mehr aktiv daran teil. Es entsteht ein Ping-Pong-Effekt: Wir fühlen uns matt und erschöpft und haben weder Lust auf Sex noch Freude am Dasein. Und weil wir keine Sexualität leben, fühlen wir uns unerotisch und unlebendig.

Meist warten wir zu lange in der Hoffnung, dass die Lust wie eine gute Freundin irgendwann wieder in unser Leben tritt. Die Erfahrung zeigt aber, dass sie nicht von allein wieder erwacht und selten einfach wieder zur Türe hereinspaziert und »Hallo« sagt. Wir müssen uns bewusst entscheiden, das Feuer wieder zu entfachen. Denn die Lust funktioniert wie eine Pflanze, die immer wieder Nahrung und Wasser braucht und gepflegt werden will. Das Schöne ist, dass sie nicht nachtragend ist und schnell auf Zuwendung reagiert.

Wir sind also herausgefordert, unsere Lust wieder zu aktivieren. Das sollten wir nicht für unseren Partner bzw. unsere Partnerin tun, sondern in erster Linie für uns selbst. Erinnern Sie sich an die erste Zeit des Verliebtseins: Haben da nicht alle auf Ihre Ausstrahlung reagiert, wenn Sie voll getankt mit Erotik und Lebendigkeit anderen begegnet sind? Es war ein ständiges Geben und Nehmen, ein Austausch, der von selbst funktionierte.

Seien Sie gewiss: Sobald Sie wieder Freude und Fülle ausstrahlen und mit Ihrem inneren Feuer, mit Ihrer Erotik und Sinnlichkeit in Kontakt sind, reagiert auch Ihre Umwelt – und das Spiel ist wieder im Fluss. Sie können dieses Gefühl problemlos wieder wachrufen. Sie müssen lediglich zu einem kleinen ersten Schritt bereit sein. Versuchen Sie es mit den Übungen dieses Buches. Sie tragen dazu bei, die Lust wieder zu wecken.

Mit der Erotik spielen

Viele Frauen haben Angst, mit ihrer Erotik zu spielen, denn sie glauben, immer halten zu müssen, was sie versprechen. Schon als junge Frauen verinnerlichten sie Leitsätze wie: »Wer A sagt, muss auch B sagen« oder »Wenn Du so sinnlich und vibrierend durchs Leben gehst, musst Du auch mit mir schlafen«.

Wer sich mit solchen Aussagen kritisch auseinander setzt, kann sich bewusst wieder davon lösen. Denn eine Frau mit einer erotischen Ausstrahlung muss nicht zwingend den nächsten Schritt tun und die körperliche Liebe zulassen. Wenn sie möchte, kann sie ihre Erotik in Sexualität münden lassen. Es kann sie aber niemand dazu zwingen. Wie schade wäre es, wenn aufgrund der althergebrachten Glaubenssätze keine Frauen mehr anzutreffen wären, die ihre Lebendigkeit zeigen und zelebrieren.

Vielleicht stehen Sie gerade an einem Punkt in Ihrem Leben, an dem Ihre Lust nur einen kleinen Platz einnimmt. Dann heißt es zunächst einmal, die Realität genau zu betrachten: Spüren Sie, dass es nur eine momentane Phase ist? Sind Sie beruflich so stark eingespannt, dass Ihre Energie völlig absorbiert ist? Wenn es so ist, atmen Sie in dem Wissen aus, dass sich die Lust wie eine Welle bewegt und dass auf das Tal wieder ein Hoch folgt. Aber seien Sie ehrlich, und warten Sie nicht zu lange.

Wenn Sie spüren, dass Sie die Lust schon über längere Zeit vermissen, sollten Sie aktiv werden. Das folgende Kapitel gibt Ihnen einige Anregungen.

Die innere Stimme

Wenn wir uns auf das Spiel mit der Lebensenergie einlassen, hören wir vermutlich bald zwei Stimmen aus unserem Innern, die in der Regel großen Einfluss auf uns haben: Die eine gehört dem Dämonen oder dem Monster. Das ist die Stimme, die uns mit viel Kraft an unserem Wachstum hindert und uns unsere Lebens-Lust verdirbt. Die andere ist die eigentliche innere Stimme – die Intuition, unsere weibliche und natürliche Art des Wissens. Sie begleitet uns unser ganzes Leben lang, sie spricht aus unserer Mitte und unserem Herzen – wir können sie aber nur wahrnehmen, wenn wir aufmerksam hinhören.

Die Dämonenstimme will uns immer wieder herabsetzen. Sie flüstert uns ständig negative Gedanken zu, die wir aus früheren Erfahrungen verdichtet haben. Aussagen wie »Du bist keine sexuelle Frau«, »Du bist nicht erotisch«, »Du bist zu dick« oder »Frauen können das nicht« sabotieren unsere Kreativität und vermindern unsere Kraft. Die Dämonenstimme hindert uns an unserem Wachstum, verführt uns zur Trägheit und hält uns als Opfer gefangen. Während das Monster immer mehr Platz einnimmt, größer und stärker wird, werden wir immer kleiner.

Wir haben uns meist so an die Dämonenstimme gewöhnt, dass wir uns gar nicht mehr bewusst sind, welchen Effekt sie auf uns hat. Das Monster hat uns in seinen Bann gezogen und wird aktiv, wenn wir es am wenigsten brauchen können. Kaum haben wir etwas Selbstwertgefühl aufgebaut und unsere Lebenslust wieder gefunden, setzt es an – leider mit meist großem Erfolg.

Den Dämon in uns zur Ruhe bringen

Es ist natürlich nicht irgendjemand, der in uns sitzt und uns ständig beschwatzt. Nein, es sind unsere eigenen Anteile. Aber mit viel Disziplin und einem ständigen inneren Dialog können wir diesen Dämon in uns zur Ruhe bringen. Es nützt nichts, wenn wir gegen ihn ankämpfen. Wir bringen ihn dadurch nicht zum Schweigen, und das Monster bekommt noch mehr Energie. Am besten gelingt es, wenn wir uns der Kraft des Monsters bewusst werden und sie anerkennen. Wenn wir den Dialog mit diesem Teil in uns suchen, bringen wir die darin gefangen gehaltene Energie wieder in Bewegung. Häufig entpuppen sich die Dämonen als recht dialogfähig, sofern wir ihnen mit Respekt begegnen und sie für eine neue Aufgabe gewinnen können.

Vielleicht haben wir einen Dämon, den wir »Perfekti« nennen. In unserem Arbeitsalltag leistet er große Dienste, im Liebesleben hingegen ist er einschränkend. Wenn er sich beim Lieben meldet und uns einreden will, dass wir oder unser Partner nicht perfekte Liebhaber sind, wenden wir uns ihm besser einen Augenblick zu. Wir können ihm danken für die Unterstützung, die er uns tagsüber gibt, und versichern, dass wir ihn am nächsten Morgen unbedingt in der Besprechung zur Seite haben wollen. Damit er in dieser Sitzung präsent und klar ist, solle er sich jetzt aber lieber eine Auszeit nehmen.

Einige Frauen suchen sich professionelle Unterstützung, um das innere Monster benennen zu können. Denn erst wenn uns klar ist, welche Anteile es verkörpert und wie es uns beeinflusst, können wir ihm seine Macht entziehen.

Die Intuition

Die andere innere Stimme bzw. die Intuition ist für unser Wachstum und unseren Weg wichtig. Wir hören diese innere Stimme, wenn wir unser Inneres erkunden. So können wir uns sammeln, ruhig werden, zu uns selbst und in die Gegenwart kommen. Die innere Stimme ist wie ein Lichtstrahl, der immer wieder Klarheit ins Dunkel bringt und uns die Stille des Geistes und die Kraft des Herzens entwickeln lässt.

Unsere Aufmerksamkeit ist in der Regel stark nach außen gerichtet. Wir bemühen uns, allen und allem gerecht zu werden, was zu einer allgemeinen Hektik führt. In solchen Momenten fällt es dann umso schwerer, mit unseren inneren Welten und Werten Kontakt aufzunehmen. Wenn wir uns jedoch immer wieder nach innen orientieren, um dem leisen Flüstern der inneren Stimme zu lauschen, können wir (wieder) Zugang zu unserer Intuition finden.

Kinder nehmen ihre innere Weisheit wahr und lassen sich von ihr leiten. Als Erwachsene sind wir häufig überzeugt, dass die Ratio die einzige Wahrheit ist. Die Intuition hat bei uns keinen hohen Stellenwert. Oft hören wir nur die Dämonenstimme und vernehmen die innere Stimme nicht, die uns lenken will.

Um die eigene Intuition zu spüren, gibt es verschiedene Methoden. Einige Frauen gehen im Wald spazieren oder wandern auf einen Berg. Andere sitzen einfach ruhig da und folgen ihrem Atem oder meditieren. Wieder andere beten oder halten mit sich selbst Zwiegespräche. Zugang zur inneren Stimme können wir auch beim Sport finden, beim Betrachten des Sonnenuntergangs oder beim Liebesspiel. Welches ist Ihre Art, still zu werden? Wie viel Zeit räumen Sie sich dafür ein?

Julia: Nicht immer sofort auf die Wünsche der anderen reagieren

»Ich hatte einen langen und zermürbenden Arbeitstag hinter mir und freute mich auf einen ruhigen Abend. Ein Vollbad, ein gutes Buch, ein Glas Rotwein und früh ins Bett. Als ich mit zwei Stunden Verspätung endlich zu Hause ankam, hörte ich meinen Anrufbeantworter ab. Meine Freundin hatte sich gemeldet. Sie war total aufgelöst und verzweifelt und wollte sich unbedingt sofort mit mir treffen. Pflichtbewusst, aber etwas gereizt rief ich zurück. Eine halbe Stunde später saß ich im Wagen, aber zugleich war ich wütend auf mich.
Ich habe damals nicht auf meine innere Stimme gehört, die mir sagte: »Du brauchst Zeit für dich, mach dir einen gemütlichen Abend, ruh dich aus und verwöhn dich.«
Ich hatte nicht die Willenskraft, mich zu sammeln und meine Wünsche umzusetzen. Wenn ich auf meine innere Stimme gehört hätte, hätte ich vielleicht anders auf den Hilferuf meiner Freundin reagiert.«

Eine Woche lang das Neinsagen üben

Wenn Sie sich von Ihrer inneren Stimme leiten lassen wollen, müssen Sie das Neinsagen lernen. Versuchen Sie doch mal eine Woche lang, das Nein tatsächlich auszusprechen, wenn jemand etwas von Ihnen will, Sie aber spüren, dass Sie nicht wollen. Sprechen Sie dieses Nein aus – und belassen Sie es dabei, ohne Ihre Entscheidung zu begründen. Sie werden erfahren, wie kraftvoll es sich anfühlt, sich nicht immer Minuten lang erklären zu müssen.
Wenn wir lange Zeit nicht mehr in Kontakt mit unserer inneren Stimme waren, müssen wir geduldig sein und etwas

Disziplin haben, damit wir sie wieder laut und deutlich hören. Sie können sich jedoch gewiss sein, dass Ihnen Ihre innere Stimme antwortet, wenn Sie sie etwas fragen und tatsächlich in sich hineinhören.

Die drei Schlüssel, um die Sexualenergie zu wecken

Welche außerordentliche Stärke in der Sexualenergie steckt, zeigt die Tatsache, dass aus der Verbindung von Frau und Mann, aus der Ei- und aus der Samenzelle, ein neuer Mensch entsteht. Es ist die stärkste Energie, die wir aktivieren können und die uns zur Verfügung steht. Diese Schöpfungskraft können wir einsetzen, um ein physisches Kind entstehen zu lassen. Wir können diese innere Quelle aber auch jederzeit für uns selbst nutzen.

Viele Frauen wünschen sich für ihren Alltag mehr Energie. Doch wenn wir tatsächlich mehr Kraft zur Verfügung haben, müssen wir auch etwas damit anfangen. Was bedeutet es für unsere Liebesbeziehung, wenn wir plötzlich im Vollbesitz unserer Erotik und Ausstrahlung sind? Wie reagieren unsere besten Freundinnen, wenn wir nicht mehr in das gemeinsame Wehklagen einstimmen, sondern selbstbewusst unsere Träume wachtanzen?

Wie wir mit unserer Energie umgehen

Bislang haben wir unser Leben und unsere Beziehungen so eingerichtet, dass sich alle mit der Menge an Energie, die wir zurzeit haben, und mit dem Ausdruck unserer Energie sicher fühlen. Wir funktionieren wie ein Thermostat, der auf eine angenehme Raumtemperatur von 21° C eingestellt ist – unabhängig davon, ob die Sonne scheint oder ob es draußen schneit. So wie sich die Heizung an einem warmen Frühlingstag automatisch abschaltet, wenn die eingestellte Temperatur erreicht ist, funktionieren auch wir: Wenn es uns allzu gut geht, greifen wir auf bewährte Methoden zurück, um die Raumtemperatur wieder zu nivellieren.

Jede Frau hat ihre eigenen Tricks, um sich wieder zu bremsen. Die eine bricht einen Streit vom Zaun, die andere wärmt ein altes, schwieriges Thema wieder auf. Einige Frauen haben die Begabung, ein Drama zu inszenieren und in Tränen auszubrechen oder sich in Selbstmitleid zu suhlen. »Bewährt« hat es sich auch, zu Suchtmitteln wie Zigaretten oder Alkohol zu greifen, zu viel zu essen oder zu reden, um dann für die nächsten Tage depressiv verstimmt zu sein. Durch diese Strategien fällt die Temperatur dann so weit herunter, dass es einige Tage braucht, um sie wieder als angenehm zu empfinden.

Wenn wir mehr Energie haben, bedeutet das ein Ja zu uns selbst und zum Leben – wir stellen uns der ständigen Veränderung. Wir stehen selbst im Mittelpunkt unserer Aufmerksamkeit, unser Leben wird reich an Farben, und unsere Beziehungen werden aktiviert. Wir geben uns dem Lebensstrom hin und somit unserem eigenen Prozess.

Wenn Sie sich nicht mehr Energie wünschen, als Sie jetzt bereits haben, bedeutet das, dass Sie zufrieden sind mit dem, was gerade ist. Sie genießen das Leben und ruhen sich eine Weile aus. Wenn Sie sich jedoch in gewissen Lebensbereichen verändern und Ihr ganzes Potential ausschöpfen wollen, dann helfen Ihnen die drei folgenden Schlüssel, (wieder) Energie und Bewegung in Ihr Leben zu bringen.

Die drei Schlüssel sind die Atmung, die Bewegung und die

Stimme – sie gehören selbstverständlich zusammen und beeinflussen einander. Denn wenn wir uns bewegen, atmen wir verstärkt, und der Ausatem geschieht mit einem Ton.

Erster Schlüssel – die Atmung

Je mehr wir atmen, desto lebendiger sind wir. Nach einem Lauf in der Natur pulsiert und vibriert alles in uns. Die Haut ist leicht gerötet, die Organe sind durchblutet, der Sauerstoff bringt Leben in unseren Körper und bewirkt, dass jede Zelle mehr verfügbare Energie produziert. Wenn wir bewusst ein- und ausatmen, nehmen wir unseren Körper völlig anders wahr, wir sind wach und präsent, offen und bereit für Neues.

Über die Atmung steuern wir auch unsere Gedanken und Gefühle. Wenn wir z. B. traurig und verärgert sind, atmen wir meist oberflächlich. Erleben wir einen Schock, halten wir reflexartig den Atem an – der ganze Körper und unser ganzes Sein erstarrt. Das ist eine Schutzreaktion des Körpers und des ganzen Energiesystems. Wenn es uns in der Folge nicht gelingt, Bewegung in diesen Schockzustand hineinzubringen, verharren wir darin und nehmen unsere Anspannung mit der Zeit gar nicht mehr wahr. Die Kontraktion wird dann zu unserem gewohnten Alltagszustand.

Es gibt einen glücklichen Atem, einen leidenschaftlichen Atem, einen angstvollen Atem, einen beruhigenden Atem, einen energetisierenden Atem – wir atmen also so, wie wir uns fühlen und umgekehrt.

Kleinkinder atmen noch mit dem ganzen Körper. Sie reagieren mit ihrem ganzen Wesen auf Berührung und Kontakt. Werden sie auf eine Art berührt, die sie mögen, antwortet ihr Körper mit einer erotischen Reaktion, die sich z. B. durch Lachen oder Freude äußert. Sind sie wütend, lassen sie ihrer Wut sofort freien Lauf. Durch die Entladung entsteht ein neuer Raum – unberührt, unbelastet und völlig offen. Das Kind ist neugierig auf alles, was kommt.

Als Erwachsene atmen wir in der Regel recht oberflächlich. Bei sehr starken Gefühlen halten wir unsere Atmung normalerweise ganz an. Wenn wir z. B. traurig gestimmt sind, aber glauben, im Moment seien Tränen unpassend, atmen wir nur noch sehr flach. So versuchen wir, unsere Emotionen, Körperempfindungen und Gedanken zu kontrollieren.

Atmen wir längere Zeit nur oberflächlich, tritt die Trauer immer mehr in den Hintergrund. Freundinnen und Freunde um uns herum spüren, dass etwas nicht stimmt. Wir selbst wissen es auch, verdrängen es aber. Paradoxerweise halten wir aber nicht nur die so genannten negativen Gefühle zurück. Auch extreme Freude und Ekstase gestehen wir uns nicht zu und empfinden sie schnell als unerlaubt.

Den Gefühlen freien Lauf lassen

Dieses Zurückhalten – sei es nun Freude, Wut oder Ärger – kostet uns einiges an Substanz. Wir sind ständig darum bemüht, Haltung zu bewahren und die Situation zu meistern. Ein Gefühl zu unterdrücken ist ebenso anstrengend wie mit einer Hand einen großen luftgefüllten Ballon unter Wasser halten zu wollen. Solch ein Unterfangen gelingt nur, wenn wir uns ständig auf die Hand und den Ballon – also auf unsere unerwünschten Gefühle und damit verbunden unsere oberflächliche Atmung – konzentrieren. Sobald wir mit unserer Aufmerksamkeit abschweifen, taucht der Ballon wieder auf, und das Gefühl ist wieder da.

In der Regel bestimmen wir, wann wo welche Gefühle in Ordnung sind und wem wir sie zeigen wollen. Sobald wir aber unserer Atmung freien Lauf lassen, wird spürbar, was im Moment da ist oder was über längere Zeit gestaut wurde. Anfangs ist diese Erfahrung vielleicht nicht immer angenehm. Je länger wir etwas unterdrückt haben, desto intensiver ist meist der erste Kontakt mit unseren Gefühlen.

Tröstlich ist, dass es unsere eigenen Gefühle sind, denen wir begegnen, und dass wir uns dadurch auf vertrautem Boden bewegen. Wir müssen sie nur zulassen und annehmen. Wir brauchen nichts zu analysieren, zu werten oder gar abzuwerten. Es ist, wie es ist.

Es ist eine Erleichterung, wenn sich die angestauten Gefühle über die Atmung wieder befreien. Wir spüren die Kraft der Atmung, nehmen mehr Sauerstoff im Körper auf, jede Zelle wird genährt und vitalisiert, die Nervenenden unter der Haut werden sensibilisiert, wir fühlen uns sinnlicher und erotischer. Die Gefühle kommen in Fluss, die Stimmungen und Befindlichkeiten können sich schnell verändern, wir kommen in Kontakt mit uns selbst und empfinden Harmonie.

Atmen und Sexualität

Wenn wir uns beim Lieben unsicher fühlen, aber die Kontrolle nicht verlieren wollen, halten wir unbewusst den Atem an. Wir atmen auch dann flacher, wenn Erinnerungen und Bilder auftauchen, die wir uns lieber vom Leibe halten würden. Ähnliches geschieht in Situationen, in denen wir uns getrennt, abgeschnitten und nicht in Verbindung mit unserem Partner bzw. unserer Partnerin fühlen.

Der Schlüssel, um ins Hier und Jetzt zu kommen, ist ganz einfach der Atem. Wenn wir einen Menschen lieben oder wenn wir uns eine nähere Verbindung wünschen, wirkt die Atmung wie eine Verbindungsbrücke. Denn sobald wir uns auf den gleichen Atemrhythmus einlassen, entsteht Intimität. Der Atem schafft Nähe, und das Gefühl, abgeschnitten und isoliert zu sein, schmilzt dahin.

Ulrike: Glücklich und versöhnt mit allen

»Ich liebe es zu atmen. Mit dem Atem komme ich rasch und intensiv in eine Ausdehnung – ich spüre, wie sich meine Sinne öffnen. Ich nehme diese Öffnung als Weite, als völlige Verschmelzung mit allem wahr, mit der Sonne, dem Licht, der duftenden Erde, den fliegenden Wolken und den summenden Käfern. Das sind für mich die glücklichsten Momente im Leben. Oft denke ich dabei, jetzt ist alles in Ordnung, jetzt könnte ich auch sterben – so glücklich und versöhnt bin ich mit allem und allen.
Beim Tanzen erlebe ich diese Gefühle am stärksten, wenn ich mich zur Trommelmusik bewege. Es ist dann, als ob ich zu meinem Urvolk, meinen Urahninnen zurückkehren würde. Meine inneren Bilder lassen mich vibrieren, und aus diesem Tanz erneuere ich mich total. Ich bin dann mit einer überschäumenden Energie verbunden. Ähnliche Empfindungen erlebe ich, wenn mein Mann mich mit seinem wunderbaren Zauberstab ausfüllt. Eine andere Pforte für diese Glücksgefühle erlebe ich bei der Selbstliebe. Ich tanke mich mit dem Atem auf, erneuere mich, öffne mich, mache mich heiß. Ich habe jederzeit die Möglichkeit, mich über den Atem und den Beckenbodenmuskel aufzutanken.«

Spielaufgaben

Bewusstes Atmen

Nehmen Sie sich Zeit, Ihre Aufmerksamkeit tagsüber immer wieder zur Atmung zurückzuführen. Sie können das jederzeit machen:

Beobachten Sie den Atem, ohne ihn zu beeinflussen. Wenn das Telefon klingelt, nehmen Sie erst drei Atemzüge, bevor Sie antworten. Nutzen Sie die Zeit, in der Sie vor einem Schalter warten, und beobachten Sie, wie der Atem in den Körper strömt und wie er ihn wieder verlässt.

Konzentration auf das Ein- und Ausatmen

Damit Sie gleich lang ein- und ausatmen, zählen Sie jeweils von eins bis vier. Sobald Sie feststellen, dass Sie einem Gedanken nachhängen, bringen Sie die Aufmerksamkeit wieder zur Atmung zurück. Mit dem Einatem sagen Sie innerlich zu sich selbst: »Ich atme Freude, Gelassenheit und Fülle ein.« Diesen Satz können Sie natürlich auch je nach Belieben abwandeln. Mit dem Ausatmen sagen Sie innerlich: »Ich lasse all das hinaus, was ich nicht mehr brauche, z. B. Trauer, Ärger und Selbstmitleid.« Diese Eigenschaften können Sie benennen oder auch nicht.

Kraftvolles Atmen durch die Nase

Atmen Sie zehnmal so schnell, kraftvoll und tief durch die Nase ein und aus, wie Sie können. Machen Sie eine Pause, indem Sie sich drei Atemzüge lang Ihrem normalen Atemrhythmus überlassen. Wiederholen Sie diesen Vorgang dreimal.

Bewusstes Atmen beim Lieben

Praktizieren Sie das bewusste Atmen auch bei der Selbstliebe oder im Zusammensein mit Ihrem Geliebten bzw. Ihrer Geliebten. Nehmen Sie sich immer wieder einen Moment Zeit, und lenken Sie die Aufmerksamkeit zurück zur Atmung. Spüren Sie, wie der Atem sanft und kühl in Ihre Nasenmuscheln hineinströmt und Sie mit dem Ausatmen sanft und warm wieder verlässt. Folgen Sie mit

Ihrer Aufmerksamkeit einigen Atemzügen. Sie werden feststellen, dass Ihr eigener Atem Sie sofort ins Hier und Jetzt bringt. Erlauben Sie sich zu beobachten, ob sich Ihre Empfindungen, Gefühle und Gedanken ändern.
Lassen Sie diese einfachen Aufmerksamkeitsübungen immer wieder ins Liebesspiel einfließen. Sie helfen Ihnen dabei, auf allen Ebenen wahrzunehmen, was geschieht. Es ist keine Frage des Tuns, sondern des Seins.

Zweiter Schlüssel – die Bewegung

Wir kennen das alle: Wir sitzen träge herum und warten, dass sich etwas in unserem grauen Alltag verändert. Nach langer Zeit vergeblichen Wartens entscheiden wir uns, ein paar Schritte spazieren zu gehen. Wieder zurück in unseren eigenen vier Wänden merken wir, dass sich unsere Befindlichkeit geändert hat. Eine äußere Bewegung löst also auch eine innere Bewegung aus.
Das englische Wort »emotion« (emotion: Gefühl; motion: Bewegung) zeigt wunderbar auf, dass Bewegung, Gefühle und Gedanken miteinander verwoben sind. Wenn wir in einer gedrückten Stimmung sind, bewegen wir uns in der Regel kaum, wir vermeiden sogar jede aktive Bewegung. Wenn uns etwas schockt, halten wir sofort den Atem an. Der ganze Körper erstarrt, auch unsere Gedanken und Gefühle frieren kurzzeitig ein. Um aus diesem Schockzustand wieder herauszukommen, müssen wir uns bewegen.
Wenn wir das Faulenzen oder eine momentane Niedergeschlagenheit genießen, ist es absolut in Ordnung, uns nicht übermäßig zu bewegen. Wollen wir jedoch ein unbehagliches Gefühl wieder loswerden, müssen wir uns unbedingt bewegen. Je aktiver wir werden, desto wahrscheinlicher ist es, dass

sich unsere Stimmungslage ändert. Bei einer depressiven Verstimmung jedoch würden wir uns überfordern, wenn wir uns gleich zum Joggen zwängen. Da wäre es angebrachter, sanft die Finger zu strecken und zu beugen, mit den Händen zu winken, den Kopf kreisen zu lassen oder die Beine auszuschütteln.

Geben Sie Ihrem Körpersystem einen Impuls. Machen Sie diese Bewegung bewusst, und verbinden Sie sie mit einem tiefen Ausatmen, einem Seufzer. Wunderbar fühlen Sie sich auch nach einem Spaziergang. Dabei machen Sie sich das Mini-Max-Prinzip zunutze: minimaler Aufwand und größtmöglicher Effekt.

Bewegung und Sexualität

Viele Paare berichten, dass beim Lieben nichts Neues passiert. Energetisch bleibt alles gleich, es bewegt sich nicht mehr viel. Eine Möglichkeit, die eingefahrenen Muster zu verändern, bietet der Atem. Darüber hinaus hängt unser sinnlich-sexuelles Erleben auch stark mit der Bewegung zusammen. Das müssen nicht die wilden und leidenschaftlichen Bewegungen sein, wie sie uns die Filmwelt immer wieder vorspielt.

Bei der körperlichen Liebe wechseln sich Momente der Stille und des Seins mit Momenten der Bewegung ab. Wenn jedoch nichts geschieht, wenn der Kontakt zu uns selbst oder zu unserem Geliebten bzw. unserer Geliebten abgebrochen ist, sollten wir es mit Bewegung versuchen. Vielleicht nehmen Sie sich bereits vor dem Liebesspiel Zeit für körperliche Bewegung. Sie fühlen sich dann lebendiger und wacher.

Oder vielleicht öffnen Sie nur einmal die Augen und nehmen Ihre Umgebung wahr. Dadurch stellen Sie eine Verbindung zwischen dem Innen und dem Außen her und drücken Ihre

Gefühle über die Augen aus. Schaukeln Sie das Becken hin und her, oder kreisen Sie mit den Füßen. Auch das Verändern der Liebesposition bringt einen neuen Aspekt hinein. Denn wenn unsere Bewegungen über längere Zeit monoton verlaufen, lösen sie nichts mehr aus.
Sie können auch von starken Bewegungen zu sanften übergehen oder umgekehrt. Vielleicht hilft es auch, wie eine Schauspielerin Ihre Gefühle zu überzeichnen und so zu tun, als ob Sie völlig wild und leidenschaftlich sind. Dabei sollten Sie aber niemandem etwas vorspielen, schon gar nicht Ihrem Partner bzw. Ihrer Partnerin. Die Impulse setzen Sie für sich selbst, über die Vorgaben kann Ihr Körper etwas Neues entdecken.

Spielaufgaben

Tanzen

Um spielerisch und mit den Gefühlen verbunden in eine Bewegung zu kommen, können Sie tanzen. Wählen Sie Musikstücke, die Sie mit ihrem heißen Rhythmus aus der Trägheit reißen und in Schwung bringen. Zum Stampfen regt z. B. eine Trommelmusik an. Wenn Sie sich fließend bewegen wollen, wählen Sie vielleicht eine orientalische Musik. Spielen Sie mit allen möglichen Bewegungen – es beobachtet Sie keiner, und Sie brauchen niemandem zu gefallen.

Schütteln

Stellen Sie sich in die Grundposition, bei der die Füße hüftbreit auseinander sind. Die Knie beugen Sie leicht. Die Schultern sind entspannt, die Arme hängen an der Seite, Bauch und Gesäß dürfen

so sein, wie sie sind. Der Beckenboden liegt wie eine Hängematte zwischen dem Steiß- und dem Charmebein. Atmen Sie durch den leicht geöffneten Mund ein und aus.
Schütteln Sie den Körper. Beginnen Sie bei den Beinen, und setzen Sie die Bewegung nach oben fort. Oder fangen Sie beim Becken an. Schütteln Sie so, dass sich der Kopf sanft bewegt und sich das Schütteln von den Füßen über das Becken und den ganzen Körper ausbreitet. Spielen Sie damit, mal etwas bewusst zu tun und es dann wieder geschehen zu lassen. Erlauben Sie, dass Ihr Körper die Regie übernimmt und die Schüttelbewegungen von selbst entstehen. Schütteln Sie sich täglich fünf Minuten lang, und lauschen Sie nach der Übung auf das Echo.

Hüpfen

Stehen Sie in der Grundposition, und nehmen Sie die Arme und Hände ausgestreckt über den Kopf. Hüpfen Sie in dieser Position kräftig auf und ab. Jedes Mal wenn Sie wieder aufkommen, hämmern Sie die Ferse in den Boden und schreien, so laut es geht: Hu, Hu, Hu, Hu. Atem, Bewegung und Stimme werden auf diese Weise koordiniert. Diese Übung hat einen wunderbaren Effekt auf den Beckenboden (siehe auch: Der Beckenboden oder Die Kraft des Feuermuskels).

Dritter Schlüssel – die Stimme

Unsere Stimme unterscheidet sich von allen anderen Stimmen, sie zeigt jede Gefühlsregung und erlaubt uns, die feinsten Nuancen auszudrücken. Die Stimme sagt alles über uns und unsere derzeitige Gefühlslage aus. Über die Stimme und unsere Sprache können wir nach außen bringen, was uns innerlich berührt und bewegt.

Das, was wir denken und fühlen, können wir in Worte fassen. Meistens empfinden wir es jedoch als hohen Anspruch, unser Innenleben mit passenden Worten zu beschreiben. Wir wollen kein Risiko eingehen und lieber nichts Falsches oder Unfertiges sagen und drücken dann nur das über Worte aus, was wir gut reflektiert und auf seine Richtigkeit überprüft haben. Durch dieses Verstummen sind wir in Gefahr, mehr und mehr in niederschmetternde Bilder und Empfindungen zu versinken. Wir halten die Energie zurück, und eine gewaltige Sprengladung sammelt sich in unserem Innern an.
Es gibt aber noch eine andere Variante: Wir versuchen zwanghaft, jeden Gedanken, jedes Gefühl und jede Wahrnehmung unseren Mitmenschen mitzuteilen. Dabei zerreden wir das, was uns beschäftigt, und bauen damit unsere Energie ab. Probieren Sie doch mal, Ihre Energie nicht mit Worten, sondern mit Tönen auszudrücken. Das ist nicht ganz einfach, denn allein der Versuch, unsere Innenwelt durch verschiedene Töne auszudrücken oder mit einem Seufzer auszuatmen, scheitert manchmal daran, dass wir uns verkrampfen und schließlich ganz verstummen. Das Singen trauen sich einige Frauen überhaupt nicht zu. Doch was steckt dahinter? Haben wir Angst, erkannt zu werden, uns eine Blöße zu geben, nicht geliebt und verstanden zu werden? Trauen wir uns nicht, uns so zu zeigen, wie wir gerade sind?

Das Innen und Außen verbinden

In unserem Innern läuft ebenso viel ab wie im Außen. Die Stimme hilft uns, beide Welten miteinander zu verbinden. Wie schwierig es ist, damit authentisch umzugehen, zeigt sich auch darin, dass wir manchmal etwas ganz anderes sagen, als unsere Stimme ausdrückt. Die Worte hören sich vielleicht völlig überzeugend an, während die Stimme gepresst wirkt und unseren Stress verrät oder das leichte Vibrieren unsere Unsicherheit aufdeckt.

Als Erwachsene halten wir uns häufig vornehm mit unserer Stimme zurück – ganz im Gegensatz zu Kindern. Wie wenig sich die Kleinen um die Reaktionen anderer kümmern, fiel mir einmal auf, als meine Schwester ihren Sohn stillte. Dieses kleine Wesen füllte mit seinem Schmatzen und Stöhnen den ganzen Raum aus. Der Junge war unüberhörbar am Saugen – ohne eine Spur von Zurückhaltung.

Stimme und Sexualität

Vielen Frauen fällt es schwer, sich beim Lieben über die Stimme auszudrücken. Zum einen fehlen ihnen die Worte der Liebe, zum anderen trauen sie sich nicht, ihren Gefühlen über Laute und Töne, über Seufzen und Stöhnen freien Lauf zu lassen. Das Spiel und das Experimentieren mit der Stimme ist ihnen fremd.

Viele Argumente hindern uns daran, die Stimme zu aktivieren. »Das geht nicht, meine Wohnung ist viel zu hellhörig. Was sollen unsere Nachbarn denken, wenn sie uns hören?« – sagen die einen. »Das Stöhnen ist uns peinlich«, »Ich mag das nicht« oder »Es erinnert mich an ein Tier, es ist nicht ästhetisch« – sagen die anderen. Manche Frauen wollen bei der Liebe auch deshalb keine Töne machen, weil sie sich manchmal wie Schmerzensschreie anhören.

All diese Gründe sind nachvollziehbar. Und dennoch schränken wir unsere Möglichkeiten ein, wenn wir der Stimme beim Lieben keinen Raum geben. Damit uns kein Ton über die Lippen kommt, atmen wir nicht mehr, oder wir bewegen uns so wenig wie möglich. Ist es nicht paradox, dass es gleichzeitig sehr stimulierend sein kann, wenn unser Geliebter stöhnt oder wenn die Geliebte im Orgasmus laut brüllt?

Die drei Schlüssel und die Sexualität

Häufig stellen Frauen bei der körperlichen Liebe fest, dass sie nicht mehr im Fluss sind. Sie spüren sich schlecht und verlieren den Kontakt, sie erstarren innerlich oder warten ab, bis »es« vorbei ist. Sie weichen in solchen gefühlsmäßig oder energetisch intensiven Momenten aus und nehmen sich zurück – sei es in der Atmung, in der Bewegung oder in der Stimme. Meistens ist es gar eine Kombination von allen drei Ausdrucksformen.

Unsere Energien können wir wieder aktivieren. Am leichtesten wird es uns fallen, mit dem Schlüssel zu beginnen, mit dem wir uns schon etwas vertrauter fühlen. Mit der Zeit können wir aber lernen, mit all unseren Möglichkeiten zu spielen. Denn je feiner unser Instrumentarium wird, desto schneller können wir unsere Empfindungen wahrnehmen und intensivieren.

Spielaufgaben

Töne entstehen lassen

Halten Sie kurz inne: Wie geht es Ihnen gerade? Wenn Sie wissen, wie es in Ihrem Inneren aussieht, drücken Sie sich über verschiedene Töne aus, ohne dabei zu sprechen. Sie können brabbeln, schreien oder keuchen. Geben Sie allen Emotionen einen ganz individuellen stimmlichen Ausdruck. Singen Sie in der Badewanne oder beim Duschen. Schreien und stöhnen Sie beim Autofahren.

Brüllen Sie, wenn der Zug vorbeibraust. Summen Sie beim Liebemachen. Lassen Sie bei jedem Ausatmen einen Ton entstehen. Üben Sie diese Art von Kommunikation mit einer Freundin oder einem Freund. Versuchen Sie auch, sich die üblichen Streitigkeiten nicht mit Worten, sondern mit Tönen an den Kopf zu werfen. Sie werden feststellen, dass Sie sich gegenseitig nicht mehr so stark verletzen können – die Energie wird auf positive Art befreit.

Tagebuch der Freude

Statt uns ständig über die Anstrengungen und Sorgen des Tages mit anderen auszutauschen, sollten wir Langeweile und Frust in spielerische Kreativität verwandeln. Gewöhnen Sie sich daran, Ihre Aufmerksamkeit auf die freudigen Ereignisse zu lenken, und schreiben Sie jeden Abend auf, was Ihnen tagsüber Freude bereitet hat. Vielleicht freuen Sie sich über ein leise plätscherndes Bächlein, einen zwitschernden Vogel oder über eine leuchtende Blüte, die sich in ihrer ganzen Pracht entfaltet. Vielleicht freuen Sie sich auch über einen kurzen Blickkontakt beim Vorübergehen. Lassen Sie sich von diesem Gefühl berühren, und erzählen Sie all jenen davon, mit denen Sie im Laufe des Tages zusammenkommen.
Notieren Sie auch, was Sie in Bezug auf Ihre Sinnlichkeit und Erotik empfinden. Überprüfen Sie täglich, wie Sie mit Ihren Sinnen in Kontakt waren, welche Sinne besonders berührt wurden und wie und wo Sie sich erotisch und spielend fühlten.

Ich garantiere Ihnen, dass die Übungen zu Atmung, Bewegung und Stimme funktionieren. Denken Sie daran, dass Ihr Körper etwa drei Wochen bis drei Monate braucht, bis er die neuen Impulse aufnimmt und darauf reagiert. Versuchen Sie, die Übungen dreimal pro Woche über drei Monate hinweg zu praktizieren. Wenn sie Ihnen Spaß machen, ist das keine Arbeit und Sie werden damit Erfolg haben.

Der Beckenboden oder
Die Kraft des Feuermuskels

Der Beckenbodenmuskel spielt eine große Rolle, wenn wir (wieder) Zugang zu unserer Lust finden möchten und wenn wir uns ganz allgemein mehr Lebensenergie wünschen. Er wurde durch die Kegelübungen bekannt, die auf den Gynäkologen Dr. Arnold Kegel zurückgehen. Die Kegelübungen lernen Frauen in allen Kursen zur Geburtsvorbereitung und Rückbildung kennen. Auch wenn Frauen Schwierigkeiten haben, den Harn zurückzuhalten (Inkontinenz), sind die Beckenbodenübungen das A und O. Heute bietet sogar jedes Fitness-Studio, das etwas auf sich hält, ein spezielles Training an. Und das ist auch gut so, denn der Beckenboden beeinflusst unsere Körperhaltung, unser Körpergefühl, unsere Gesundheit und unser psychisches Wohlbefinden.

Durch ein gezieltes Training des Beckenbodenmuskels können wir das Lustempfinden steigern und den Orgasmus intensivieren. Das wussten auch die alten Tantriker. Sie hatten erkannt, dass wir den Hauptakteur – den Pubococcygeus (kurz PC, Liebes- oder Feuermuskel) – gezielt einsetzen können, um die Energie durch den Körper zu lenken. Diese Technik hat sich als eine der effektivsten Methoden im Umgang mit der sexuellen Energie bewährt.

Der Beckenbodenmuskel ist nicht nur ein Muskel, sondern eine ganze Muskelschicht. Er hat vier Fixpunkte: vorn das Charmebein, hinten das Steißbein, hinzu kommen der linke und der rechte Sitzbeinhöcker. Der Muskel schließt den Beckenraum wie eine Hängematte im Schritt nach unten ab.

Für unser Wohlbefinden und eine erfüllte Sexualität ist es wichtig, dass der Beckenbodenmuskel optimal gespannt ist. Wenn wir mit Hilfe von bestimmten Übungen den Muskeltonus verbessern, erhöhen wir damit auch unsere Wahrnehmungsfähigkeit. Umgekehrt wirkt sich eine verstärkte Aufmerksamkeit auch positiv auf die betreffende Muskulatur aus. Immer wenn wir mit unserem Bewusstsein an einer Körperstelle sind, verbessert dies auch unseren Zugang zu diesem Körperteil. Hinzu kommt, dass jede Bewegung des Beckenbodens den äußeren Teil der Klitoris stimuliert.

Die drei Schichten des Beckenbodens

Die äußerste Schicht des Beckenbodenmuskels liegt wie eine Achterschlaufe zwischen Steiß- und Charmebein. Die eine Schlaufe umschließt die Harnröhre und die Vagina, sie kreuzt am Damm und verläuft dann um den Anus. Die äußerste Schicht des Beckenbodens können Sie aktivieren, wenn Sie mit Anus, Damm und Scheideneingang kurz und zart flimmern, d. h. die dortigen Muskeln schnell hintereinander anspannen und wieder loslassen. Es ist wie ein Blinzeln, ein Hallo-Sagen, das ganz feine Vibrationen und manchmal auch ein sanftes Gefühl von Wärme auslöst.

Die mittlere Schicht bildet durch die fächerartigen, quer gefaserten Muskeln des Beckenbodens eine Art Trampolin vom Charmebein zum linken und rechten Sitzbein. Diese Ebene können Sie energetisieren, indem Sie in Ihrer Vorstellung die beiden Sitzbeinhöcker zueinander ziehen.

Die innerste Schicht ist die größte: Sie entfaltet sich wie ein sechsteiliger Fächer und verbindet das Steißbein mit dem Sitzbein und dem Charmebeinknochen. Wenn Sie das Becken nach vorn und nach hinten kippen, wird diese Schicht aktiviert.

Wenn wir einen kräftigen Beckenboden haben, richtet sich unser Körper auf. Ein gut trainierter Beckenboden funktioniert wie ein Anker, der uns mit dem Boden verbindet und uns gut erdet. Das stärkt unser Selbstvertrauen, und wir können ein Gefühl von Getragenwerden entwickeln.

Daniela: Mehr Energie durch die Feuermkuskelübungen

»Zweimal im Jahr muss ich vor etwa 150 Feuerwehrmännern sprechen. Früher war mir das jedes Mal so peinlich, dass ich schon einige Zeit vorher schlaflose Nächte hatte. Mittlerweile macht mir das aber nicht mehr so viel aus, denn ich habe gelernt, während des Vortrags auf meinen Feuermuskel zu achten.
Wenn ich mich auf meinen Auftritt vorbereite, erinnere ich mich an das Gefühl, Kraft zu haben und geerdet zu sein. Ich stelle mich dann vor die Männer und nehme mir einen Moment Zeit, um mich auf meine Atmung und meinen Beckenboden zu konzentrieren. Zuerst flimmere ich einige Male mit dem Feuermuskel. Wenn ich mit meinem Vortrag beginne, verbinde ich die Atmung mit den Kontraktionen des Beckenbodens. Die Feuermuskelübungen geben mir einen richtigen Energieschub. Ich fühle mich jedes Mal kraftvoll und erotisch und bin richtig stolz, diesen Männern standhalten zu können. Ich würde mir jetzt sogar zutrauen, mich vor doppelt so viele Männer hinzustellen.«

Häufig zu schwache Spannkraft

Bei den meisten Frauen ist die Spannkraft des Beckenbodenmuskels nicht optimal, weil sie ihn nur selten trainieren. Hinzu kommt, dass der Muskel bei Frauen dreimal durchbrochen wird: durch die Harnröhre, die Vagina und den Anus. Dadurch ist unser Beckenboden von der Veranlagung her schon anfälliger als derjenige der Männer, der nur zwei Öffnungen hat. Zusätzlich wird der Beckenboden bei Geburten häufig durch einen Dammschnitt geschwächt. Auch die Entfernung der Gebärmutter wirkt sich ungünstig auf seine Spannkraft aus. Frauen, deren Tonus nicht optimal ist, haben häufig Hämorrhoiden. Sie leiden unter Verstopfung, Rückenschmerzen, Senkungen der Blase oder der Gebärmutter oder haben Schmerzen beim Liebemachen.

Spielaufgaben

Sie werden erfreut sein, wie schnell Sie durch die folgenden Übungen Ihre Energie aktivieren und halten können. Sie lernen das Pulsieren und das Pumpen mit dem Beckenboden sowie das sexuelle Atmen und werden spüren, dass Sie innerhalb kurzer Zeit über mehr Lebendigkeit und Ausstrahlung verfügen. Durch die drei Übungen bereiten Sie sich auf die innere Flöte vor, bei der Sie die Energie bewusst durch den Körper lenken.

Das Becken rotieren lassen

Stellen Sie sich mit leicht gebeugten Knien aufrecht hin, und bewegen Sie zuerst das Becken einige Male hin und her. Probieren Sie wie beim Bauchtanz verschiedene Bewegungen aus, die Ihnen Spaß machen. Vielleicht schieben Sie das Becken nach links und rechts, oder Sie lassen es in Achterschlaufen tanzen. Stellen Sie sich nun vor, dass durch Ihre Hüftknochen eine Silberschnur geht. Ihr Becken rotiert nun um diese Schnur herum, dieses Mal nach hinten und vorn. Lassen Sie die Atmung frei ein- und ausströmen und entspannen Sie sich. Machen Sie eine Ruhepause, achten Sie auf Ihre Empfindungen, und wiederholen Sie das Hin- und Herschaukeln des Beckens noch einige Male. Gönnen Sie sich zwischendurch immer wieder Ruhepausen.

Ziehen Sie jetzt den Liebesmuskel sanft zusammen, und halten Sie die Spannung. Bewegen Sie das Becken hin und her, und halten Sie den Beckenboden angespannt. Machen Sie eine Pause, und wiederholen Sie die Übung noch einmal.

Das Pulsieren und Pumpen mit dem Feuermuskel

Bei dieser mehrteiligen Übung können Sie stehen, sitzen oder auf dem Rücken liegen. Ziehen Sie den Beckenboden einige Male schnell und kurz zusammen – das ist das Pulsieren mit dem Feuermuskel. Konzentrieren Sie sich auf Ihren Beckenboden und das Perineum (Damm). Das Anspannen und Loslassen des Feuermuskels machen Sie in einem Rhythmus, der sich gut anfühlt. Durch das Pulsieren können Sie lernen, den Beckenboden anzuspannen, ohne dass Sie dazu andere Muskeln kontrahieren. Wiederholen Sie diesen Ablauf fünf- bis sechsmal, und legen Sie dann eine Pause ein. Wiederholen Sie nochmals einige Sequenzen, und lassen Sie Ihre Aufmerksamkeit auf dem Perineum ruhen. Achten Sie darauf, dass Sie sich nicht überanstrengen.
Auf das Pulsieren des Feuermuskels folgt das Pumpen: Im Unterschied zum Pulsieren verbinden Sie jetzt das Einatmen mit dem Anspannen des Beckenbodenmuskels. Gehen Sie in einen regelmäßigen Atemrhythmus über, der für Sie angenehm ist, und nehmen Sie sich einen Moment Zeit, Ihrem Atem zu folgen. Mit dem Einatmen spannen Sie den Liebesmuskel leicht an – so als ob Sie den Beckenbodenmuskel hochziehen wollten. Der ganze Körper ist und bleibt entspannt. Wenn Sie merken, dass Sie sich irgendwo verkrampfen oder dass Sie gleichzeitig Gesäß- oder Bauchmuskeln anspannen, atmen Sie in diese Stelle, und bewegen Sie sich hinein. Nach einigen Wiederholungen können Sie den Feuermuskel gleichzeitig mit der Einatmung zusammenziehen, ohne dabei den Bauch anzuspannen. Mit dem Ausatmen und einem Ton oder Seufzer lassen Sie ihn wieder los. Anfangs ist es vielleicht schwierig,

den Liebesmuskel so isoliert zu kontrahieren. Mit der Zeit wird Ihnen das aber immer besser gelingen.
Um die Wahrnehmung zu stärken, holen Sie den Beckenboden mit dem Einatmen hoch. Nun halten Sie die Atmung sanft an, der Beckenboden bleibt angespannt. Halten Sie den Feuermuskel und die Atmung, solange es sich gut anfühlt. Atmen Sie dann mit einem Seufzer wieder aus, und lassen Sie den Liebesmuskel los. So werden Sie sich des Beckenbodens bewusster und nehmen ihn besser wahr.
Versuchen Sie, über den Tag verteilt etwa 10 Sequenzen von 10 bis 15 Kontraktionen hintereinander zu machen. Wenn es weniger sind, ist es völlig in Ordnung. Sie werden feststellen, dass Sie sich im Laufe der Zeit nicht mehr so stark zu konzentrieren brauchen. Dann können Sie das Pulsieren und das Pumpen überall praktizieren – in der Straßenbahn, beim Schlangestehen oder wenn Sie darauf warten, dass die Ampel wieder grün wird. Die Übung hat zudem einen wunderbaren Nebeneffekt auf die Psyche. Sie werden sich sehr verankert und geerdet fühlen, das stärkt Ihr Vertrauen und Selbstbewusstsein.
Wie das Pulsieren können Sie auch das Pumpen des Feuermuskels immer dann üben, wenn es Ihnen in den Sinn kommt. Vielleicht haben Sie ja sogar Lust, im Büro zu üben. Hängen Sie einen Zettel auf, und schreiben Sie nur die beiden Buchstaben »PC« (für Pubococcygeus) darauf – dann wird niemand ahnen, dass Sie nicht den Computer meinen, sondern Ihren Liebesmuskel.

Das Sexuelle Atmen

Die Übung lässt sich weiter fortsetzen: Spannen Sie mit dem Einatmen den Feuermuskel an, beim Ausatmen lassen Sie den Beckenboden mit einem Seufzer los. So entsteht automatisch eine leichte Schaukelbewegung im Becken. Mit dem Einatmen wiegt es nach vorn, d. h. der Körper wird länger, er richtet sich weiter auf,

das Hohlkreuz wird verstärkt, und das Charmebein geht nach hinten. Mit dem Ausatmen bewegt sich das Becken wieder zurück, d. h. der Rücken wird flacher und der Körper kürzer, er sinkt zurück, und das Charmebein kommt nach vorn. Spielen Sie mit verschiedenen Atemrhythmen. Je schneller Sie atmen, desto mehr laden Sie sich mit Energie auf.
Atmen Sie nun sanft und tief durch Ihren Mund ein. Sie können sich vorstellen, dass Sie die Luft über einen dicken Strohhalm einsaugen, so dass ein leises Geräusch entsteht. Beim Ausatmen entspannen Sie Lippen und Kiefer und lassen die Luft wieder ausströmen. Gleichzeitig bleiben Sie mit der Aufmerksamkeit in Ihrem Beckenboden. Wenn Sie sich Ihre Yoni als zweiten Mund vorstellen, saugen Sie mit dem Einatmen die Luft ein und spannen den Beckenboden leicht an. Mit dem Ausatmen und einem Seufzer lassen Sie den Liebesmuskel los und atmen durch den Beckenboden wieder aus.
Das Pumpen mit dem Feuermuskel und das sexuelle Atmen bieten sich auch an, wenn Sie Ihren Partner lieben. Durch den Saugeffekt und das Anspannen des Liebesmuskels umschließen Sie seinen Penis. Sie können dann ein Gefühl von Stärke und Verankerung erleben, er wird aktiviert und fühlt sich von Ihnen gehalten.

Die innere Flöte

Bei der folgenden Übung verbinden Sie das Pumpen des Beckenbodens und das sexuelle Atmen miteinander, bei der inneren Flöte kommt die Energielenkung hinzu.
Für die Spannkraft des Beckenbodens spielt es keine Rolle, ob Sie den Feuermuskel beim Einatmen oder beim Ausatmen zusammenziehen. Bei dieser Übung empfiehlt es sich jedoch, ihn beim Einatmen anzuspannen. Denn so fällt es Ihnen leichter, Ihre Energie an die richtige Stelle zu lenken.
Die Tantriker hüteten lange Zeit das Geheimnis um einen Energie-

kanal im Körperinnern. Diese Energieverbindung geht vom Perineum (Damm) hoch zum Scheitel, dem höchsten Punkt des Kopfes. Sie können sich diese Verbindung wie ein Bambusrohr oder eine Flöte vorstellen, die im Körperinnern hochsteigt. Wird der Feuermuskel mit dem Einatmen leicht kontrahiert, steigt die Energie in der inneren Flöte hoch. Sie wird durch die Druckveränderungen und die eigene Absicht hochgesogen.
Beim Ausatmen seufzen Sie leicht und lassen die Energie zum Perineum zurückfließen. Verweilen Sie mit Ihrer Aufmerksamkeit im Damm, um die Energie im Körper zu halten. Wenn Sie das vergessen, fließt die Energie durch die Beine in den Boden, und Sie haben dann die aufgebaute Energie nicht mehr zur Verfügung – und das wäre doch schade.
Nach einiger Zeit können Sie die innere Flöte auch abwandeln: Während Sie ausatmen und den Feuermuskel gleichzeitig anspannen, versuchen Sie die Energie hochzuziehen. Mit dem Einatmen entspannen Sie den Beckenboden wieder. Sie werden feststellen, dass diese Übung einen anderen Effekt hat. Die meisten Frauen erleben dabei einen breiteren und langsameren Energiestrom als bei der aktiveren Spielform des gleichzeitigen Einatmens und Hochziehens.

Das Öffnen der inneren Flöte

Bauen Sie die Schritte wie oben beschrieben auf: Atmen Sie mit einem leichten Sauggeräusch ein, spannen Sie den Feuermuskel an, atmen Sie mit einem Seufzer aus, lassen Sie den Muskel los, und halten Sie die Aufmerksamkeit am Perineum. Wenn Sie genügend Energie haben, stellen Sie sich den inneren Energiekanal, die innere Flöte, als ein dünnes Rohr vor, das vom Perineum bis zum Scheitel geht.
Legen Sie Ihre linke Hand auf Ihre Genitalien, dort bleibt sie während der ganzen Übung ruhen. Mit dem Einatmen und Anspannen

des Beckenbodens ziehen Sie die Energie und die Atmung in den unteren Teil des Bauches hoch. Mit dem Ausatmen und einem Ton lassen Sie die Energie und die Atmung wieder zur Basis, dem Beckenboden, zurückgleiten. Die Energie und die Atmung bewegen sich also ständig innerhalb Ihres Körpers. Sie können diese Atembewegung unterstützen, indem Sie mit der rechten Hand die Bewegung auf dem Körper nachzeichnen.
Sobald Sie den Eindruck haben, dass sich die Basis mit dem Bauch verbindet, gehen Sie wieder ein Stück höher – dieses Mal vielleicht bis zum Bauchnabel. Sie atmen ein, spannen den Liebesmuskel an, ziehen die Energie und die Atmung bis zum Bauchnabel hoch, atmen mit einem Seufzer wieder aus, lassen die Energie zurückfließen und halten sie an der Basis.
Die weiteren Stationen müssen Sie nicht beim ersten Mal erreichen, Sie können auch in Etappen vorgehen. Um die innere Flöte ganz zu öffnen, gehen Sie bei jeder weiteren Runde einen Schritt weiter: bis zur Magengegend, dann bis zum Herzen, zur Kehle, bis etwa zur Mitte der Stirn. Schließlich können Sie die ganze innere Flöte genießen – von der Basis am Beckenboden hoch bis zum Scheitel.
Beenden Sie die Übung, indem Sie die Energie und die Aufmerksamkeit zum Beckenboden zurücknehmen und dort auch halten. Ruhen Sie sich aus, und lauschen Sie auf das Echo.
Praktizieren Sie die Übungen ab und zu nackt vor einem Spiegel. So können Sie überprüfen, ob sich Ihr Liebesmuskel auch tatsächlich bewegt. Oder stecken Sie einen Finger in die Vagina, und spüren Sie den Effekt der Kontraktionen.

Die Chakren – feinstoffliche Energiezentren

Wenn Sie die zuvor beschriebenen Übungen in Ruhe ausprobiert haben, werden Sie spüren, dass Ihre Lebenskraft bereits sehr stark aktiviert wurde. Im vorangegangenen Kapitel ist Ihnen der Liebesmuskel vertraut geworden: Sie können über das Pulsieren und Pumpen jederzeit Ihr inneres Feuer entfachen. Mit Hilfe des sexuellen Atmens und der inneren Flöte können Sie die Energie im Körperinnern lenken.

Das Wissen um das feinstoffliche Energiesystem wird Sie nun unterstützen, Ihre innere Flöte noch differenzierter zu spielen. Dabei geht es um das Wahrnehmen der unterschiedlichen Qualitäten der Lebensenergie, die Sie in Ihrem inneren Energiekanal hin- und herbewegen.

Wenn Sie die innere Flöte bereits mehrere Male praktiziert haben, ist Ihnen vermutlich aufgefallen, dass Sie unterschiedliche Empfindungen, Gefühle und Gedanken wahrnehmen, je nachdem, wo Sie mit Ihrer Aufmerksamkeit in Ihrem Körper sind. Wenn Sie beispielsweise die Energie von der Basis ins Herz ziehen, kann es gut sein, dass Sie plötzlich lachen müssen. Vielleicht reagieren Sie auch ähnlich beim Lieben. Oder wenn Sie Gefühle von Schmelzen und Aufgehobensein empfinden, dehnt sich die Energie mit großer Wahrscheinlichkeit im Bereich der Stirn aus. Solche spontanen Erlebnisse können Sie im Wissen um die Chakren bewusst herbeiführen. Sie können entscheiden, welche Wahrnehmungen Sie anstreben, kultivieren, genießen und noch weiter entwickeln wollen.

Allgemeines zum Energiekörper

Unser Körper hört nicht mit unserer Haut auf. Um den physischen Körper gibt es einen Energiekörper, der über fein eingestellte Antennen verfügt und uns meldet, was außen passiert. Bewusst oder unbewusst reagieren wir auf diese Meldungen.
Die Sensoren des Energiekörpers arbeiten z. B. dann, wenn Sie jemandem sehr nahe kommen. Diese Situation können Sie bei einem kleinen Experiment kennen lernen: Stellen Sie sich in einiger Entfernung einer Freundin oder einem Freund gegenüber, und schließen Sie die Augen. Nun gehen Sie Schritt für Schritt auf die Person zu. Ihre Antennen werden Ihnen melden, wie sich die Grenze verändert. Jeder Zentimeter wird sich anders anfühlen. Vielleicht zieht es Sie fast magisch zu Ihrem Gegenüber hin, vielleicht müssen Sie aber auch einen Moment innehalten, um zu entscheiden, ob Sie jetzt näher heran wollen. Je mehr Sie die Person mögen, desto näher werden Sie ihr wahrscheinlich kommen.

Jeder Mensch hat eine Aura

Traditionelle tantrische Texte gehen seit Jahrtausenden davon aus, dass Menschen einen Energiekörper – eine Aura – haben. Lange konnte man diese Aura wissenschaftlich nicht nachweisen. Heute wissen wir jedoch, dass sie aus elektromagnetischen Feldern besteht, die z. B. mit Hilfe von Biofeedback-Geräten sichtbar gemacht werden können. Populär wurde das Wissen um den Energiekörper durch die so genannten Aurafotos, die elektromagnetische Felder um den Körper zeigen.
Wer die Aura genauer anschaut, kann in dem Energiefeld um den Körper herum Verdichtungen sehen. Diese Verdichtungen

sind bekannt als Chakren, Licht- oder Krafträder. Noch etwas differenzierter können wir sogar feststellen, dass sich die Energie in jedem Chakra dreht. Die meisten Systeme arbeiten mit sieben Chakren: Sie liegen entlang der inneren Flöte, die im Körper vom Perineum hoch zum Scheitel führt.

Das Wort »Chakra« stammt aus dem Sanskrit und bedeutet Lichtrad. So wie unser physischer Körper unsere Lebenshaltung spiegelt, sind die Chakren das, was wir fühlen, was wir denken und wie wir uns verändern. Sie bestimmen, wie wir uns ausdrücken und wie wir etwas erschaffen. Über die Chakren erfahren wir das Leben, wir nehmen die Wirklichkeit wahr und treten zu uns selbst, zu anderen und zur Welt in Beziehung.

Jedem einzelnen Chakra wird ein spezifisches Organ, ein emotionaler und energetischer Zustand und ein Ausdruck der Sexualenergie zugeordnet. Die Erfahrung zeigt, dass wir uns mit einigen Chakren vertrauter und stärker verbunden fühlen als mit anderen.

Die Tantriker gehen davon aus, dass Krankheiten in der Aura beginnen und sich erst später auf der körperlichen Ebene äußern. Wenn wir also unseren physischen, emotionalen und geistigen Körper gesund erhalten wollen, müssen wir das Chakra-System in Balance bringen.

Es gibt wunderbare Bücher, die das Chakra-System erklären. Da das Erleben und Empfinden jedoch sehr individuell ist, genügt das Wissen um die Aura nicht. Lassen Sie sich von der folgenden Einführung inspirieren, und versuchen Sie, Ihre eigenen Erfahrungen zu machen. Zu welchen Themen haben Sie Zugang? Was ist Ihnen vertraut? Wohin können Sie mehr Aufmerksamkeit lenken?

Das erste Chakra – Sicherheit auf dieser Erde

Am Ende der Wirbelsäule bzw. im Bereich zwischen Steißbein und Charmebein liegt das erste Chakra, das Basischakra. Sein Zentrum befindet sich beim Perineum, auf der körperlichen Ebene gehören die Nebennieren dazu. Das Basischakra können Sie besser wahrnehmen, wenn Sie den Beckenboden anspannen und wieder loslassen.

Zum ersten Chakra gehören das Urvertrauen und unser Stand auf der Erde, es geht um Sicherheit und Geborgenheit. Assoziiert werden damit auch der Überlebenskampf und -trieb sowie die aggressive, wilde und animalische Seite in uns. Sexuell steht das Basischakra für instinkthaften, animalischen und rohen Sex. Wir leben dabei unsere Lust, unsere Wildheit und unsere Leidenschaft aus und nehmen unseren Partner bzw. unsere Partnerin dabei nicht wahr.

Ist das erste Chakra in Balance, fühlen wir uns geerdet und verwurzelt, wir haben Urvertrauen. Bei einer Disharmonie leben wir in der Angst, etwas zu verlieren oder materiell zu kurz zu kommen, oder wir sind aggressiv.

Das zweite Chakra – Selbstrespekt in Beziehungen

Etwa in Höhe des Bauchnabels liegt das zweite Chakra – es hängt mit unserem physischen Zentrum zusammen und ist mit den Eierstöcken verbunden. Dazu gehören die zwischenmenschlichen Beziehungen, die emotionale Geborgenheit, das innere Kind und das Zugehörigkeitsgefühl.

Im zweiten Chakra empfangen wir sexuelle Energie, wir schenken Lust und genießen sie. Es ist wie ein gemeinsamer Tanz zwischen zwei Körpern, bei dem wir unseren Partner bzw. unsere Partnerin auch wahrnehmen.

Ist das zweite Chakra in Balance, fühlen wir uns im Fluss und empfinden prickelnde Kraft, Lust und Freude. Bei einer Disharmonie sind wir gefrustet, eifersüchtig und schnell in einen Konkurrenzkampf verwickelt.

Das dritte Chakra – Selbstwert

Unser energetisches Zentrum liegt etwa in der Magengegend, dem Solarplexus. Das dritte Chakra ist mit der Bauchspeicheldrüse (Pankreas) verbunden. Assoziiert werden damit die Zentriertheit im eigenen Wesen, das Selbstwertgefühl und die Selbstachtung. Unser Dasein ist geprägt von einer gewissen Selbstverständlichkeit und Nüchternheit, sexuell leben wir hier eine gleichberechtigte Partnerschaft.
Ist das dritte Chakra in Balance, fühlen wir uns präsent, klar in unserer Identität, einzigartig und selbstbewusst. Wenn es disharmonisch ist, manipulieren wir und erreichen unsere Ziele auf Umwegen, wir kontrollieren und halten fest.

Das vierte Chakra – Selbstliebe

Der Mittelpunkt des Chakra-Systems liegt etwa in der Mitte des Brustbeins, wie eine Wippe zwischen unten und oben. Das vierte Chakra ist mit der Thymusdrüse verbunden. Es symbolisiert das Empfinden von Freude und Mitgefühl, die Selbstliebe und die Fähigkeit, bedingungslos zu lieben. Sexuell nehmen wir unseren Partner bzw. unsere Partnerin als ganzes Wesen wahr, ohne die schwierigeren Seiten abzulehnen oder zu bewerten. Die Gegensätze werden vereinigt und wertgeschätzt.
Ist das vierte Chakra in Balance, spüren wir ein Wegschmelzen unseres Egos und erleben ein Gefühl von tiefer Liebe. Bei

einer Disharmonie haben wir die Tendenz zum Helfersyndrom – weil wir selbst nichts annehmen können, helfen wir lieber anderen. Wir haben Angst vor Zurückweisung und stellen einen ganzen Katalog von Bedingungen an die Umwelt, bevor wir uns selbst öffnen.

Das fünfte Chakra – Selbstausdruck

Die Kehle verbunden mit der Schilddrüse gehört zum fünften Chakra. Bei den damit verbundenen Themen geht es um den offenen und freien Ausdruck der Gefühle, Gedanken und Erkenntnisse und um die Kommunikation der eigenen Wahrheit. Im Sexuellen teilen wir uns mit und erwarten nicht, dass unser Partner bzw. unsere Partnerin unsere Gedanken und Gefühle lesen kann. Wir sagen, was wir uns wünschen und was wir nicht wollen.
Ist das fünfte Chakra in Balance, sind wir uns selbst treu. Wir sagen, was wir denken und fühlen, und fühlen, was wir sagen. Es geht um unseren kreativen, schöpferischen Ausdruck und um das Umsetzen unserer Träume. Ist das fünfte Chakra disharmonisch, drücken unsere Worte und unsere Stimme nichts aus. Wir nehmen viel auf und schlucken es hinunter. Es entsteht das Gefühl, einen großen Kloß im Hals zu haben.

Das sechste Chakra – Selbstverantwortung

Zwischen den Augenbrauen ist der Platz des sechsten Chakras – die Inderinnen haben ihn mit einem roten Punkt markiert. Es ist mit der Epiphyse (Zirbeldrüse) verbunden.
Beim sechsten Chakra geht es um intuitives Wissen und das Erfassen von Zusammenhängen, um das Erleben der Einheit

zwischen innen und außen, um Klarheit und Introspektion. Im Sexuellen sind wir mit der inneren Beobachterin verbunden, die zuschaut und sich freut, sich jedoch nicht mit dem Geschehen identifiziert.
Ist das sechste Chakra in Balance, sind wir klar in unseren Handlungen und in Kontakt mit unseren Visionen, Träumen und intuitiven Fähigkeiten. Die linke und rechte Hirnhemisphäre sind ausgeglichen, was uns ein Gefühl gibt, mit uns und dem Außen verbunden zu sein. Ist das Chakra disharmonisch, haben wir unklare Weltbilder und empfinden ein Gefühl der Isolation und Engstirnigkeit.

Das siebte Chakra – Gewahrsein als geistiges Wesen

Auf unserem Scheitel liegt das siebte Chakra, das mit der Hypophyse (Hirnanhangsdrüse) verbunden ist. Es weist uns den Weg zu unserer Spiritualität und zu unserer Ekstase, es geht um die Verschmelzung mit Allem und das Erkennen unseres Lebenssinns. Im Sexuellen verschmelzen wir mit dem Partner bzw. der Partnerin und gleichzeitig mit der Welt.
Ist das siebte Chakra in Balance, erleben wir eine totale Verbindung mit Allem und Jedem, ein Gefühl von All-Eins-Sein. Es gibt keinen Anfang und kein Ende, alles ist Licht. Ist das siebte Chakra disharmonisch, fühlen wir uns getrennt und isoliert vom Gegenüber und der Welt.

Uta: Ausgeglichen dank Chakraübung

»Früher fühlte ich mich häufig sehr unausgeglichen. Meine Freundinnen und vor allem meine Freunde beklagten sich hin und wieder, dass ich viel zu emotional sei. Ich habe immer darauf bestanden, dass ich meine Gefühle so ausdrücken kann, wie es mir gefällt.

Aber eines Tages ging ich dann doch zu weit: Zu Hause hatte es mit meinem Mann Streitigkeiten gegeben, dann kam der Zug nicht pünktlich, ich kam zu spät zu einer Sitzung und bekam einen Rüffel von meiner Vorgesetzten. Mir platzte der Kragen, als die Kaffeemaschine nicht funktionierte, und ich ließ meinen ganzen Frust an der Frau aus, die die interne Post verteilt. Sie schaute mich so erschreckt an, dass ich einen Heulkrampf bekam, und alles wurde nur noch peinlicher.

Dieses Erlebnis ging mir sehr nahe. Ich wollte meinen Gefühlen künftig nicht mehr so stark ausgeliefert sein. Schließlich entdeckte ich die Chakraübung für mich, ich mache sie seit vier Monaten mehr oder weniger regelmäßig. Jedes Mal, wenn ich zum Solarplexus komme, werde ich total nervös. Ich drücke diese Anspannung über Töne aus – und das Genialste ist, dass ich manchmal einfach vor mich hin schimpfe. Das ist ein neuer Zug an mir, denn sonst bin ich eher ruhig und halte mich vornehm zurück. Mein Mann fragte mich vor kurzem, was denn mit mir los sei – ich wirke so ausgeglichen. Über diese positive Rückmeldung freue ich mich sehr.«

Spielaufgaben

Reise durch die sieben Chakren

Laden Sie sich vor der Übung energetisch gut auf, indem Sie das sexuelle Atmen praktizieren. Setzen Sie sich auf den Boden oder auf einen Stuhl, Sie können auch liegen. Visualisieren Sie die innere Flöte. Wichtig ist, dass Sie sich immer wieder über die Atmung mit dem entsprechenden Energiezentrum verbinden. Wenn Ihre Aufmerksamkeit abschweift, kehren Sie an den Ort zurück, an dem Ihre Hände sind.

Erstes Chakra: Legen Sie die Hände auf Ihr erstes Chakra, vielleicht wie eine Schale schützend auf Ihren Sex. Spannen Sie einige Male den Beckenbodenmuskel kräftig an, und lenken Sie Ihre Aufmerksamkeit und Ihre Atmung in das erste Chakra hinein. Nehmen Sie die Qualitäten dieses Energiezentrums mit all Ihren Sinnen wahr. Gibt es eine Farbe, die dazu stimmt? Vielleicht atmen Sie diese Farbe in Ihr erstes Chakra hinein.
Welche Töne oder Geräusche gehören dazu? Lassen Sie diese Töne über Ihre Lippen kommen. Gibt es entsprechende Bilder? Lassen Sie alles zu, ohne es zu bewerten. Vielleicht kommt Ihnen auch spontan ein Symbol oder ein Wort in den Sinn. Erlauben Sie sich wahrzunehmen, ohne etwas zu verändern. Verweilen Sie noch einen Moment beim ersten Chakra, bevor Sie mit der Übung fortfahren.

Zweites Chakra: Legen Sie Ihre Hände auf den Bauch, und atmen Sie hinein. Vielleicht klopfen Sie sich ganz leicht auf den Bauch. Und nun entdecken Sie auch hier all die Qualitäten, die zum zweiten Chakra gehören. Vielleicht entsteht wieder spontan ein Symbol, ein Wort oder eine Farbe als Ausdruck davon, wie sich das zweite Chakra anfühlt.

Weitere Chakren: Wiederholen Sie die einzelnen Schritte bei jedem weiteren Energiezentrum, bis Sie oben beim Scheitel ankommen. Nach einer kurzen Ruhepause atmen Sie mehrere Male über die ganze innere Flöte ein und aus: Beim Einatmen ziehen Sie die Energie hoch, beim Ausatmen lassen Sie sie in das Basischakra zurückfließen. So bringen Sie die innere Flöte in Balance. Atmen Sie so lange bewusst ein und aus, wie Sie sich wohl dabei fühlen. Sie können auch eine andere Variante ausprobieren: Dann lassen Sie den Ausatem wie einen sanften Regenschauer oder einen Regenbogen um ihren Körper herum zur Basis zurückfließen.

Zum Abschluss lenken Sie die Atmung und die Energie wieder zurück in den Beckenboden und verweilen dort einen Moment. Spannen Sie den Feuermuskel einige Male an, und spüren Sie die Verbindung über die Beine hinunter zur Erde.

Hingabe – Die Kraft des Herzens und die Schönheit der Sexualität

Bis jetzt haben wir uns vorwiegend der einen Seite der Sexualität gewidmet. Wir haben die Sexualkraft aktiviert und die Energie durch den Körper gelenkt. Es gibt jedoch noch eine andere Qualität der weiblichen Sexualität, die für uns ebenso wichtig ist: die Hingabe.

Um unsere Sexualität in allen Facetten auskosten zu können, müssen wir lernen, uns zu öffnen, loszulassen und die Dinge geschehen zu lassen. Wenn Sie jetzt fragen, was Sie machen müssen, um loszulassen, kann ich Ihnen nur antworten: Es gibt nichts zu tun.

Im Zuge der Emanzipation haben wir gelernt, unsere Frau zu stehen. Wir bewältigen unseren Alltag, unsere Beziehungen, unser Familienleben und unsere Karriere. Diese große Herausforderung braucht unsere ganze Energie und Aufmerksamkeit.

Vielen Frauen fällt es heutzutage nicht sonderlich schwer, einem Mann bzw. einer Frau ihre Sympathie und ihr Begehren zu zeigen und ihre Sexualität auszuleben. Sie haben jedoch Angst davor, die Kontrolle über das Geschehen zu verlieren, sich dem Gang der Dinge hinzugeben und sich damit verletzlich zu machen.

Hingabe ist sehr eng mit Vertrauen verbunden – das aber ist

riskant und lässt uns unsere emotionale Unsicherheit zutiefst fühlen. Wollen wir jedoch Beziehungen und die Liebe leben, müssen wir dieses Risiko eingehen.

Sich öffnen und verletzlich machen

Bei der körperlichen Liebe mit einem Mann öffnen wir uns und nehmen ihn in uns auf. Wir machen uns verletzlich, geben ein Stück Kontrolle auf und entfernen uns von den vertrauten Eigenschaften des Aktivseins. Diese Verletzlichkeit darf jedoch nicht mit Schwäche verwechselt werden, im Gegenteil. Indem wir die Öffnung und Hingabe zulassen, verbinden wir uns mit einer anderen Kraftqualität: mit der weiblichen Schoßkraft, der Kraft des Beckens und des Seins.

Zwischen zwei Polen

Die Sexualenergie bewegt sich wie ein elektrischer Strom zwischen dem aktiv-geladenen und dem passiv-aufnehmenden Pol hin und her. Besonders deutlich wird dieser Energieaustausch beim Liebesspiel von Mann und Frau – Ähnliches gilt aber auch bei der körperlichen Liebe von zwei Frauen.
Wenn Mann und Frau gleichzeitig aktiv im Sinne von abgebend sind, kann sich die Energie nicht bewegen. Das käme einem Kampf gleich: Wer ist stärker? Wer setzt sich durch?
Damit die Energie fließen kann, muss einer der beiden Partner in die aufnehmende, der andere in die abgebende Position gehen. Die Rollen sind dabei nicht zwingend festgelegt – sie können die ganze Zeit gleich bleiben, aber auch jederzeit getauscht werden. Körperlich können beide Partner in Bewegung sein. Aber wenn die Gesetzmäßigkeit des energetisch

Aktiven und Passiven beim Liebesspiel nicht beachtet wird, kommt es zu einem Kräftespiel, das für beide sehr anstrengend und vor allem destruktiv ist.

Öffnen für das Eindringen

Beim Liebesspiel mit einem Partner zeigen wir uns - auf der körperlichen, seelischen und geistigen Ebene - nackt und schutzlos. Wir machen uns verletzlich, indem wir jemanden in uns eindringen lassen. Aber auch die Männer machen sich verletzlich, indem sie sich auf fremdes Territorium begeben. Damit diese Verletzlichkeit nicht zu Verletzungen führt, müssen sich beide Partner das Öffnen der Frau und das Penetrieren des Mannes bewusst machen.
Nur wenn wir großes Vertrauen - vor allem zu uns selbst - haben, können wir uns auf einer so tiefen Ebene öffnen. Mut und eine klare Entscheidung, uns hingeben und ausdehnen zu wollen, sind nötig, um einen anderen Menschen in uns aufzunehmen. Darin liegt eine ungeheure Kraft, die nichts mit Machen, sondern mit Geschehenlassen und Sein zu tun hat.

Susanne: Sich dem Fluss der Dinge hingeben

»In meinem Traum stehe ich mit beiden Beinen auf dem Boden und fühle mich stark. Ich bin sehr wach und habe den Überblick. Diese Kontrolle gibt mir ein starkes Selbstwertgefühl. Ich bin stolz, präsent zu sein und mit meinen Augen jede Veränderung wahrzunehmen. Meine Aufmerksamkeit ist darauf ausgerichtet, alles und jeden zu beobachten. Wo bewegt sich was? Wo könnte etwas geschehen? Ich bin überwach, meine Arme sind bereit, abzugrenzen, zuzuschlagen, abzuwehren. Meine Aufmerksamkeit ist oberhalb meines Beckens, vermutlich in der Höhe des Solarplexus.

Ich fühle mich wie eine Katze, die vor einem Mauseloch sitzt und lauert, bis sich die Maus endlich bewegt. Von meinem Beobachterposten könnte ich mich nicht entfernen. Das ist zwar recht anstrengend, aber ich brauche das Gefühl, sofort reagieren zu können.« Nach einigen Monaten schildert Susanne, wie sie sich nun erlebt: »Ich stehe mit beiden Beinen auf dem Boden. Meine Augen sind offen und entspannt, der Fokus ist weit. Mit meiner Aufmerksamkeit nehme ich gleichzeitig mich selbst und die Umgebung wahr. Mein Körper ist entspannt und wach, die Energie ruht in meinem Becken. Vergleichbar mit einer Katze, die sich in der Sonne räkelt und den Bauch den streichelnden Händen entgegenhält. Im Moment muss ich nichts machen, ich bin, ich fühle mich getragen und offen für das, was als Nächstes auf mich zukommt.«

Gehören Herz und Sex zusammen?

Für die meisten Frauen stellt sich irgendwann die Frage, ob Herz und Sex zusammengehören oder nicht. Vermutlich fällt die Antwort in verschiedenen Lebensphasen jeweils anders aus. Für viele ist die Frage der Motor, um sich vertieft mit dieser Thematik auseinander zu setzen.

Erinnern Sie sich an das Chakrasystem: Das Herz ist als Ausdruck unserer Liebe und Freude stark mit unseren Gefühlen verbunden. Es gehört zu den beglückendsten Gefühlen, die Herzensfreude zuzulassen, sich selbst und andere damit zu beschenken. Gleichzeitig ist es eine große Herausforderung, wirklich liebesfähig zu werden und unser Herz bedingungslos zu öffnen.

Unsere sexuelle Energie hingegen gehört zum Basischakra. Es ist reine Energie. Sie auszudrücken ist eine Freude – um der Freude willen. Die vielen Übungen dieses Buches helfen

Ihnen, Ihre Sexualenergie wirklich zu befreien – sie alle dienen dazu, die Vitalkraft (wieder) fließen zu lassen.
Einige Frauen gestalten ihr Leben vom ersten Chakra her und leben eine leidenschaftliche, wilde und sehr körperliche Sexualität. Andere sind stark mit ihrem Herzen verbunden, sie legen viel Wert auf ihre Beziehungen und drücken vor allem ihre Gefühle aus. Beides hat seine Schönheiten und seine Schattenseiten. Schwierig wird es vor allem dann, wenn wenig Energie zwischen den beiden Chakren fließt. Dann erleben wir oft eine losgelöste Herzenskraft oder eine abgespaltene Sexualität. In der Beziehung vermissen wir das Feuer, und in der Sexualität wirkliche Nähe und Intimität. Häufig ist es nur eine Frage der Zeit, bis die Sehnsucht genügend motivierend ist, um beide Pole wieder miteinander zu verbinden.

Herzenskraft und Liebesfähigkeit

Die Kraft, die wir stärker kultiviert haben, können wir einsetzen, um die Verbindung zum anderen Zentrum zu schaffen. Frauen, die sich sexuell ausdrücken, können diese Kraft in ihr Herz strömen lassen – dadurch bekommt das Herz genügend Energie und Mut, um sich zu öffnen. Je mehr Sexualenergie wir aktivieren, desto mehr Kraft können wir ins Herz lenken. Aus diesem Grunde wird im Tantra zuerst die Energie im Sexzentrum geweckt.
Frauen, die sich in ihrer Liebesfähigkeit verankert fühlen, können ihre Herzenskraft in den Sex hineinfließen lassen – dadurch bekommt die Sexualkraft so viel Nahrung, dass die Beziehungen lebendiger werden.
Wenn wir über eine feurige Herzenskraft und eine liebende Sexualenergie verfügen wollen, müssen wir uns vom Herzen und vom Sex her öffnen und die beiden Energiezentren mit-

einander verbinden. Diese Vereinigung schenkt uns Selbstvertrauen und Autonomie, und mit der Zeit lernen wir, in diese Kraft zu vertrauen und in ihr zu ruhen.

Spielaufgaben

Bei den folgenden Übungen erfahren Sie auf sanfte Art das Ausdehnen und die Hingabe. Sie lernen, zu vertrauen, geschehen zu lassen und anzunehmen. Sie brauchen nichts zu leisten, und es muss nichts Weltbewegendes passieren.

Kelchübung

Da diese Übung sehr ruhig ist, brauchen Sie anfangs eine starke energetische Aufladung. Empfehlenswert ist das Schütteln, das Sie am besten fünfzehn Minuten lang praktizieren. So werden sie wach und präsent, und Ihr Körper kommt in Bewegung.
Legen Sie sich danach auf den Rücken, stellen Sie die Beine auf, die Füße stehen unter den Knien. Ihre Aufmerksamkeit bleibt bei der Atmung, am besten lassen Sie ein leichtes Summen über Ihre Lippen kommen. Öffnen Sie die Beine, indem Sie die Knie nach außen führen. Suchen Sie eine Stelle, wo Sie noch etwas Kraft brauchen, um die Beine zu halten. In der Regel sind die Beine nicht ganz geöffnet, aber auch nicht ganz zusammen.
Wenn Sie in dieser Haltung bleiben, müssen die Muskeln etwas arbeiten, die Spannungen lösen sich durch leichte Vibrationen. Lassen Sie das Zittern zu, und genießen Sie es. Bleiben Sie in der Position, solange Sie sich wohl fühlen – es gibt nichts zu tun.
Anfangs vibrieren die Muskeln meist recht stark, oder Sie spüren, wie ein leichtes Kribbeln in die Beine und Füße fließt. Mit der Zeit reagiert Ihr Körper immer sanfter, die Vibrationen kommen dann vielleicht mehr aus dem Becken, oder die Energie fließt hoch in die

Brust. Wenn lange Zeit nichts passiert, führen Sie die Knie einige Millimeter näher zusammen. Bleiben Sie eine Weile in dieser neuen Position, und warten Sie ab, was geschieht. Probieren Sie mehrere Stellungen aus – vielleicht spüren Sie erst später etwas. Wenn Sie müde werden, strecken Sie die Beine aus. Machen Sie einen Moment Pause, um dann wieder eine neue Stelle zu suchen. Lauschen Sie einen Moment auf das Echo. Sie können die Übung auch beenden, indem Sie bewusst eine Hand auf Ihren Sex und die andere Hand auf Ihr Herz legen.

Lassen Sie sich überraschen, wie sich diese Übung anfühlt und wie sich das Empfinden und Erleben allmählich ändert. Es gibt nichts zu analysieren, und Sie können nichts falsch machen. Es ist die Hingabe an den Moment.

Führen lassen

Bei dieser Übung lernen Sie, Ihrer Spielpartnerin bzw. Ihrem Spielpartner blind zu vertrauen und zu beobachten, was geschieht. Bei schönem Wetter empfiehlt es sich, ins Freie zu gehen. Ihre Spielpartnerin bzw. Ihr Spielpartner wird Sie etwa 20 Minuten lang – ohne dabei zu sprechen – herumführen. Sie schließen dabei die Augen oder legen sich eine Augenbinde an. Im Anschluss an die Übung tauschen Sie sich über Ihre Erlebnisse aus.

Spielpartnerin/Spielpartner: Nehmen Sie die Hand Ihrer Freundin, und führen Sie sie herum. Achten Sie darauf, wie Sie führen. Sie brauchen Ihre Freundin nicht festzuhalten oder zu umklammern. Manchmal genügt ein feiner und gleichzeitig klarer, konkreter Kontakt – vielleicht nur an der Fingerspitze.

Als geführte Person brauchen Sie sich weder anzustrengen noch besonders hingebungsvoll zu sein. Versuchen Sie bei dem zu sein, was ist. Können Sie die ganze Umgebung vergessen? Können Sie darauf verzichten, alles zu kontrollieren? Wichtig ist, dass Sie Ihre Aufmerksamkeit immer wieder zurück zur Atmung und zu den

Empfindungen lenken. Achten Sie auf Momente der Unsicherheit und des Vertrauens und auf die kleinsten Veränderungen.

Wiegen im warmen Wasser

Bei dieser Übung erfahren Sie, wie berührend und gleichzeitig vertraut es ist, in warmem Wasser zu treiben. Bitten Sie eine Freundin oder einen Freund, mit Ihnen in ein Hallenbad zu gehen, das ein Becken hat, das brusthoch mit 33 bis 35° C warmem Wasser gefüllt ist. Bei dieser Temperatur können Sie sich entspannen, weil Sie nicht darauf angewiesen sind, sich ständig zu bewegen, um warm zu bleiben.

Freundin/Freund: Stellen Sie sich möglichst breitbeinig und entspannt hin, und seien Sie wachsam und präsent. Wenn Sie Ihre Partnerin im Wasser wiegen, brauchen Sie sich nicht anzustrengen, denn das Wasser trägt den Körper. Bitten Sie Ihre Partnerin, sich flach ins Wasser zu legen. Nehmen Sie den Arm Ihrer Partnerin, und führen Sie ihn hinter Ihren Rücken. Als Rechtshänderin stützen Sie den Kopf ihrer Partnerin mit dem linken Arm. Sie vermitteln Sicherheit, wenn Sie Ihren linken Arm so unter den Kopf legen, dass der Hinterkopf auf Ihrem Ellbogen ruht. Achten Sie darauf, dass die Halswirbelsäule mehr oder weniger gerade ist und der Kopf nicht zu stark nach hinten ins Wasser eintaucht. Mit dem rechten Arm fassen Sie die Beine Ihrer Freundin. Am einfachsten ist es, wenn Sie die Knie in Ihrem Ellbogen ruhen lassen.

Bewegen Sie Ihre Freundin nun ganz sanft im Wasser – wie in Zeitlupe. Sie können sie wiegen wie eine Mutter ihr Kind und dazu eine Melodie summen. Fangen Sie mit langsamen und sanften Bewegungen an. Sie können sich mit dem Oberkörper abdrehen und ausprobieren, was möglich ist, ohne dass Sie den Stand verlieren. Die Person, die im Wasser liegt, wird gehalten und getragen. Erlauben Sie sich, die Körpernähe zuzulassen und alles geschehen zu lassen. Spüren Sie, wie die Arme Ihres Partners bzw. Ihrer Partnerin

Sie begleiten, wie das Wasser Sie umschmeichelt und Sie trägt. Genießen Sie, ein Summen zu hören und mehr und mehr in Ihre inneren Welten zu sinken. Sie brauchen nichts zu tun.

Orgasmisch sein

Einen Orgasmus zu haben ist ein wunderbares Gefühl. Es gibt aber etwas, das noch darüber hinausgeht – orgasmisch sein. Dieser ekstatische Zustand wird als Ganzkörperorgasmus bezeichnet.

So befremdend es sich vielleicht anhört – dieser Zustand ist nicht neu für uns, denn wir kommen als orgasmisches und ekstatisches Wesen auf die Welt. Beim Ganzkörperorgasmus geht es weniger um eine zu erlernende Technik, sondern vielmehr um eine Haltung uns selbst gegenüber. Wir müssen uns dafür nämlich vollkommen auf uns und unsere Energie einlassen.

Um einen Höhepunkt zu erleben, laden wir uns zunächst mit Energie auf, um sie dann – auf dem Höhepunkt der Erregung – wieder zu entladen. Das sind die zwei Phasen des Orgasmus. Einen orgasmischen Zustand erreichen wir, wenn wir eine dritte Phase dazwischen schalten. Dabei entspannen wir uns in diese hohen Erregungszustände hinein – so vermeiden wir die Entladung. Alle Übungen in diesem Buch bereiten Sie darauf vor, in einen orgasmischen Zustand zu kommen. Um ihn mit uns allein zu erleben, bietet sich vor allem das Selbstliebe-Ritual an, das Sie im nächsten Kapitel kennen lernen werden.

Damit wir uns in die hohe Energie hinein entspannen können, sollten unsere Körperpanzerungen gelöst sein. Erst dann kön-

nen wir das ganze Spektrum unserer Empfindungen uneingeschränkt auskosten. Unsere Gefühle nehmen wir wahr, ohne uns jedoch damit zu identifizieren. Außerdem lassen wir die negativen Glaubenssätze hinter uns – wir wissen, dass wir ekstatisch sein können.
Energie ist immer in Bewegung. Unsere Zellen pulsieren ständig – sie dehnen sich aus und ziehen sich wieder zusammen. Wenn wir nun Energie aufbauen, bewegt sie sich zwischen unserer Körpergrenze und unserem feinstofflichen Energiefeld hin und her. Gelingt es uns, uns in diesen Zustand des Pulsierens und Erweiterns hinein zu entspannen, können wir die Grenzen behutsam und bewusst immer mehr ausdehnen. Unser Körper kann die Energieströme dann problemlos aufnehmen und sie in ihrem Fluss unterstützen.
Bei einem Ganzkörperorgasmus strömt die Energie in Wellen durch den ganzen Körper. Wenn Ihnen bewusst ist, dass der Körper größtenteils aus Flüssigkeiten besteht, ist das keine Magie, sondern eine reale Möglichkeit, die es nur wieder zu entdecken gilt. In der Regel erleben Sie den orgasmischen Zustand vielleicht nicht auf Anhieb, aber es lohnt sich, diesen Weg zu gehen.

Die Wellen durch den ganzen Körper strömen lassen

Stellen Sie sich die Wellen im Meer vor: Wenn Sie in einem Wellental sind, machen Sie einen Moment Pause, um sich dann von der Atmung, Bewegung und Stimme auf den nächsten Wellenkamm tragen zu lassen. Wenn Sie oben auf dieser Erregungswelle sind, entspannen Sie sich und dehnen sich aus. Sie entladen die Energie also nicht nach unten und außen, sondern halten sie im Körper.
Wenn die ganze Energie schließlich gelöst wird, erleben Sie

das wie ein ozeanisches Gefühl. Die orgasmische Energie breitet sich über den ganzen Körper aus und fließt in jede Zelle, alles prickelt, alles ist erotisch. Dieser Ganzkörperorgasmus kann mit tiefen Gefühlen verbunden sein. Sie fühlen sich in etwas Größerem aufgehoben, berühren den eigenen Wesenskern, erleben ein tiefes Glücksgefühl und eine innere Ruhe und Stille.

Von der Masturbation zum Selbstliebe-Ritual

Wahrscheinlich sind Sie nun bereit, die beiden Hauptenergiezentren – den Sex und das Herz – miteinander zu verbinden und die orgasmischen Zustände vermehrt in Ihr Leben zu integrieren. Das Selbstliebe-Ritual ist ein Weg dazu.

Jede Frau kennt die Selbstliebe, und (fast) alle Frauen streicheln sich selbst, um zum Höhepunkt zu kommen. Manche machen es für sich allein, andere sehen die Selbstliebe als Ergänzung zum Zusammensein mit einem Partner oder einer Partnerin. Schon das Kind im Mutterleib berührt sich, es kennt noch keine Verbote nach dem Motto »Hier darfst du dich anfassen, aber hier nicht«. Einmal auf dieser Welt erkundet jedes Kleinkind seinen Körper und genießt die Berührungen, die ihm Spaß und Freude machen. Erst wenn Kinder älter werden, lernen sie, dass sie sich zwischen den Beinen nicht berühren sollen.

In den Medien wird viel über Sex berichtet, das Thema Selbstliebe stößt jedoch auf wenig oder keine Resonanz. Frauen reden viel über Beziehungen, aber kaum darüber, wie sie ihre Sexualität leben und was sie dabei erfahren. Die wenigsten sprechen davon, ob sie onanieren, wie sie sich berühren, was

sie anmacht und was nicht, ob sie dabei Orgasmen erleben oder nicht.
Wenn wir über die Selbstliebe sprechen, benutzen wir meist Begriffe wie »Selbstbefriedigung«, »onanieren« oder »masturbieren«. Das ist zwar korrekt, zeigt aber auch, wie sehr wir die Selbstliebe von uns abspalten. Wenn wir von Onanieren oder Masturbieren sprechen, meinen wir damit eher eine Spannungsentladung. Das ist in Ordnung und kann auch Spaß machen. Wenn wir jedoch nur diese Möglichkeit zur Verfügung haben, schränken wir uns ein.

Uns selbst etwas geben

Beim Selbstliebe-Ritual geht es um etwas anderes als um Spannungsentladung. Wir kommen mit uns selbst in Kontakt, wir berühren uns sexuell, lieben uns körperlich und geben uns das, was wir in der Regel anderen geben – Liebe. Wenn wir uns selbst nicht lieben, können wir oft auch nicht die Liebe von jemand anderem annehmen. Wie können wir einem Liebespartner mitteilen, was wir möchten und wie wir es mögen, wenn wir selbst wenig Erfahrung damit haben?
Viele Frauen berühren sich immer auf die gleiche Art. Wir machen es so, wie es am schnellsten funktioniert, und kommen nur selten auf die Idee, andere Spielmöglichkeiten auszuprobieren. Doch die Selbstliebe kann ebenso wie der Orgasmus gelernt werden. Das Selbstliebe-Ritual bietet eine Fülle neuer Möglichkeiten.
Umfragen zeigen, dass viele Frauen das erste Mal von einem Mann berührt wurden. Doch damit kennen sie nur einen kleinen Teil der ganzen Palette, denn die meisten Männer stimulieren ihre jetzige Partnerin genauso wie ihre vorherige. Junge Frauen, die sich selbst so berühren, wie es ihre Partner

bei ihnen machen, entdecken meist erst später, was ihnen darüber hinaus Spaß machen könnte.

Unabhängig vom Märchenprinzen

Beim Selbstliebe-Ritual lernen wir ein breites Spektrum an erotisierenden Berührungen kennen, wir entdecken unsere Geheimnisse und können uns das geben, was uns gut tut. Wir brauchen nicht mehr vergeblich auf den Märchenprinzen zu warten und sind nicht wie Dornröschen darauf angewiesen, dass uns ein Partner erlöst. Mit dem Selbstliebe-Ritual haben wir uns im wahrsten Sinne des Wortes selbst in der Hand und erreichen ein großes Maß an Freiheit und Selbstbestimmtheit – unabhängig davon, ob wir allein oder in einer Beziehung sind.

Über das Selbstliebe-Ritual lernen wir unsere sehr zart strukturierten und fein abgestimmten sexuellen Reaktionen kennen. Wir erleben, dass es viele Zwischentöne auf dem Weg gibt, die Energie aufzubauen, zu halten und weiter aufzubauen, um sie schließlich zu entladen. Wir kommen mit unserem Wesenskern in Berührung und erfahren mehr Lebendigkeit, Kraft und tiefere Orgasmen. Das Selbstliebe-Ritual öffnet aufgestaute, meist emotionale Blockaden und bringt uns auf allen Ebenen in Fluss. Wir verbinden den Sex mit unserem Herzen – und das ist ein eminent wichtiger Schritt.

Wenn es darum geht, einen geliebten Menschen am ganzen Körper zu massieren, sind wir besonders kreativ: Wir lassen uns unzählige Berührungen, Griffe und Striche einfallen. Wir kneten das Gewebe durch oder streicheln den anderen ganz sanft, wir streichen beruhigend oder vitalisierend über die Haut, berühren den anderen mal kurz und mal lang. Und wie sieht es bei der Selbstliebe aus? Sind wir da auch so einfalls-

reich, oder greifen wir immer auf die gleichen Berührungen zurück? Beeilen wir uns gar, um es schnell hinter uns zu haben?
Nehmen Sie sich einen Moment Zeit, und beantworten Sie folgende Fragen: Was kommt mir in Bezug auf die Selbstliebe in den Sinn? Welche Gefühle habe ich, wenn ich daran denke? Praktiziere ich es? Wenn ja, auf welche Art? Wenn nein, was hindert mich daran? Welche Glaubenssätze verbinde ich damit? Ist es mir peinlich, darüber zu reden? Habe ich mich schon mal mit Freundinnen, mit meinem Partner, darüber unterhalten?

Andrea: Absolute Höhenflüge erleben

»Als ich begann, das Selbstliebe-Ritual zu üben, war ich erstaunt, dass ich plötzlich eine innere Stimme hörte, die mir sagte, das sei doch verboten und eine Sünde. Ich wollte da aber einfach durch und habe mich anfangs etwas überwinden müssen. Es gab Momente, in denen ich absolute Höhenflüge erlebte. Zu anderen Zeiten war ich frustriert und sauer, weil ich einfach nichts empfand. Eines Tages entdeckte ich, dass das Selbstliebe-Ritual für mich die einzige Möglichkeit ist, mit meinen Gefühlen in Kontakt zu kommen. Ich weiß aus Erfahrung, dass es Gefühle gibt, die ich einfach nicht zulasse. Mit dem schrecklichen Resultat, dass ich dadurch öfters in einem regelrechten Selbsthass lande.
Seit ich das Selbstliebe-Ritual ein- bis zweimal die Woche mache, fühle ich mich viel ausgewogener. So kann ich meinen Ärger und meine Aggressionen freisetzen. Vor zwei Wochen wagte ich sogar, meinen Freund dabeizuhaben. Er musste anfangs die Augen geschlossen halten, weil ich mich sehr unsicher fühlte. Ich habe ihn beobachtet, als ich ihm mitteilte, jetzt dürfe er zuschauen. Es hat mich berührt, einerseits seine Unsicherheit zu sehen, aber auch zu spüren, wie es ihn angemacht hat. Und das Beste ist, dass er mir

im Anschluss sagte, er habe einiges dazugelernt, einfach durchs Zuschauen. Da ist mir klar geworden, dass ich ihn nun öfters dabeihaben will, so kann er lernen, wie ich berührt werden will.«

Intensive sinnliche Empfindungen

Empfehlenswert ist es, das Selbstliebe-Ritual nach Möglichkeit dreimal pro Woche drei Monate lang zu praktizieren. So haben Sie genügend Zeit, neue Erfahrungen zu machen, die Wellenbewegung der Lust und die sexuellen Reaktionen zu erleben.
Anfangs werden Sie etwas umlernen und kurzfristig auf Spannungsabfuhr verzichten müssen. Sie gewinnen dadurch aber auch etwas: Ihre sinnlichen Empfindungen werden intensiviert. Sie haben mehr Energie zur Verfügung und lernen, auf der Erregungskurve zu tanzen, Schritt für Schritt die Treppen der verschiedenen Phasen empor getragen zu werden. Selbstverständlich ändert sich auch die Qualität des Orgasmus.
Mit dem Selbstliebe-Ritual öffnen sich neue Räume, und vor allem werden Ihre Sinne geweckt und erweitert. Wenn Sie erst einmal den Zugang gefunden haben, wird Ihnen das Ritual ein Begleiter sein, den Sie nicht mehr missen wollen.

Spielaufgaben

Vorbereitung zum Selbstliebe-Ritual

Gestalten Sie sich den Raum so, dass Sie sich geborgen und aufgehoben fühlen. Verwenden Sie viel Zeit und Aufmerksamkeit auf die Raumgestaltung, dieses Mal schmücken Sie das Zimmer nur für sich allein.

Fangen Sie an, sich energetisch aufzuladen. Bewegen Sie sich so, wie es Ihnen Spaß und Freude macht. Vielleicht schütteln Sie Ihren Körper durch, vielleicht erden Sie sich mit einem Afrotanz, oder Sie gehen spazieren. Achten Sie darauf, dass Sie verstärkt atmen und sich aufgeladener fühlen als zuvor.
Nehmen Sie ein Massageöl, und verteilen Sie es mit zarten Bewegungen über den ganzen Körper. Werden Sie ganz zu Ihren Händen. Sie berühren jeden Körperteil und spüren, wie unterschiedlich sich die Haut anfühlt, wie warm oder kalt sie ist. Massieren Sie die Haut in Richtung Bauch und Becken, und lenken Sie mit Ihrer Absicht die ganze Energie in Ihr Becken hinein.
Visualisieren Sie einen Moment, in dem Sie sich sicher, geliebt, zuversichtlich und offen fühlten. Nehmen Sie einen Spiegel, und schauen Sie sich Ihre Yoni an. Überprüfen Sie, ob Sie Ihre Vulva auch mit geschlossenen Augen »sehen« können. Praktizieren Sie das sexuelle Atmen, und atmen Sie über Ihre Yoni ein und aus.

Ablauf des Selbstliebe-Rituals

Wenn Sie das Gefühl haben, in Ihrem Körper angekommen zu sein, salben Sie Ihre Yoni ein. Nehmen Sie kein Öl, denn es würde der empfindlichen Haut schaden, sondern ein Gleitmittel. Seien Sie großzügig mit dem Gleitmittel, und machen Sie Ihren ganzen Beckenboden feucht. Beziehen Sie die ganze Yoni mit ein: Anus, Venuslippen, Damm und Klitoris. Stimulieren Sie sich, ohne etwas erreichen zu wollen. Suchen Sie die erotisierenden Stellen, z. B. auch die Brüste. Vielleicht ziehen Sie auch mal an den Charmehaaren. Suchen Sie neue Orte der Lust, und probieren Sie neue Berührungen aus, mal kräftig und mal sanft, mal langsam und mal schnell.
Am besten stimulieren Sie sich mit einer Hand. Mit der anderen Hand streichen Sie immer wieder über den Körper, um sich so mit dem ganzen Körper zu verbinden. Während Sie sich Ihren Körper-

empfindungen hingeben, bleiben Sie gleichzeitig mit dem Atem in Kontakt. Benutzen Sie immer wieder die drei Schlüssel: Atem, Bewegung und Stimme. Vielleicht haben Sie Lust, zu seufzen, zu gähnen oder zu stöhnen. Fahren Sie fort, sich zu stimulieren, und lassen Sie es sich gut gehen.

Wenn Sie spüren, dass die Erregung ansteigt und langsam auf den Höhepunkt zusteuert, hören Sie einen Augenblick mit der Stimulation auf. Ihre Aufmerksamkeit bleibt bei der Atmung und in Ihrer Yoni. Lassen Sie eine Hand – wie ein Anker oder Schutz – auf der Vulva, während Sie mit der anderen Hand Ihren Körper streicheln. Vielleicht massieren Sie die Brüste, Ihren Bauch oder eine andere Stelle, die Sie gern berühren. Aber widerstehen Sie der Versuchung, die Spannung schnell zu entladen.

Wenn die Erregungskurve etwas abflacht, stimulieren Sie sich weiter. Gehen Sie auf Entdeckungsreise, erkunden Sie Ihren ganzen Beckenboden nach neuen Lustorten. Sie können auch Ihren Göttinnenpunkt einbeziehen. Bauen Sie über die Atmung und die Bewegung Energie auf. Auch beim zweiten Fast-Höhepunkt stoppen Sie. Wieder bleibt die Aufmerksamkeit in Ihrer Yoni, und Sie verteilen die Energie über den ganzen Körper.

Stimulieren Sie sich weiter, Sie befinden sich jetzt auf der dritten Treppenstufe der Energieskala. Sie bewegen sich weiter hinauf und stoppen – auf eine besondere Art – erneut kurz vor dem Höhepunkt.

Visualisieren Sie die innere Flöte

Mit dem Einatmen spannen Sie Ihren Feuermuskel an und lenken Energie und Atmung hinein in Ihr Herz. Halten Sie die Atmung und den Beckenboden so lange, wie es sich gut anfühlt, und entspannen Sie ansonsten den ganzen Körper. Mit dem Ausatmen und Ihrer Absicht verteilt sich die ganze Energie im Herzen. Der Brustkorb weitet sich und vibriert, vielleicht empfinden

Sie ein Kribbeln, Wärme und Weite. Genießen Sie diesen »Herzorgasmus«.
Wenn Sie mit der Praxis des Selbstliebe-Rituals vertraut sind, können Sie mit jedem Erregungsanstieg – auf der Höhe einer Welle – die Energie ins Herz emporziehen. Damit öffnen Sie sich für Ihr ekstatisches Potential.

Verschiedene Möglichkeiten, das Ritual abzuschließen

Beenden Sie das Selbstliebe-Ritual damit, dass Sie eine Hand auf den Sex und die andere aufs Herz legen. Spüren Sie, wie sich diese beiden Energiezentren verbinden, wie die Schönheit der Sexualenergie in Ihr Herz aufsteigt und die Kraft des Herzens sich mit Ihrem Sex verbindet. Lassen Sie diese Empfindung noch einen Moment nachklingen.
Die Energie haben Sie auch nach der Übung noch zur Verfügung. Achten Sie darauf, wie es sich anfühlt, derart aufgeladen durch den Tag zu gehen. Vielleicht fällt es Ihnen anfangs schwer, mit einer höheren Energieladung umzugehen. Geben Sie sich Zeit, sich daran zu gewöhnen, ohne etwas damit machen zu müssen. Sie können das Selbstliebe-Ritual auch mit einem Orgasmus abschließen. Wenn Sie einen Teil der Energie entladen, lenken Sie die Energie nicht nach innen und oben, sondern nach außen und unten. Danach haben Sie eine etwas kleinere Energiemenge im Körper, was sich anfangs angenehmer anfühlen mag. Mit der Zeit werden Sie feststellen, dass sich die Art der Entladung und Ihre Befindlichkeit verändern.

Die Energie visualisieren und lenken

Mit dem Selbstliebe-Ritual gewinnen Sie Energie hinzu, die Sie in Körperbereiche lenken können, in denen der Energiefluss unterbrochen ist – so können Sie sich selbst heilen. Sie lenken die Energie über die Absicht bzw. das Visualisieren, über die Atmung und über die Bewegung.

Wenn Sie z. B. spüren, dass Sie kaum einen Bezug zu Ihren Brüsten haben, lassen Sie innerlich das Bild entstehen, wie vor allem Ihre Brüste mit dieser Lebensenergie gefüllt werden. Wenn Ihr Becken pulsiert, lenken Sie die Atmung in Ihre Brüste und stellen sich vor, dass Sie mit Ihren Brüsten atmen.

Unterstützen Sie den Energiefluss vom Becken zu den Brüsten, indem Sie sich gedanklich eine Verbindung aus feinen Energiekanälen vorstellen. Sie können zusätzlich die eine Hand aufs Becken und die andere auf die Brüste legen. Bleiben Sie mit Ihrer Aufmerksamkeit dort, wo Ihre Hände liegen, und entspannen Sie sich. Lassen Sie geschehen, was geschieht. Die Energie folgt Ihrer Absicht.

Wenn Sie Ihre Erlebnisse und Gedanken während dieser sehr intimen und persönlichen »Reise« festhalten möchten, können Sie während der drei Monate, in denen Sie das Selbstliebe-Ritual praktizieren, ein Tagebuch führen.

IV Das Weibliche und das Männliche vereinen

Die ersten drei Kapitel des Buches haben Ihnen gezeigt, welchen Stellenwert die Sexualenergie in unserem Leben hat und wie komplex die Zusammenhänge sind. Sie haben Übungen kennen gelernt, um Ihre Lebensenergie (wieder) in Fluss zu bringen, sich dieser Kraft hinzugeben und orgasmische Zustände zu erleben. Wenn Sie sich nun tiefer auf das Thema Sexualität einlassen wollen, ist es wichtig, sich mit der Gesetzmäßigkeit des Weiblichen und des Männlichen auseinander zu setzen.

Die beiden Lebensprinzipien

Wir alle tragen den Wunsch nach Erkanntwerden und Begegnung in uns – unabhängig davon, ob wir allein sind oder in einer Beziehung leben. Wenn unser Wesenskern berührt wird, erleben wir das als tiefe Erfüllung und ein Gefühl des Ganzseins. Diese Erfahrung kann uns in einer Begegnung mit uns selbst, im Austausch mit einem anderen Menschen oder auch in der Natur geschenkt werden.
Im Tantra gibt es zwei Wege, dieses Gefühl von Erfüllung und Ganzsein zu erreichen. Bei beiden geht es darum, die Gesetzmäßigkeiten des Weiblichen und des Männlichen zu kennen und diese auch anzuwenden. Der eine Weg lehrt uns, unsere weibliche und unsere männliche Seite gleichwertig zu leben und zu balancieren. So kommen wir in einen Zustand der Fülle und gewinnen an Autonomie und Unabhängigkeit.

Der andere tantrische Weg strebt an, das weibliche und das männliche Energiesystem über die sexuelle Vereinigung zu verbinden. Das setzt voraus, dass beide Partner um die Gesetzmäßigkeit des Weiblichen und des Männlichen wissen und es bis zu einem gewissen Grade bereits in ihr Leben integriert haben. Denn sobald ein Partner aus einem Gefühl des Mangels heraus dem anderen begegnet, wird es um einiges schwieriger, das System auszubalancieren.

Die Pole plus und minus – männlich und weiblich

Alles Leben auf unserer Erde ist der Polarität unterworfen, denn die Energie fließt wie elektrischer Strom zwischen dem Plus- und dem Minuspol hin und her. Diese Polarität gehört zu den irdischen Gesetzmäßigkeiten, sie ist wie ein Markenzeichen unseres Planeten.
Das Energiespiel zwischen den beiden Polen zeigt sich auch in der Natur, denn zum Licht gehört der Schatten, zum Tag die Nacht und zum Weißen das Schwarze. Das eine lässt sich ohne das andere nicht erklären, beide Polaritäten sind untrennbar miteinander verbunden. Das Wechselspiel umfasst auch das Männliche und das Weibliche, die äußeren Pole Mann und Frau. Es läuft aber auch in unserem Inneren ab, wenn wir Frauen unserem inneren Geliebten – den männlichen Anteilen in uns – begegnen.

Doris: Begegnung mit einem Skelett

»Am Anfang meines tantrischen Weges machte ich eine Phantasiereise. Bei dieser angeleiteten Meditation ging es um meine innere Männlichkeit und meine innere Weiblichkeit. Zu meinem inneren Mann hatte ich sofort entsprechende Bilder und Gefühle:

Er zeigte sich mir als attraktiver, intelligenter und kraftvoller Mann, strahlend und sexuell. Als ich meine innere Frau treffen sollte, geschah lange Zeit nichts. Kein Bild, keine Ahnung, nichts – dann endlich näherte sich mir eine Gestalt. Als sie mir nahe genug war, erkannte ich zu meinem großen Entsetzen, dass es ein Skelett war.

Ich brauchte mehrere Wochen, um dieses Erlebnis zu verdauen. Mit der Zeit konnte ich dem Ganzen jedoch eine positive Seite abgewinnen. Alles stand mir offen, es gab keine Vorgaben. Ich konnte mein Frausein auf meine Art füllen und zum Leben erwecken. Und diese Chance habe ich genutzt! Ich stattete mein Skelett mit den Kleidern, Farben und Wesenszügen aus, die ich mochte. Dabei ließ ich mich von vielen Frauen durch ihr Sein und ihren Ausdruck inspirieren.

Vor einigen Monaten war ich wieder als Teilnehmerin in einem Seminar. Wir wurden in einer vergleichbaren Reise zu unserer inneren Frau und zu unserem inneren Mann geführt. Für mich war das ein absolut beglückender Moment: Ich erlebte die weibliche Seite voller Fülle, Intensität, Reichtum, Sinnlichkeit, Erotik, Überfluss und Anmut. Und während ich in meinen Bildern schwelgte, begegnete ich vor meinem inneren Auge all den Frauen, die eine wichtige Rolle in meinem Leben spielten und spielen. Mir liefen die Tränen vor Glück, dass ich so vielen wunderbaren Menschen begegnen durfte. Jede Frau hatte mir auf ihre Art gezeigt, was Frausein bedeuten kann. Sehr tief in mir wurde mir bewusst, dass sich alles wie ein Puzzle ineinander gefügt hat. Die Phantasiereise endete damit, dass ich meinem inneren Mann begegnete. Dieser hat – wie könnte es auch anders sein – viele Eigenschaften meines jetzigen Partners. Die ganze Phantasiereise war wie eine Hochzeit in mir und mit mir.«

Wechselspiel von männlich und weiblich

Um es vorwegzunehmen: Männlich und weiblich sind nicht gleichbedeutend mit Mann und Frau und somit auch keine Frage des Geschlechts. Zur Erläuterung verwende ich Begriffe aus dem Taoismus und der Traditionellen Chinesischen Medizin. Sie bieten sich an, weil sie über unser allgemeines Verständnis von weiblich und männlich hinausgehen und sowohl das Wechselspiel wie die gegenseitige Bedingtheit aufzeigen. Yin steht für das weibliche Energieprinzip und Yang für das männliche. Yin und Yang sind abstrakte Bilder, die mit weiblichen bzw. männlichen Attributen und Beschreibungen assoziiert werden. Das Wechselspiel von weiblich und männlich lässt sich besonders einfach an dem Yin-Yang-Symbol erklären: Es besteht aus einem Kreis, der in der Mitte wellenförmig getrennt ist. Die weiße Kreishälfte verkörpert das männliche Prinzip, der schwarze Punkt darin steht für den weiblichen Anteil. Die schwarze Kreishälfte symbolisiert das weibliche Prinzip, der enthaltene weiße Punkt verweist auf den männlichen Anteil.

Das Yin-Yang-Symbol verdeutlicht, dass alle Menschen – unabhängig von ihrem Geschlecht – eine weibliche und eine männliche Seite in sich haben. Meistens aktivieren Männer das Yang im Außen und das Yin im Innen, während Frauen das Yin im Außen und das Yang im Innen leben. Am glücklichsten sind wir jedoch, wenn unsere beiden Seiten in Balance sind und wenn wir selbst entscheiden, wann wir nach welchem Prinzip handeln wollen.

Dass in jeder Frau ein Mann steckt und in jedem Mann eine Frau, ist eine sowohl psychologische als auch biologische Grundwahrheit. Denn wir alle besitzen in rezessiver Form die genetischen Merkmale des anderen Geschlechts, und wir haben sowohl weibliche als auch männliche Hormone. Die linke Hirnhemisphäre wird als männlich definiert und ist – sehr vereinfacht ausgedrückt – zuständig für unser Denken und unsere analytischen Fähigkeiten. In der rechten Hirnhälfte verarbeiten wir unser Empfinden und unsere Intuition, sie wird als weiblich definiert.

Jedes einzelne Chakra ist entweder weiblich oder männlich, abhängig von der Drehrichtung. So nehmen wir Frauen z. B. im ersten Chakra Energie auf, während das zweite Chakra abgebend ist. Dieses wechselnde System setzt sich bis zum sechsten Energiezentrum fort – bei den Männern ist es genau umgekehrt. Das siebte Chakra ist neutral.

Wenn wir die innere Flöte praktizieren, gleichen wir die Energien in uns selbst aus, was uns ein Gefühl des Ganzseins vermittelt. Zusätzlich haben wir die Wahl: Wir können aus dieser Fülle heraus unseren Weg allein gehen, oder wir tun uns mit einem Partner oder einer Partnerin zusammen, die ebenfalls in sich die beiden Seiten verbunden hat. Wenn es ein gegengeschlechtlicher Partner ist, gleichen sich die Energiesysteme innerhalb einer Person und innerhalb des Paares aus. Die Frau nimmt die Energie im ersten Chakra vom Mann auf, im zweiten Chakra gibt sie sie an ihn ab, und dieses Wechselspiel führt uns bis hinauf zum Scheitel.

Shiva und Shakti – Gott und Göttin

Die Tantriker wissen seit Jahrtausenden um die Differenzierung und die gegenseitige Abhängigkeit der weiblichen und männlichen Energieprinzipien. Sie verwenden personifizierte Bilder, um diese abstrakten Prinzipien zu verdeutlichen: Shiva ist der männliche Gott, der die Yang-Qualitäten repräsentiert. Shakti ist die Göttin, die für die Yin-Qualitäten steht. Bekannt

Shiva/Shakti Statue

ist die Vereinigungsposition im so genannten »Yab Yum«. Sie repräsentiert sowohl die innerpsychische Vereinigung als auch die sexuelle Vereinigung von Frau und Mann.
Die Schülerinnen und Schüler des tantrischen Weges streben an, sich der polaren Kräfte bewusst zu werden und sie ins Gleichgewicht zu bringen. In den spirituellen Unterweisungen und in den sexuellen Praktiken des Tantra lernen sie, sowohl die weiblichen als auch die männlichen Energien und Kräfte zu aktivieren, zu lenken und zu verbinden.

Animus und Anima – Geist und Seele

Vertrauter sind uns im Westen die Begriffe Animus und Anima, die von C. G. Jung geprägt wurden. Auch sie bezeichnen ein männliches und weibliches Prinzip und spielen in der analytischen Psychologie eine wichtige Rolle (siehe auch Glossar).
Animus steht für das Männliche und bedeutet Geist, Wind oder Atem. Anima symbolisiert das Weibliche und heißt Seele. Sehr vereinfacht ausgedrückt wird die männliche Natur im Unbewussten der Frau als innerer Mann oder Animus bezeichnet. Die weibliche Natur im Unbewussten des Mannes gilt als innere Frau oder Anima.
Der Animus in uns Frauen ist unser innerer Geliebter. Wir erfahren die Macht dieses inneren Mannes jedes Mal dann, wenn wir einem Mann begegnen, der Ähnlichkeiten mit unserem inneren Bild hat. Der Animus ist das, was eine Frau erregt. Er hat in erster Linie mit der Anziehung zwischen zwei Menschen zu tun und weniger damit, ob die Verbindung gelebt werden kann. Jede Frau hat ihre eigenen, oft auch ambivalenten Vorstellungen von ihrem Animus. Einige legen mehr Wert auf das äußere Erscheinungsbild, andere orientieren sich mehr an inneren Werten.

»Für mich ist der Körper sehr wichtig. Am liebsten mag ich große Männer, die relativ breit sind, aber keinen voll durchtrainierten Körper haben. Das wäre mir doch zu hart. Einen weichen Bauch finde ich schön. Nicht schwammig, aber weich. Auf keinen Fall einen Waschbrettbauch. Ein Mann kann für mich auch dick sein. Das ist mir egal, wenn das Ganze nur gut verteilt ist. Wesentlich ist doch, wie er sich in seinem Körper bewegt.

Etwas Mühe bereitet es mir, wenn ein Mann schwammig oder schlaksig wirkt. Gar nicht leiden kann ich abgeknabberte Fingernägel, das finde ich scheußlich, weil es für mich mit Selbstverstümmelung zu tun hat. Eigentlich bin ich aber nicht der optische Typ. Ich gehe eher über die Sinne, über das Spüren, wie er sich anfühlt, wie er riecht.«

Beide Aspekte ständig im Dialog

Denken Sie nochmals an die Interaktion zwischen Ei- und Samenzelle: Die reife Eizelle unterscheidet sich von jeder anderen Körperzelle, da sie sich aufnehmend und nährend verhalten kann. Während das Ei in seiner Magnetkraft in sich ruht (weiblich), macht sich das Spermium auf den langen und anstrengenden Weg (männlich). Kommt es bei der Eizelle an, verleibt sich das Ei das Spermium aktiv ein (männlich). In diesem Moment gibt sich also das Spermium hin (weiblich).

Das Spiel zwischen dem weiblichen und männlichen Pol hat auch in unserem Alltag einen überwältigenden Effekt. Denn die beiden Seiten kommunizieren ständig miteinander. So signalisiert uns der Körper nach fordernden, anstrengenden Momenten, die dem männlichen Prinzip zugeordnet werden,

dass er jetzt Ruhe braucht für die Erholung, die dem weiblichen Anteil entspricht.
Das Fließen zwischen den beiden Polen gibt unserem Leben seine ganz besondere Note: So verlangen Geschäftsbeziehungen in der Regel nach männlichen Fähigkeiten, denn wir legen Wert auf klare und präzise Formulierungen, Entscheidungen und Vorgehensweisen. In Beziehung mit uns nahe stehenden Menschen kommt jedoch mehr von unserer weiblichen Seite zum Tragen. Im persönlichen Gespräch können wir uns erlauben, Unsicherheiten zuzulassen und uns dadurch auch verletzlich zu machen.

Vier Partner im Dialog

Wenn wir uns das Wechselspiel in unseren Beziehungen anschauen, wird offensichtlich, dass es viel subtiler und komplizierter ist, als wir gemeinhin denken. Denn es sind nicht nur zwei, sondern vier Menschen im Dialog miteinander: Zu dem eigenen bewussten Ich und dem bewussten Ich unseres Gegenübers kommen noch die beiden inneren Partner hinzu. Kein Wunder also, dass es manchmal so schwierig ist, einander richtig zu verstehen.
Gerade in einer intimen Partnerschaft geht es darum, das männliche und das weibliche Prinzip zu vereinen. Die beiden polaren Kräfte müssen im Fluss sein. Je differenzierter wir das Wechselspiel und die gegenseitige Abhängigkeit begreifen, verstehen und ausleben, desto farbiger und intensiver werden unsere sexuellen Beziehungen. Je klarer die beiden Kräfte in ihrer Essenz sind, desto erfüllender wird die Begegnung.
Im Folgenden betrachten wir die beiden Prinzipien getrennt voneinander, um die komplexen Zusammenhänge besser verstehen zu können. Wir schauen uns zunächst das männliche

Prinzip genauer an und konzentrieren uns erst dann auf die weibliche Energie. Zum Abschluss fügen wir beide Aspekte wieder zusammen.

Das männliche Energieprinzip

Im Tantra repräsentiert Shiva das phallische, göttliche Prinzip: reine männliche Energie, das Ur-Licht oder reines Bewusstsein. Shiva steht für die Möglichkeit der Transformation vom individuellen in den transpersonalen Bereich.
Die männliche Seite sagt: »Alles ist zähl-, wäg- und messbar. Alles ist machbar.« Wenn das männliche Prinzip in uns vorherrscht, sind wir damit beschäftigt, etwas zu tun und nach Lösungen zu suchen. Positive männliche Energie ist zielgerichtet und eindringend. Da sie sich selbst diszipliniert, verfügt sie über die nötige Kraft, das gesetzte Ziel auch zu erreichen. Das zielorientierte und rationale Prinzip kann aber nie lange in Reinform gelebt werden. Es muss von der weiblichen Energie ausgeglichen werden, um neue Kraft zu schöpfen. So entsteht ein ständiges Wechselspiel, beide Prinzipien bedingen einander.
Symbolisch steht der Bogenschütze für das männliche Prinzip: Er fokussiert die Zielscheibe mit absoluter Präsenz und vollkommen ausgerichtet auf den Moment. Am höchsten Punkt der Konzentration lässt er den Pfeil los. Er fliegt in einem Bogen vom Ausgangsort zum Ziel – zur selben Zeit kann der Schütze den Dingen seinen Lauf lassen, was dem weiblichen Prinzip entspricht.

Die hellen und dunklen Aspekte des Shiva-Prinzips

Das Shiva-Prinzip beinhaltet helle und dunkle Aspekte. Im Tantra wird das Helle und das Dunkle nicht bewertet – es gibt weder gut noch schlecht. Es geht darum, etwas anzuerkennen und anzunehmen, um es wandeln zu können. Solange wir bestimmte Eigenschaften nicht akzeptieren und sie vor uns und vor anderen verstecken, ändert sich nichts.

Dem Shiva-Prinzip werden folgende Eigenschaften, Bilder und Symbole zugeordnet:

- Zu den »hellen« Aspekten gehören der Geist, das Bewusstsein, das Denken, die Willenskraft, der Verstand, das Tun, die Sonne, der Tag und das Licht.
- Die »dunklen« Aspekte sind Perfektionismus, Besessenheit, Verbissenheit, Herrschsucht, Unterdrückung und Aggression.

Von der untersten zur höchsten Stufe

Wenn wir wachsen und reifen wollen, sind wir herausgefordert, von den dunklen zu den hellen Aspekten zu gelangen. Der Weg führt über eine Leiter. Auf der untersten Stufe sind die unbewussten Anteile, je höher wir steigen, desto bewusster werden wir. Das persönliche Wachstum und die Entwicklung wird im männlichen Prinzip durch den weiblichen Aspekt unterstützt – das Umhüllen und Annehmen in Liebe. Wenn wir also z. B. Aggressionen in uns spüren, kann diese dunkle Seite nur dadurch aufgelöst werden, dass wir sie als solche benennen und als zu uns gehörend annehmen.

Das Ziel des männlichen Prinzips ist es, auf jeder Stufe

Energie freizugeben, um so Frieden und Leere zu erfahren. Deutlich wird das am Beispiel der männlichen Sexualität: Wenn der Mann nach einem längeren Liebesspiel einen Höhepunkt hatte, ruht er in sich. Er schwelgt in einem Gefühl von Leere und genießt die Freiheit. Deshalb reagiert er häufig unwirsch, wenn seine Partnerin ihn dann stört. Oder anders ausgedrückt: Warten Sie einen Moment mit Ihren Liebeserklärungen, damit Ihr Partner das Gefühl des Freiseins auskosten kann – er wird sich auch später noch darüber freuen.

Das Männliche sucht ständig nach Herausforderungen, Wettbewerb oder Kampf. Oder es sucht Situationen, die die Möglichkeit des Todes beinhalten. Nicht, dass das Männliche den Tod an sich sucht. Es will die Erfahrung des Nicht-Sterbens machen, um so das Gefühl der Freiheit zu erlangen. Dieses Phänomen können Sie sich vergegenwärtigen, wenn Sie an den gefahrvollen Weg denken, den das Sperma auf dem Weg zum Ei zurücklegen muss. Millionen andere Spermien wollen an dasselbe Ziel, nur wenige kommen dort an, und nur ein Spermium kann gewinnen. Der Weg ist voller Gefahren und birgt das Risiko des Todes.

Zwischen der rohen Energie der untersten Ebene des Shiva-Prinzips und der hellsten Form – Bewusstsein, Meditation und Transzendenz – liegen viele Stufen. Der Weg zu den höheren Stufen ähnelt einer Ausbildung: Ganz unten steht der Lehrling, der sich zum Arbeiter und dann zum gut ausgebildeten, erfahrenen Fachmann qualifiziert, um schließlich Meister zu werden.

Der Motor des Shiva-Prinzips ist die reine männliche, phallische Kraft – sowohl auf der untersten als auch auf der obersten Stufe. Auf der untersten Ebene fehlen jedoch zwei Komponenten: das Durchdringen mit Bewusstsein und der weibliche Aspekt des Umhüllens und des Annehmens in Liebe.

Diese beiden Komponenten sind auf der obersten Stufe in ihrem vollen Potential vorhanden.

Die unterste Stufe der Shiva-Skala

Auf der untersten Stufe haben wir es mit der unverfeinerten, rohen männlichen Energie zu tun. Wenn sie nicht vom Bewusstsein durchdrungen ist, äußert sie sich als Aggression, rohe Gewalt oder Krieg. Wir können aber auch auf dieser Stufe Bewusstsein und Liebe hineinfließen lassen. Ein Beispiel dafür ist der Chirurg, der den Körper eines Patienten »verletzt«, um ihn zu heilen. Die Absicht allein macht den Unterschied aus.

Kennen wir nur die unteren Stufen des männlichen Prinzips, empfinden wir unsere Umgebung als beengend. Wir versuchen, uns aus diesen Zwängen zu befreien, und weisen anderen die Schuld an unserer jetzigen Situation zu. Wir fühlen uns als Opfer, sehen nicht, dass wir selbst einen Anteil am Ganzen haben, und fühlen uns fremdbestimmt.

Nehmen wir als Beispiel einen sehr kräftigen Mann, der sich jedoch kaum seiner selbst und seiner geballten Energie bewusst ist. Je mehr Stress und Frust er erlebt, umso einengender empfindet er seine Umgebung. Im Laufe der Zeit wächst seine Sehnsucht nach mehr Spielraum und Freiheit. Je mehr Druck er empfindet, umso schlechter kann er mit seinen Gefühlen umgehen. Schließlich schlägt er seine Frau und seine Kinder. So befreit er unbewusst seine Energie (kurzzeitig) auf eine gewaltsame und rohe Art – über ähnlich extreme Beispiele berichten die Medien in letzter Zeit immer häufiger.

Männliche Energie hat immer einen gewaltsamen Aspekt, der uns so viel Angst macht, dass wir diese Anteile in uns abwerten, ablehnen und verdrängen. Lösen können wir das Problem

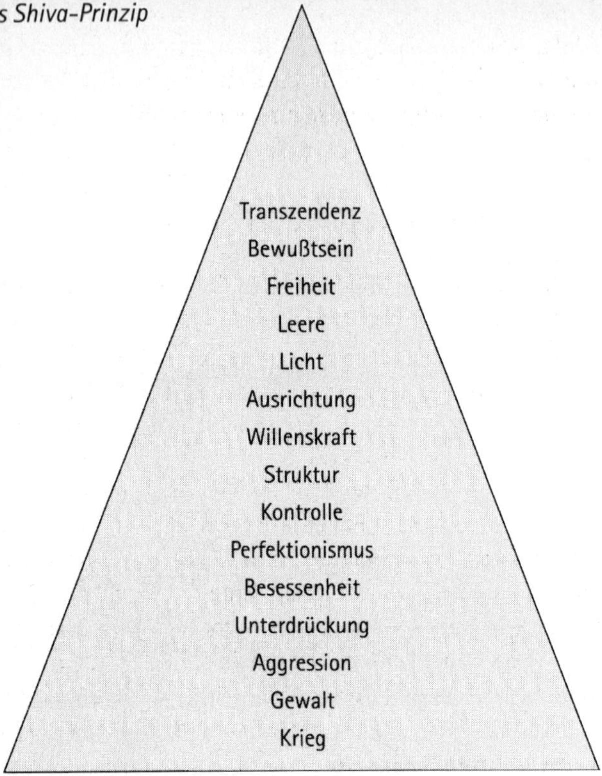

auf diese Art jedoch nicht. Besonders in stressigen Situationen hat Aggression die Tendenz, eine Eigendynamik zu entwickeln. Je mehr wir aber diesen Aspekt verdrängen, desto eher wird die Energie explodieren und alle Beteiligten gefährden. Gerade die Sexualität bietet uns Möglichkeiten, unsere aggressiven Seiten auf eine spielerische Art freizusetzen. Sind wir uns dieser Aspekte bewusst, leben wir eine wilde, heiße und leidenschaftliche Sexualität. Verdrängen wir sie, leben wir eine »impotente«, fade Sexualität, und die Energie sucht sich andere Entladungsmöglichkeiten. Es kostet uns viel Kraft, die Aggressionen ständig zu bändigen, damit wir nach außen lieb und nett wirken. Doch lohnt sich dieser Aufwand, wenn dann die Prise Pfeffer in unserem Leben fehlt?

Die mittlere Stufe der Shiva-Skala

Der Alltag bietet viele Möglichkeiten, bewusst mit der aggressiven phallischen Energie umzugehen. Wir befinden uns dann auf einer mittleren Stufe der männlichen Skala – beim ritualisierten Kampf. Auf dieser Ebene sind wir nicht mehr der spontanen Energieentladung ausgesetzt, sondern fühlen uns für unser Handeln verantwortlich.
Zu den Sportarten, die der Kraft einen ritualisierten Rahmen bieten, gehören Boxen, Fußball, Basketball und Leichtathletik. Beim Aikido setzen wir nicht nur die eigene Kraft, sondern auch die des Gegners bewusst ein. Eine subtilere Form finden wir beim Schachspiel – dabei geht es vor allem um die Lust am Spiel und nicht nur darum, wer gewinnt oder verliert.
Es ist wichtig, dass wir die Energie beim ritualisierten Kampf freisetzen, sie jedoch gleichzeitig kanalisieren und lenken. Auf der mittleren Stufe kann die phallische Energie niemanden mehr verletzen.

Die höchste Stufe der Shiva-Skala

Auf der höchsten Stufe der Shiva-Skala streben wir nach Meditation, motiviert durch die Sehnsucht nach Freiheit und Leere. Die Herausforderung besteht auf dieser Ebene darin, uns von den persönlichen Grenzen zu befreien und den Egotod zu erleben.

Auf dieser Stufe ist die Energie mit Bewusstsein durchdrungen. Es geht um das Transzendieren, das Umwandeln der rohen Energie in eine verfeinerte Form. Die Energie wird also nicht durch das Bewusstsein unterdrückt oder kontrolliert, sondern lediglich umgewandelt.

Artemis – Eine gelungene Integration der männlichen Anteile

Weil das Männliche in unserer Gesellschaft anerkannter ist als das Weibliche und mehr beachtet wird, identifizieren sich viele Frauen lieber mit der männlichen Seite. Doch dabei vergessen sie häufig, dass sich das Männliche in der Frau anders als im Mann ausdrückt. Durch die Imitation des Männlichen im Manne werden Frauen zu schlechten Kopien. Wie wäre es also, wenn wir das Männliche in uns auf eine weibliche Art wecken und leben würden?

Ein interessantes Beispiel für eine gelungene Integration der männlichen Anteile finden wir in der griechischen Mythologie: Artemis (römisch Diana). Sie ist die Göttin der Jagd und des Mondes, aber auch die Schutzgöttin der Schwangeren und Gebärenden. Artemis setzt ihre beiden Seiten zielgerichtet ein. Wird sie respektvoll angerufen, ist sie sehr hilfsbereit. Empfindet sie hingegen eine Begegnung als Beleidigung, ist sie absolut unbarmherzig.

Artemis liebt die Herausforderung und die Natur. Sie strahlt Anmut, Reinheit und eine natürliche Schönheit aus. Sie symbolisiert den Urwald: wild, unbezähmbar, Natur pur. Sie lebt ihre Körperlichkeit und ihre Unabhängigkeit in erster Linie für sich. Sie teilt zwar ihre Sexualität mit einem Mann, um dann aber gleich wieder in den Urwald zurückzugehen.

Von Artemis können wir lernen, uns selbst treu zu sein und zu den eigenen Wertvorstellungen zu stehen. Durch ihr starkes Selbstwertgefühl ist sie nicht auf männliche Anerkennung angewiesen. Sie stärkt sich durch die Natur und verbindet sich mit Frauen, um sich in Frauenkreisen zu reflektieren und zu wachsen.

Das weibliche Energieprinzip

Im Tantra wird für das weibliche Prinzip der Begriff »Shakti« verwendet. Shakti ist das aufnehmende, göttliche Prinzip: reine weibliche Energie, die Urkraft oder Schoßkraft. Sie symbolisiert die Möglichkeit der Transformation über das Individuelle hinaus.

Die weibliche Seite in uns ist reine Lebenskraft. Das Weibliche lebt im ewigen Jetzt: Es war, es ist und wird immer sein. Das hat nichts mit passivem Abwarten zu tun, denn im Sein steckt eine große Kraft. Es trägt die Möglichkeit neuen Lebens in sich, es liebt das Leben, es ist Liebe. Das Weibliche hat Rhythmen, die einer eigenen Gesetzmäßigkeit folgen. Es kennt die Naturgesetze und weiß, was sinnvoll ist. Es ist ein Zustand des Seins – wie die Weite und Tiefe des Ozeans.

Symbolisiert werden kann das Weibliche durch eine Blume, die sich langsam öffnet, ohne dass wir etwas tun müssen. Wir sehen die winzigen Veränderungen nicht und erleben mit Staunen, dass sie sich schon wieder etwas weiter geöffnet hat und uns in strahlender Schönheit empfängt.

Die hellen und dunklen Aspekte des Shakti-Prinzips

Dem Shakti-Prinzip werden folgende Eigenschaften, Bilder und Symbole zugeordnet, bei den »hellen« und »dunklen« Aspekten geht es wiederum nicht um eine Bewertung:

- Zu den »hellen« Aspekten gehören die Lebensenergie, die Fülle, die Liebe, die Hingabe, das Gefühl, die Intuition, das Sein, das Zyklische, der Mond und die Nacht.
- Die dunklen Aspekte sind Chaos, Übergriff, Manipulation, Kontrolle, Selbstaufgabe und Zerstörung.

In Wellen von der untersten Stufe zur höchsten Stufe

Ebenso wie das männliche Energieprinzip hat auch das weibliche verschiedene Abstufungen und Schattierungen. Auch hier führt die Entwicklung von den dunklen zu den hellen Aspekten. Auf der untersten Ebene befinden sich die unbewussten Anteile – je höher wir aufsteigen, desto liebesfähiger werden wir. Das persönliche Wachstum wird durch den männlichen Aspekt, das Durchdringen mit Bewusstsein, unterstützt.
Wir akzeptieren das Dunkle der Nacht im Wissen, dass am nächsten Tag die Sonne wieder aufgeht. Wir leben mit den Jahreszeiten im Vertrauen, dass nach den kurzen dunklen Wintertagen das zarte Grün der Knospen den Frühling und neues Leben anzeigt. Wird die weibliche Seite mit Licht und Bewusstsein durchdrungen, lässt sie uns in Schönheit und Ausstrahlungskraft erblühen und in unserer Kraft ruhen.
Das Weibliche unternimmt alles, um die Leere zu füllen. Fülle ist eine Form von Liebe. Wir erfahren sie häufig über unsere Kinder, unsere Familie und die Beziehung zu unserem Partner

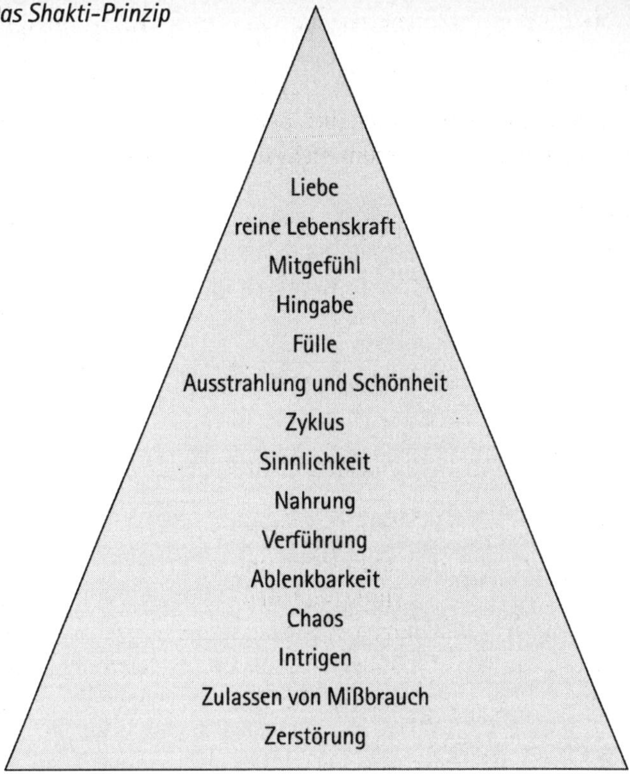

bzw. unserer Partnerin. Wie wir die Liebe erleben, hängt von unserem Bewusstsein ab. Um zur höchsten Form der Liebe zu gelangen, durchlaufen wir viele Stufen.

Das Shakti-Prinzip wird durch die reine weibliche, aufnehmende Kraft angetrieben – sowohl auf der untersten wie auch auf der obersten Stufe. Auf der unteren Ebene fehlen jedoch zwei Komponenten: das Umhüllen in Liebe und der männliche Aspekt des Bewusstseins. Beide Komponenten sind auf der obersten Stufe in ihrem vollen Potential vorhanden: Wir haben Möglichkeiten entdeckt, die uns Freude und Genuss schenken.

Die unterste Stufe der Shakti-Skala

Auf der untersten Ebene der Shakti-Skala geht es darum. Liebe und Fülle zu erfahren. Wir suchen diese Liebe jedoch auf eine Art, die uns in unserem Wesen verletzt. Es kann sein, dass wir versuchen, die Leere durch Ersatzhandlungen wie übermäßiges Essen und Trinken, Klatsch und Tratsch zu füllen. Wir finden auf dieser Stufe z. B. Frauen, die in Beziehungen verharren, in denen sie ausgenutzt werden. Ihre Sehnsucht nach Liebe und Zuwendung und das fehlende Bewusstsein lässt ihnen aus ihrer Sicht keine andere Wahl. Sie möchten gesehen, geliebt und erkannt werden und fühlen sich gleichzeitig fremdbestimmt. Werden sie ignoriert, suchen sie nach Möglichkeiten, um auf sich aufmerksam zu machen, und lassen sich verletzen.

Nehmen wir als Beispiel eine Frau, die sich bemüht, allem gerecht zu werden und alles zusammenzuhalten. Sie will ihren Kindern eine liebe Mutter und ihrem Mann eine sinnliche Frau sein. Sie sehnt sich danach, für ihr Dasein und ihre Präsenz geliebt und anerkannt zu werden. Wie auch immer sie ihren Frust verarbeitet – die Aufmerksamkeit und Liebe, die ihr zusteht und nach der sie sich sehnt, bekommt sie nicht. Sie beschwört lieber den Zorn ihres Mannes herauf, als von ihm ignoriert zu werden.

Von der mittleren zur höchsten Stufe der Shakti-Skala

Unser Alltag bietet viele Möglichkeiten, kreativ mit der weiblichen Urkraft umzugehen. Wir sind nicht mehr dem unbewussten Zwang nach Liebe und Fülle ausgesetzt, denn auf dieser Stufe übernehmen wir Verantwortung für unsere Sehnsucht.

Wir suchen uns beispielsweise eine Tätigkeit, die uns mit Freude und Genugtuung erfüllt. Vielleicht streben wir eine berufliche Karriere an, in der wir Anerkennung bekommen, oder wir finden diese Erfüllung in unserer Beziehung und mit unseren Kindern. Auf dieser Stufe verletzen wir niemanden, denn wir schenken unsere Liebe, ohne damit andere zu manipulieren.

Das Weibliche strebt danach, sich auszudehnen und energetisch im Fluss zu sein. Damit aber das Weibliche in uns Fülle erfahren kann, müssen wir uns öffnen und hingeben. Auf diesem Weg durchläuft das Weibliche verschiedene Stufen, bis es zur vollkommenen Hingabe gelangt – die Hingabe ans Leben. Wir müssen uns sehr weit öffnen, um das Leben wirklich in uns aufzunehmen und es mit den schönen und auch hässlichen Seiten zu umhüllen.

Demeter – Großzügig und freigebig

Ein gutes Beispiel für gelebte Hingabe finden wir in der griechischen Mythologie: Die Göttin der Kornfelder und der Mutterschaft heißt dort Demeter, bei den Römern Ceres. Demeter nährt andere Menschen großzügig und freigebig auf der körperlichen und auf der emotionalen Ebene. Sie teilt ihr Essen und genießt es, wenn sich alle wohl und aufgehoben fühlen.

Das Wertvollste ist für Demeter ihre Tochter Persephone, der ihre ganze Liebe gehört. Es ist für sie eine Bereicherung, ihr Kind zu stillen, ebenso wie sie sich freut, für andere da zu sein. Über ihre Tochter erlebt sie ihre höchste Freude und auch ihren größten Schmerz, als nämlich Persephone in die Unterwelt entführt wird. Demeter weiß um Geburt und Tod. Ihre eigene Erfahrung befähigt sie, Mitgefühl für alle Lebensprozesse zu entwickeln.

Das Zusammenspiel des weiblichen und männlichen Prinzips

Alles Weibliche beinhaltet das Männliche, und alles Männliche das Weibliche. Diese Gesetzmäßigkeit ist in allen Erscheinungsformen und auf allen Ebenen des Lebens gegenwärtig und aktiv. In unserer Gesellschaft wird aber das Weibliche weniger anerkannt als das Männliche. Wenn Frauen in ihrer Schoßkraft ruhen, beeindruckt das kaum jemanden. Um die erhoffte Wertschätzung zu erhalten, aktivieren wir deshalb unsere männliche Seite. Die weiblichen Anteile verdrängen wir jedoch immer mehr – bis der Schrei in uns, eines Tages für unser Sein geliebt zu werden, mit der Zeit verstummt.

Den Ausgleich finden

Starke Frauen und Männer, Politikerinnen und Politiker, Managerinnen und Manager leben fast ausschließlich das männliche Prinzip. Ihre Stärke basiert darauf, dass sie einen ausgeprägten Willen haben und ihre Ziele verfolgen. Anerkennung und Beachtung dienen ihnen als Nahrung und stärken ihre Macht.
Das männliche Prinzip ist so kurzlebig, dass auch starke Menschen schon bald die weibliche Komponente ins Spiel bringen

müssen. Nahe liegend wäre es, ruhig zu werden, die Dinge zu genießen und geschehen zu lassen. Doch dazu nehmen sich die wenigsten erfolgreichen Menschen Zeit. Stattdessen stützen sie sich auf eine Person, die ihre weibliche Seite auslebt. So heißt es auch auf die traditionelle Rollenverteilung bezogen: »Hinter jedem starken Mann steht eine starke Frau.« Sie repräsentiert und übernimmt seine weibliche Seite, sie stützt und trägt ihn und sein ganzes Wirken. Den meisten Männern fällt es jedoch gar nicht auf, dass sie ihren weiblichen Aspekt der Frau im Hintergrund übergeben.

Starke Frauen können sich nur selten auf einen Mann stützen, der seine weibliche Seite lebt. Um ihre Energien aber doch noch ausgleichen zu können, mühen sie sich mit dem Kunststück ab, in den männlich geprägten Alltag etwas von ihren weiblichen Eigenschaften einfließen zu lassen.

Bei den meisten Frauen kommen die männlichen und weiblichen Anteile nicht gleichmäßig zum Tragen. Sie sind berufstätig und kümmern sich um ihre Kinder. Viele bewältigen den Stress des Alleinerziehens, andere belasten sich mit einer herausfordernden und energieraubenden Beziehung. Irgendwann fühlen sie sich völlig erschöpft und ausgepumpt. Sie haben im wahrsten Sinne des Wortes alles gegeben, was sie haben, und finden weder Raum noch Zeit für sich selbst. Für ihre Anerkennung zahlen sie einen hohen Preis.

Wir lernen von Kindesbeinen an, das Leben perfekt zu organisieren und alles unter Kontrolle zu haben. Über Hingabe – den weiblichen Aspekt der Sexualität – lernen wir aber kaum etwas. So ist es kein Wunder, dass es uns häufig schwer fällt, uns in den kurzen Erholungspausen völlig hinzugeben, präsent und mit dem Moment verbunden zu sein.

Wissen Sie, wonach Ihre Seele und Ihr Körper hungern? Welche Form von Nahrung brauchen Sie? Geben Sie allen anderen außer sich selbst? Geben Sie schon so lange, dass Sie sich auf allen Ebenen ausgehungert fühlen? Wenn Sie in einer solchen Spirale gefangen sind, könnte das damit enden, dass Sie sich ständig erschöpft fühlen und depressiv oder körperlich krank werden. Aber so weit muss es nicht kommen: Die Wertschätzung, nach der wir uns sehnen, können wir uns selbst geben. Sobald wir uns unserer Urkraft bewusst sind, sie in Besitz nehmen und uns dafür lieben, wird sie auch von anderen erkannt und wertgeschätzt.

Stefanie: Von Schmatzern zu Zungenküssen

»Mein Partner und ich machen oft die Übung des Küssens: Einer ist passiv, der andere setzt all seine Phantasien ein und küsst etwa eine Viertelstunde lang. Die Schmatzer sind mal trocken und mal feucht, erst dann geht die Zunge in den Mund. Wenn mein Mann das bei mir macht, werde ich sexuell total erregt. Wenn er dran ist, schläft er regelmäßig ein – so verschieden reagieren wir.
Er weiß natürlich, wie ich auf seine Küsse reagiere. Wenn er Lust zum Liebemachen hat und ich in Gedanken ganz woanders bin, küsst er mich einfach lange und ausdauernd. Die Übung hat sehr viel mit Geben und Nehmen zu tun. Ich bin diejenige, die besser nehmen und genießen kann. Für mich ist diese Qualität von Nahrung überlebenswichtig. Bei ihm ist es anders, er gibt mehr in die Beziehung rein. Und bei der Übung bekommen wir beide das, was uns unterstützt und entspricht.«

Den Ausgleich finden

Wir können unsere weiblichen und männlichen Anteile ausgleichen, wenn wir uns über die Sexualenergie aktivieren. Sie kann nämlich nur dann fließen, wenn das männlich Eindringende und das weiblich Aufnehmende zusammenkommen. Frauen, die sich eine lebendige Sexualität wünschen, müssen sich also in Hingabe öffnen. Hingabe hat nichts damit zu tun, passiv zu sein oder zu warten. Denken Sie an das Ei: Es wartet nicht träge, bis es vielleicht befruchtet wird. Durch den Eisprung signalisiert es klar und unmissverständlich den Zeitpunkt, an dem es bereit ist, ein Spermium (aktiv!) aufzunehmen.

Doris: Traum von einem Hummer, der seine Schale abwirft

»Vor vielen Jahren hatte ich während eines Tauchurlaubs einen Traum, dessen tieferen Sinn ich damals noch gar nicht verstand. Noch immer hat er für mich einen starken Symbolcharakter, weil er mich nach wie vor berührt und aufrüttelt. Er versinnbildlicht, was es bedeutet, sich sexuell zu öffnen.

Ich befinde mich in der Tiefe des Ozeans, fühle mich umschmeichelt vom Wasser und lausche der Stille. Da entdecke ich zwei Hummer, die ich sonst nur aus dem Feinschmeckerlokal kenne. Ich beobachte sie und kann gleichzeitig ihr Innenleben empfinden. Ich schaue den beiden zu, wie sie sich fürs Liebesspiel bereitmachen. Das Männchen umwirbt seine Gefährtin. Sie ziert sich lange, was seine Lust weiter aufbaut und sie noch begehrenswerter macht. Schließlich signalisiert sie ihm ihre Bereitschaft. Sosehr sie sich aber auch bemühen – das Männchen kann nicht in das Weibchen eindringen, denn es ist durch den Panzer geschützt. Die Schale verhindert die Vereinigung.

Schließlich entscheidet sich das Weibchen, auf den Schutz zu verzichten. Das männliche Tier umklammert seine Partnerin, und sie beginnt, sich sorgfältig aus ihrer Rüstung zu schälen. Es dauert eine Ewigkeit, sie lässt Hülle um Hülle fallen. Als sie ihre Schale abgeworfen hat, können sie sich paaren. Nach der zärtlichen, wilden Vereinigung bleibt sie ohne Panzer. Das Männchen hält sich immer in ihrer Nähe auf, um sie jederzeit gegenüber möglichen Angreifern zu verteidigen. Erst nach einigen Tagen wächst ihr Panzer wieder nach.«

Wir tragen den Partner in uns

Beim Liebesspiel öffnen wir uns mit unserem ganzen Sein. Wir nehmen tatsächlich jemanden in uns auf, eine andere Energie, ein anderes Wesen. Damit wir uns dabei nicht gegenseitig verletzen, brauchen wir Frauen das Bewusstsein, dass wir uns öffnen, und unser Partner muss wissen, was es heißt, in uns einzudringen. Auch wenn wir körperlich längst wieder getrennt sind, schwingt die Verbindung energetisch noch lange nach. Wir tragen den Partner in uns, symbolisiert durch seinen Samen.

Je weiter wir uns geöffnet haben, desto bewusster müssen wir uns entscheiden, wieder ins eigene Zentrum zu kommen – das braucht Zeit. Aber dieser Rückweg ist wichtig, damit wir wieder unserem eigenen Weg folgen können.

Viele Frauen fühlen sich sehr verletzlich und schwach, wenn sie sich vollkommen öffnen und hingeben. Doch bei genauerem Hinsehen steckt im Verletzlichmachen eine immense Kraft. Die Kraft, Ja zu sagen, aufzunehmen und etwas geschehen zu lassen. Diese Kraft bezeichne ich als die Schoßkraft. Sie kommt aus dem Becken, ruht in sich selbst und gibt uns eine besondere Ausstrahlung und Schönheit.

Niemand schenkt uns etwas, wenn wir ständig signalisieren: »Ich brauche nichts. Ich mache alles selbst.« Es ist erlaubt, verletzlich zu sein und sich zu wünschen, gehalten und geliebt zu werden. In jeder Beziehung ist es ein Geschenk und ein Vertrauensbeweis, wenn wir uns dem Partner bzw. der Partnerin in unserer Verletzlichkeit zeigen.

Jede Ausdehnung und Öffnung beinhaltet das Risiko, auf der sexuellen und auf der psychischen Ebene verletzt zu werden. Doch wir können uns den erforderlichen Schutz selbst geben und unser Vertrauen und unsere Liebesfähigkeit stärken, indem wir unsere männliche Seite aktivieren.

Die Königin unter dem Schutz des Samurai-Kämpfers

Shakti Gawain zeichnet in ihrem Buch »Leben im Licht« ein wunderschönes Bild vom Zusammenspiel des inneren Mannes und der inneren Frau: Die weibliche Energie erscheint als strahlende Königin voll überströmender Liebe. Sie wird auf einer Sänfte durch die Straßen getragen. Die Menschen sind zutiefst berührt von ihrer Schönheit, Liebe und Offenheit. Sie winken und jubeln ihr zu. Die Königin genießt diese Huldigungen und bedankt sich mit ihrem strahlendsten Lächeln. Sie ist entspannt und ruht in sich selbst.
An ihrer Seite schreitet ein Samurai-Kämpfer, er steht für die männliche Energie. Der Samurai trägt ein Schwert und weicht nicht von der Seite der Königin. Die Menschen wissen, dass er sofort jeden niederstrecken würde, der die Königin bedroht. Deshalb kommt auch niemand auf die Idee, sie verletzen zu wollen. Für die Königin bedeutet der Krieger vollkommenen Schutz. Sie muss nichts verteidigen, sie muss nichts verbergen, sie kann sich so zeigen, wie ihre wahre Natur ist: liebend, offen und schön.

Das männliche Prinzip nutzen

Die weibliche Seite in uns kann sich entspannen und für den Moment öffnen, wenn die männliche Seite präsent, wach und

jederzeit bereit ist, ins Geschehen einzugreifen. Vor allem Frauen, die eine starke Verbindung zu ihrer männlichen Seite haben, können das Männliche dafür nutzen, ihre weibliche Essenz, ihr Wesen zu schützen. So können sie die dunklen Aspekte der männlichen Seite, z. B. den Zwang zu Kontrolle und Perfektion, transformieren.
Wenn es uns gelingt, die Shakti- und die Shiva-Eigenschaften zu leben, wächst unser Selbstvertrauen und unser Selbstwertgefühl. Wir sind dann keine Bettlerinnen mehr, die eine Beziehung nur deshalb eingehen, weil sie einen Mangel ausgleichen wollen. Stattdessen werden wir zu Königinnen mit einem eigenen Reich und schließen uns mit einem König zusammen, der ein anderes Reich hat. Wenn wir dann in den Spiegel schauen, sehen wir eine selbstbewusste, erotische, strahlende und unabhängige Frau.

Vera: Auf der Suche nach einer Oase

»In meinem ersten Traum wandere ich allein durch die Wüste. Es ist heiß, die Wasserreserven sind verbraucht, ich leide unter der Trockenheit und bin durstig. In einiger Entfernung sehe ich eine Oase und gehe schnellen Schrittes darauf zu. Zu meinem großen Entsetzen entfernt sich die Oase. Es war keine Oase, es war die Luftspiegelung einer Oase, eine Fata Morgana.
Im zweiten Traum durchquere ich die Wüste und bin sehr durstig. Da taucht in weiter Ferne die Oase auf, die ich gesucht habe. Aber es leuchtet ein inneres Warnlämpchen auf. Ich habe eine leise Vorahnung, dass es auch diesmal eine Luftspiegelung sein könnte. Nach einigem Zögern gehe ich auf die Oase zu. Ich glaube, dass ich erst an Ort und Stelle erkennen kann, ob es eine Fata Morgana oder wirklich eine Oase ist. Meine Intuition bestätigt sich – es ist nur eine Luftspiegelung. Frustriert und hoffnungslos bleibe ich mitten in der Wüste stehen. Im dritten Traum gehe ich durch die Wüste

und halte es kaum mehr aus. Ich will aufgeben, ich kann nicht mehr. Da zeigt sich die blühende Oase, sie ist recht nahe. Ich bleibe stehen und schaue mir das Bild an. Ich weiß, dass es nur eine Luftspiegelung ist. Ich drehe mich in eine andere Richtung. Da, eine andere Oase. Ich weiß, dass auch sie nur eine Fata Morgana ist. Ich bleibe stehen und glaube zu verdursten.
Auch im vierten Traum gehe ich wieder durch die Wüste. Soweit das Auge reicht nur Sand. Nichts in Sicht. Ich gehe weiter und habe Durst. Da entdecke ich einen Kaktus, den eine kleine Blüte ziert. Zwei Beduinen kommen mir entgegen. Sie begrüßen mich, geben mir Wasser und ziehen dann weiter. Ich sehe das Lichtspiel in den Sanddünen und bin bezaubert von den vielen Farben. Jetzt kann ich mir vorstellen, dass es Leben in der Wüste gibt. «

Aphrodite – Die Göttin der Liebe

Abermals kann uns die griechische Mythologie ein lebendiges Beispiel für das Wechselspiel des Weiblichen und Männlichen geben. Bei den Griechen heißt die Schönste aller Göttinnen Aphrodite, bei den Römern Venus. Sie ist die Göttin der gesegneten Liebe und der blühenden Natur und bezaubert alle durch ihre Schönheit, Sinnlichkeit, Erotik und ihren Charme. Sie lebt ganz im Moment und schenkt ihren zahlreichen Liebhabern das Gefühl, dass der Auserwählte, der gerade in ihren Armen ruht, der einzige für sie ist. Ihre Liebe gehört keinem, denn sie ist nur der Liebe selbst verpflichtet!
Sie genießt das Leben, lebt ihre Spontaneität und vermeidet Routine. Sie schenkt sich als Muse und Geliebte und ist in allem mit ihren Gefühlen verbunden. Aphrodite verfügt über eine enorme Macht – auf Männer wie auch auf Frauen.
Von Aphrodite können wir viel über die Liebesfähigkeit lernen. Wenn wir uns für nichts Geringeres als für die Liebe

öffnen, können wir uns auch sexuell hingeben. Wenn wir uns sexuell hingeben, öffnen wir uns gleichzeitig für die Liebe. So können wir Sexualität, Herz und Spiritualität wieder zusammenbringen.
Nutzen Sie die Kraft der Sexualität, dann gehen Sie den Weg des Herzens!

V Der weibliche Weg

Wir alle kennen Momente, in denen die Zeit stillzustehen scheint und wir uns mit allem verbunden fühlen; das sind Augenblicke größter Freude und tiefsten Glücks, in denen wir orgasmisch und ekstatisch sind. Wer solche Erfahrungen kennt, verspürt manchmal eine tiefe Sehnsucht, sich für eine größere Kraft zu öffnen oder in etwas Größerem aufgehoben zu sein. Dieser Wunsch kann uns zu persönlichem Wachstum motivieren.

Wenn wir solche Momente vermehrt erleben möchten, ist die Zeit gekommen, Sexualität und Spiritualität (wieder) miteinander zu verbinden. Für uns Frauen heißt das, unsere weiblichen Fähigkeiten und Eigenschaften zu stärken und sie mit dem männlichen Aspekt des Bewusstseins zu verbinden. Dieser Weg verläuft nicht für alle Frauen gleich und nicht geradlinig, denn das Spezifische am Weiblichen ist, dass es sich immer wieder verändert. Wenn Sie sich auf einen weiblichen Weg begeben möchten, lassen Sie sich von den folgenden Gedanken inspirieren.

Hingabe als Tor zur Spiritualität

Frauen, die ihre Sexualität bewusst und tief erleben wollen, müssen lernen, sich hinzugeben. Wenn wir uns auf die sexuelle Hingabe einlassen, können wir viel über Hingabe in einem viel umfassenderen Sinn lernen. Dabei können wir darauf vertrauen, dass die weibliche Sexualität Schwingen hat, die uns tragen.

Dem tantrischen Ansatz entsprechend geht es darum, sich für alles zu öffnen und es gleichzeitig liebevoll zu umhüllen. Der Mystiker Rumi verdeutlicht es mit einem Zitat auf wunderbare Weise: »Jenseits von gutem Tun, jenseits von schlechtem Tun, da gibt es ein Feld. Treffen wir uns dort.«
Wenn wir die Perspektive vom vermeintlich Guten und Schlechten aufgeben und beides als gleichwertig akzeptieren, öffnet sich das Tor zu Hingabe, Mitgefühl und allumfassender Liebe. Diese Werte entsprechen unserer weiblichen Seite und stehen deshalb ganz oben auf der Shakti-Skala. Auch wenn wir uns dessen nicht bewusst sind, sehnen wir uns danach, diese Eigenschaften zu verwirklichen. Doch das ist nur möglich, wenn wir entsprechend auch unsere hellsten männlichen Fähigkeiten entwickeln und nutzen: Bewusstheit und Ausgerichtetsein. Damit lernen wir, das Leben in all seinen Aspekten zu betrachten und anzunehmen, ohne dabei zu werten, zu urteilen oder den Ausgang eines Ereignisses kontrollieren zu wollen.

Was ist Hingabe?

Hingabe ist ein langer und anspruchsvoller Weg, auf dem wir am besten behutsam und in einem zärtlichen Tempo vorangehen. Hingabe ist nicht zu verwechseln mit einem zügellosen Sich-gehen-Lassen, es bedeutet auch kein passives Abwarten oder Erdulden. Der Weg der Hingabe ist eine Herausforderung, weil wir die Angst davor, die Kontrolle zu verlieren, überwinden müssen.
Geben wir uns unbewusst hin, fehlen uns Kraft, Würde und Stolz, außerdem kann es einen Beigeschmack von Selbstaufgabe oder Auflösung haben. Bei wirklicher Hingabe verbindet sich unsere weibliche Fähigkeit des Umfangens mit der männlichen Fähigkeit der Bewusstheit.

Wenn wir jemandem etwas bewusst geben, erleben wir ein Gefühl von Kraft und Würde, weil wir wissen, dass wir mit unserer Gabe ein einzigartiges Geschenk machen. Das gilt auch für das Liebesspiel. Wenn wir uns jemandem im Bewusstsein hingeben, dass diese Offenheit etwas Wertvolles ist, wird die Hingabe zu einem stolzen und würdevollen Akt, der nichts mit Passivität oder Unterordnung zu tun hat. Wer sich einem anderen bewusst hingibt, lernt außerdem mit Freuden zu geben, ohne etwas zurückzuverlangen.
Bewusste Hingabe bedeutet auch, dass wir dienen können. Wir lassen uns ganz auf jemand anderen oder etwas anderes ein. Wenn wir diese Entscheidung bewußt fällen und in Kontakt mit unserem Innersten bleiben, hat das nichts Unterwürfiges an sich. Im Gegenteil, denn auch ein König dient seinem Volk in Würde und Weisheit. Aufrichtiges dienen bedingt die klare Absicht, ein Geschenk zu machen und zu wissen, dass wir unsere Kraft und Energie für etwas anderes oder jemand anderen zur Verfügung stellen. Wenn wir dienen, wecken wir die Qualität der Demut. Wir lernen, unser Ego hintenanzustellen und dieses immer wieder etwas mehr loszulassen. Das bedingt eine große innere Stärke und das Verzichten auf die gewohnten Machtkämpfe. Demut ist notwendig, wenn wir uns für die Liebe entscheiden und uns der Lebenskraft öffnen, ohne Vorbehalte zu haben.

Wechselspiel von Anspannung und Ausdehnung

Sobald wir uns für eine größere Kraft öffnen, werden wir mit dem Wechselspiel von Anspannung und Ausdehnung konfrontiert. Wir wünschen uns zwar, unsere Seele weit werden zu lassen und unser Herz zu öffnen, aber jede Ausdehnung beinhaltet das Risiko von Verletzung, und davor haben wir

Angst. Sobald wir Angst haben, spannen wir uns an, unser ganzer Körper und damit verbunden unser ganzes Energiefeld zieht sich zusammen. Wir müssen das Risiko der Ausdehnung nicht eingehen. Wenn wir uns jedoch dafür entscheiden und lernen, uns aus der Angst heraus zu entspannen, so öffnet das die Tür zu Glück und Ekstase.

Am Beispiel der Geburt lässt sich erklären, was es bedeutet, sich für eine größere Kraft zu öffnen: Bis zu einem gewissen Grade ist der Geburtsvorgang vorhersagbar. Die Gebärende weiß um ihre körperliche Konstitution, ihre psychische Verfassung und ihre geistige Einstellung. Ihr Bewusstsein ist mit dem Körper und dem Geschehen verbunden.

Irgendwann jedoch entwickelt der Geburtsprozess eine Eigendynamik, bei der die gewaltige Kraft des Lebens das Ruder übernimmt. Es ist die Kraft, die das Kind in die Welt drängt. Dieses Geschehen macht Angst und ist meist verbunden mit einem reflexartigen Zusammenziehen und Zurückhalten der Energie. In diesem Moment aber muss die Mutter alle vorgefassten Konzepte loslassen, sich dieser überwältigenden Energie öffnen. So gesehen ist die Geburt eine Initiation, die eine Frau stärkt und befähigt, besser mit Willkür und Chaos umzugehen.

Nicht nur bei der Geburt, sondern auch im sexuellen Austausch können wir die Erfahrung machen, wie befreiend es ist, für einmal die Kontrolle aufzugeben und sich der Dynamik des Augenblicks zu überlassen. Indem wir unsere vorgefassten Konzepte und Bilder davon, wie es zu sein hat, aufgeben, schaffen wir Raum für Neues und Unerwartetes.

Hingabe an das Leben

Jeder sexuelle Austausch bietet uns die Chance, uns dem Augenblick hinzugeben. Die Hingabe beschenkt uns nicht nur mit beglückenden Erlebnissen, sondern diese konkrete Erfahrung öffnet uns auch das Tor zu einer weiteren Dimension: zur Hingabe an etwas Größeres.

Es ist schwierig, dieses »Größere« genauer zu beschreiben. Die einen nennen es Gott, die anderen »great spirit« (großer Geist). Vielleicht haben auch Sie ein Wort dafür – ich nenne es Hingabe an das Leben.

Wenn wir Ja zum Leben sagen, nehmen wir unser Dasein mit all seiner Schönheit und seiner Hässlichkeit an. Dann umhüllen wir das Leben, lassen es geschehen und öffnen uns für Liebe und Freude, Schmerz und Verlust. Wir wissen, dass wir die Gesetzmäßigkeiten dieser Welt nicht ändern können, und vertrauen darauf, dass der Lebensfluss uns das bringen wird, was wir für unser Wachstum brauchen.

Wir wollen niemanden kontrollieren und stellen keine Bedingungen wie »Ich öffne mich, wenn du dich öffnest« oder »Wenn ich glücklich bin und alles so läuft, wie ich es will, dann gebe ich mich hin«. Wenn wir unser Herz öffnen, spüren wir unsere Angst – wir nehmen sie liebevoll an, dehnen uns in sie hinein aus und gehen durch sie hindurch. Voller Vertrauen geben wir uns unserem eigenen Prozess hin, wo immer er uns hinführen wird.

Wenn wir unser Herz öffnen und alle unsere Gefühle als wertvoll und zu uns gehörig annehmen, spüren wir, wie groß unser innerer Reichtum ist. Und dann wird die wichtigste Frage nicht mehr sein: »Was bekomme ich zurück«, sondern vielmehr: »Was ist mein größtes Geschenk, und wie lasse ich diese Gabe in meine Beziehungen, in meine Partnerschaft, in mein Leben einfließen?«

Alles ist zyklisch

Viele junge Menschen glauben, ihr Leben verlaufe linear. »Alles ist machbar, das Leben und die Welt gehören mir« – diese Haltung verleiht ihnen einen Zauber von Unbezwingbarkeit und Selbstbewusstsein.
Im Laufe des Erwachsenwerdens wachen sie dann meist unsanft auf, denn das Leben zeigt sich immer wieder von einer schwierigen und schmerzlichen Seite. Momente höchsten Glücks wechseln ab mit Momenten tiefsten Leids. Liebesbeziehungen verlaufen enttäuschend, vielleicht sterben Freunde oder Familienangehörige, beruflich geht es nicht wie gewünscht voran, oder das Geld wird knapp.
Mit der Zeit verstehen wir, dass sich das Leben wie das Wasser verhält. Mal umschmeichelt es uns warm und verführerisch, mal ist es eiskalt und wirft uns fast aus der Bahn, mal ist es sehr schmutzig und dann wieder klar, mal sind es sehr zärtlich sanfte, mal haushohe Wellen, die über uns zusammenschlagen. Wir können das Leben nicht kontrollieren, es hat eine Eigendynamik und steckt voller Überraschungen.

Die Natur im Wandel

Das Leben und die Natur sind in einem stetigen Wandel begriffen, der sich z. B. beim Übergang von einer zur anderen Jahreszeit, bei den Mondphasen und beim Wechsel von Tag und Nacht zeigt. Es sind ungeheure Kräfte, die diese Bewegungen verursachen. Denken Sie nur an die Magnetkraft des Mondes, der die Weltmeere bewegt und unseren Monatszyklus beeinflusst. Wir können damit umgehen, weil wir um die ihnen innewohnende Beständigkeit wissen. Wir können auf

das Zyklische vertrauen: nach der dunklen Nacht kommt wieder der helle Tag, nach der Erstarrung des Winters wieder die unbändige Kraft des Frühlings.
Wenn wir uns in der Natur aufhalten, können wir die verschiedenen Formen des Lebens und des Lebenszyklus spüren und sogar mit den Pflanzen, den Tieren, den Mineralien und dem Wasser in einen Dialog treten. Vielleicht haben Sie schon einmal erlebt, wie die Pflanzen ihre Lebensenergie ausstrahlen: Sie atmen den Sauerstoff aus, den wir einatmen – wir benötigen diesen Sauerstoff für unser Leben. Wir wiederum atmen Kohlendioxid aus, welchen die Pflanzen einatmen. Ist es nicht ein berührender Gedanke, dass alle Lebewesen auf dieser Erde von derselben Luft atmen? Über jedes Ein- und Ausatmen verbinden wir uns miteinander und können so das unglaubliche Gleichgewicht der Schöpfung erfahren.
Das Leben lehrt uns, die gegenseitige Abhängigkeit voneinander zu erkennen und anzuerkennen. Wenn wir uns für das Mysterium des Lebens öffnen, begreifen wir allmählich, dass die Erfahrung und die Möglichkeit des Lebens ein kostbares Geschenk sind – unabhängig davon, ob wir uns genügend geliebt, genügend anerkannt oder genügend versorgt fühlen. Wir sollten uns immer wieder der Vergänglichkeit aller Dinge bewusst werden: Wir kennen unsere Geburtszeit und wissen, dass wir sterben – den Zeitpunkt des Todes kennen wir aber nicht. Die Menschen früherer Kulturen lebten im Einklang mit der Natur, sie erkannten das göttliche Mysterium von Leben und Tod und akzeptierten es als Teil des Lebens. Bei vielen Völkern wurde das Göttliche durch die Mutter verkörpert, denn sie bringt das Leben in die Welt und verkörpert damit das Naturgesetz des Zyklischen.

Das Leben als Lehrerin

Wenn wir im Einklang sind mit der Natur, verbinden wir uns mit dem Lebenszyklus. Nehmen wir das Leben als Lehrerin an, dann können wir viel über unsere Weiblichkeit lernen. Wir spüren z. B., dass unser Menstruationszyklus im Kleinen die makrokosmischen Zyklen der Natur widerspiegelt.

Wir lernen auch, dass es kein richtig und falsch gibt – oder haben Sie schon mal von »perfekten« Bäumen und »falschen« Tieren gehört? Die Natur lehrt uns zudem, dass das einzig Beständige das Unbeständige ist. So durchlaufen wir verschiedene Phasen in unserem Leben: von der Kindheit über das Erwachsensein bis zu Alter und Tod.

Jeder Entwicklungsschritt baut auf der Physiologie und der Erfahrung des vorangegangenen auf. Gleichzeitig sind wir herausgefordert, uns immer wieder von dem zu verabschieden, was wir mal waren: Die Zeit als Säugling geht zu Ende, wenn das Kind mit Krabbeln beginnt. Es beklagt sich nicht darüber – es ist, wie es ist. Das Mädchen nimmt das Herannahen der Adoleszenz an, sofern es nicht von außen beeinflusst wird, und verabschiedet sich gleichzeitig von seiner Kindheit. So bewegen wir uns spiralförmig immer weiter – in der Absicht, unsere Metamorphose vollenden zu können.

Jede Lebensphase hat ihre Freuden und Schmerzen, jede Erfahrung und Beziehung lässt uns wachsen und immer ein Stück »runder« werden. Wir lassen etwas los, und etwas Neues, Unbekanntes zeigt sich. Das Leben lässt uns immer ein wenig Abschied nehmen – so können wir uns schließlich auch auf das Sterben vorbereiten.

Wir erfahren, dass das Leben einiges mehr beinhaltet, als Geld zu verdienen, einen Lebenspartner zu finden, Karriere zu machen und Kinder großzuziehen. Es bedeutet mehr, als nur schön auszusehen oder im Alter Krankheit und Tod zu trotzen.

Sobald wir diese Froschperspektive aufgeben, können wir im täglichen Leben das Kosmische, das Größere, erkennen.

Sexualität und Intimität

Das Mitschwingen mit den Zyklen der Natur lässt uns verstehen, dass auch unsere Sexualität Wellenbewegungen unterworfen ist. Und damit kommen wir in die nächste Umdrehung der Spirale: Die Sexualenergie führt uns in das Reich des Kosmischen und begleitet uns zurück in unseren Körper. Dann beginnt alles wieder von vorn, aber jedes Mal anders: Es gibt Phasen der Lust, die sich mit Phasen geringerer sexueller Aktivität abwechseln. Wenn wir unserem Geliebten bzw. unserer Geliebten sehr nahe waren, brauchen wir Abstand, damit wir uns wieder annähern können. Eros spielt mit Distanz und Nähe – das ist wie mit den Meereswellen, die an den Strand schwappen und sich dann zurückziehen, um wieder zu kommen. Und mit der nächsten Welle lassen wir uns wieder hochtragen.

Nähe und Liebe sind Prozesse, keine Ereignisse. Nähe zu sich selbst ist nichts anderes, als präsent zu sein. Erst wenn wir unserem eigenen Lebenspfad verantwortungsbewusst folgen, haben wir auch die Größe, den Prozess eines anderen zu akzeptieren, und sind in der Lage, uns in einer Beziehung einzubringen. Dann kann echte Intimität entstehen, also Nähe aufgrund gegenseitiger Achtung und Liebe.

Wenn wir jedoch dem Ruf unseres Lebens nicht folgen, werden wir es niemals mit anderen Menschen und unserem Geliebten teilen können.

Innere Vermählung

In früheren Zeiten haben sich die Menschen Unterstützung in der Religion gesucht, um Sinnerfüllung, Ganzheit, Ekstase und Transzendenz zu erleben. Ich wage zu behaupten, dass wir Erfüllung, Wachstum, Glück und Ganzheit heutzutage in unseren Liebesbeziehungen suchen. Dieses historisch gesehen neuere Phänomen wird als »romantisches Liebesbild« bezeichnet.

Die Wurzeln dieses Bildes reichen zurück bis ins Mittelalter. In der Literatur finden wir es z. B. im Motiv von Tristan und Isolde oder bei den Liebesliedern der Troubadoure. All diese Geschichten reden von der großen Liebe und dem tragischen Leiden. Es war stets unmöglich, die Liebe realistisch zu leben. Es blieb bei der ekstatischen Anbetung und bei dem unerfüllten Wunsch nach dem vollkommenen Glück. Wenn die Frau dem Werben des Mannes nachgegeben hätte, wäre sie ein realer Mensch geworden und hätte sein idealisiertes Bild von ihr zerstört.

Den Frust überwinden

Wenn wir verliebt sind, glauben wir, den Sinn des Lebens gefunden zu haben. Endlich erleben wir, was es heißt, ganz zu sein. Wir haben unsere fehlenden Teile im anderen gefunden. Es ist dann meist nur eine Frage der Zeit, bis wir enttäuscht feststellen müssen, dass unser Partner bzw. unsere Partnerin nicht das bringt, was wir uns erhofft haben. Dasselbe gilt umgekehrt natürlich auch! Wir sind zutiefst enttäuscht und frustriert. Das Gefühl, verliebt zu sein, wandelt sich in Einsamkeit, Entfremdung, Gekränktsein und Wut über die Unmöglichkeit, eine tiefe und echte Liebesbeziehung aufzubauen.

Das, was wir Liebe nennen, hat in der Regel mehr mit dem Gefühl von Verliebtheit zu tun. Gewiss ist es nicht ganz einfach, den Begriff Liebe überhaupt zu definieren. Aber Liebe ist eindeutig mehr als Verliebtheit.

Um nicht in die Falle des romantischen Liebesbildes zu tappen, müssen wir uns als gewöhnliche Menschen akzeptieren, die einander ohne aufgeblasene Erwartungen und Illusionen begegnen. Wir müssen die Verantwortung dafür übernehmen, den eigenen Wesenskern zu erwecken. Oder anders ausgedrückt: Wenn es uns gelingt, eine eigenständige Frau zu sein, in unserem Zentrum zu ruhen, dann gelingt es uns auch, mit einem anderen Menschen in Beziehung zu sein. Dann treffen sich zwei vollständige, ganze Individuen in Respekt und Achtung.

Es ist und bleibt eine hohe Kunst, gleichzeitig die eigene Individualität zu fördern und in einer Beziehung mit einem geliebten Menschen zu leben. Das Bindeglied ist die Freundschaft – eine warme Verbundenheit zwischen zwei Liebenden. Bleibt die Frage, inwieweit wir in Freundschaft mit uns selbst unterwegs sind. Denn Partnerschaften können nur gelingen, wenn wir mit uns selbst in Beziehung sind. Auch hier gilt es, die überhöhten Ansprüche, Erwartungen und Forderungen loszulassen. Im Wissen, dass wir einzigartig sind, sollten wir diese Einzigartigkeit auch weiterentwickeln. Wir müssen dafür im eigenen Zentrum ruhen und die verschiedenen Aspekte in uns selbst verbinden und harmonisieren. Die Spielaufgaben dieses Buches sollen Ihnen dabei helfen, mit sich selbst in Verbindung zu kommen und diesen freundschaftlichen Zugang zu finden.

»In meiner Beziehung möchte ich meinen eigenen Weg gehen, aber zugleich meinen Partner auf seinem Lebensweg unterstützen. Besonders am Herzen liegen mir Ehrlichkeit und Offenheit. Für mich ist Ehrlichkeit ein Zaubermittel, damit unsere Beziehung lang und spannend sein kann. Ich versuche, mir selbst gegenüber ehrlich zu sein und zu akzeptieren, dass es zwischen meinem Partner und mir Unterschiede gibt. Und ich wünsche mir, dass ich diese nicht unter den Teppich kehre, nur um im Einklang zu sein. Ich finde, dass eine langjährige Beziehung nur dann spannend bleiben kann, wenn keiner sein eigenes Wesen kaschiert. Im Gegenteil: Wir holen diese Unterschiede heraus und betonen sie dem anderen gegenüber.«

Spirituelle Freude und Weisheit

Augenblicke, in denen wir andere berühren und uns selbst berühren lassen, sind die Basis für einen Weg des Herzens. Dem Weg des Herzens zu folgen heißt, dass wir Freude in unser Leben fließen lassen. Wenn wir unsere Liebe ausdrücken und die Kostbarkeit des Lebens wahrnehmen, wird diese Qualität in uns wachsen.

Die tantrische Lehre geht davon aus, dass Sexualität wunderschön ist und dass uns die Sexualenergie antreibt, im Lebensstrom mitzufließen. Doch die Sexualenergie ist nicht der Sinn und das Zentrum unseres Lebens. Das hört sich paradox an. Wenn wir jedoch die Sexualenergie befreien und einen bewussten Umgang damit lernen, müssen wir sie weder zwanghaft ausleben noch sie negieren. Ob wir sie verdrängen oder ausleben müssen, bei beiden Varianten fühlen wir uns nicht frei – wir sind immer noch auf die Sexualität ausgerichtet.

Sobald wir aber mit unserer Sexualität bewusst umgehen können, haben wir die Wahl, sie auf der Körperebene zu leben oder sie als befreite Sexualenergie für uns zu nutzen: sei es für den persönlichen oder für den spirituellen Weg.
Vielleicht hört sich das nicht so spektakulär an wie die Eigenschaften, denen wir im romantischen Liebesbild begegnen. Die sinnvollsten Fragen sind aber oft die einfachsten: Erlaube ich mir, geliebt zu werden? Kann ich mich ab und zu hingeben, die Dinge geschehen lassen? Solche Fragen berühren den innersten Kern unseres Lebens, und sie führen zu einem spirituellen Leben. Wir finden spirituelle Freude und Weisheit nicht durch Besitz, sondern durch die Fähigkeit, uns zu öffnen, tiefer zu lieben und unbefangen und frei durchs Leben zu gehen.
Der Weg des Herzens fängt also bei uns selbst an – es ist ein recht nüchterner Weg, und es ist Arbeit. Es ist wichtig, darauf zu achten, dass unsere männliche und weibliche Seite ausgewogen ist. Sobald wir aber keine Balance mehr haben, wollen wir uns das Fehlende beim anderen holen. Und das wird nie gelingen, denn niemand außer wir selbst kann unser Energieloch füllen.
Unsere Sexualenergie wird uns helfen, unsere beiden Seiten immer wieder miteinander zu vermählen, damit wir in unserem Innern das finden, was wir im Außen so sehr suchen. Wenn es uns gelingt, diese Sehnsucht zu erfüllen, werden unsere Partnerschaften sehr entlastet.

Sexualenergie als Fahrzeug

Materie kann zu Energie und Energie kann zu Materie werden. Es sind nur zwei verschiedene Erscheinungsformen desselben.

Dies lehrt uns die moderne Physik. Das gleiche Prinzip wenden die Tantriker auf die Sexualität an: Sie gehen davon aus, dass die Sexualenergie die schöpferischste aller Energien und somit nur eine andere Erscheinungsform der Spiritualität ist.

Die Tantriker ehren die Sexualität als »Königsweg« zu Ekstase und Glückseligkeit, denn im Phänomen des Sex liegt das Göttliche verborgen, der Schlüssel, der das Tor zum Dasein öffnet. Es geht in erster Linie darum, die Sexualenergie zu befreien und sie für einen spirituellen Weg zu nutzen – für die Meditation im weitesten Sinn. Diesen Prozess verdeutlicht ein schönes Zitat des indischen Meisters Osho, das ich in dem Buch »Die tantrische Vision« gefunden habe: »Sexualität ist das Alpha, aber nicht das Omega.«

Wir können die Sexualenergie als Fahrzeug benutzen und sie von der rohesten Ausdrucksform in kosmisches Bewusstsein wandeln. Wir sollen die Energie transformieren – genau so, wie wir es mit der inneren Flöte praktizieren. Wenn die Energie vom Basischakra zum Kronenchakra bewegt wird, erhält sie immer wieder eine andere Qualität. Zugrunde liegt aber immer die Sexualkraft, die wir jederzeit und immer wieder aktivieren können. Wir tragen das Feuer in uns, und niemand anderes kann es uns – es sei denn für kurze Zeit – geben.

Wie sich die Energiequalität wandelt, verdeutlicht das Symbol des Lotus: Die Pflanze hat ihre Wurzeln im Schlamm, sie streckt sich durchs Wasser dem Licht entgegen und öffnet ihre Blätter und Blüten auf der Wasseroberfläche. Die Energie, die den Lotus durchströmt, bleibt also gleich wertvoll – unabhängig davon, ob sie sich als Wurzel im Schlamm oder als Blüte im Sonnenlicht manifestiert.

Auf einer Leiter nach oben und unten

Den tantrischen Lebensweg des Menschen können wir mit einem Bild beschreiben: So wie wir auf einer Leiter von unten nach oben steigen und auch wieder umkehren können, hängt auch – wertfrei gemeint – das Niedere und das Höhere zusammen. Das eine kann sich in das andere verwandeln, weil das Unten und das Oben einander bedingen.

Im tantrischen Verständnis ist Sex nur die unterste Sprosse der sexuellen Energie, die Libido. Je mehr wir die Sexualenergie jedoch mit wachsender Bewusstheit erforschen, desto näher kommen wir ihrer höchsten Entfaltungsmöglichkeit. In der Sexualität liegt also ein Diamant verborgen, den wir entdecken und polieren sollten.

Wenn wir bewusst mit der Sexualenergie umgehen wollen, gehen wir ein paar Stufen auf der Leiter hoch und prüfen nach, wie es sich dort anfühlt. Wenn es gut ist, bleiben wir dort eine Weile. Vielleicht bewegen wir uns auch noch weiter nach oben oder steigen wieder ein paar Stufen herab. Solange wir diesen Prozess bewusst erleben, wissen wir, dass die animalisch eingefärbte Sexualenergie – auf der untersten Stufe – niemanden verletzt. Ebenso erkennen wir, dass die transzendierte Sexualenergie – auf der obersten Stufe – weder eine Kopfgeburt noch eine Form von abgehobener Spiritualität ist.

Vergangenheit und Zukunft

Um die Sexualenergie erst einmal in Bewegung zu bringen, müssen wir viel an uns arbeiten: Wir müssen uns mit unserer Biographie beschäftigen und uns alte Themen und Verletzungen genau anschauen. Es geht nicht darum, jedes Ereignis bis ins kleinste Detail zu analysieren. Auch wenn uns unsere

Vergangenheit immer prägen wird, brauchen wir uns nicht unser Leben lang mit den gleichen alten Geschichten auseinander zu setzen. Irgendwann kommt der Moment, an dem wir unsere Vergangenheit ruhen lassen können. Dann heißt es, diesen Wendepunkt wahrzunehmen und die Vergangenheit in dem Wissen wieder loszulassen, dass uns unsere Geschichte eine gewisse Einfärbung gibt, wir aber nicht unsere Geschichte sind. Die Vergangenheit ist vergangen. Was immer sie potentiell enthalten haben mag – heute ist sie vorbei.
Manche Menschen flüchten sich nicht in die Vergangenheit, sondern in die Zukunft. Doch auch dieser Verführung sollten wir widerstehen, denn die Zukunft ist das, was noch nicht ist. Sie lässt sich nicht herstellen, sie ist unbestimmt, eine Möglichkeit.

Im Hier und Jetzt sein

Zwischen Vergangenheit und Zukunft liegt die Gegenwart. Und im Hier und Jetzt zu leben, ganz im Moment zu sein – das ist die große Kunst. Wir werden zu einer lebendigen Flamme, wenn es uns gelingt, immer wieder einmal – und sei es auch nur für einige Minuten oder Sekunden – die gesamte Lebensenergie auf das Hier und Jetzt zu konzentrieren und den Augenblick zu genießen. Solche Momente – in denen die Sexualität zur Meditation wird – sind Geschenke, die wir in Empfang nehmen dürfen.
Den Weg zu größerem Wachstum über die Sexualität anzugehen ist ein spannendes Abenteuer und eine intensive Herausforderung. Was dabei geschieht, ist uns irgendwie vertraut und doch neu. Vertraut, weil wir wissen, dass die Sexualenergie ein Ausdruck unserer Schöpfungskraft ist und dass sie unserem Leben Schwingen verleiht. Fremd, weil wir

in unserer Kultur noch immer nicht vollkommen frei mit unserer Sexualität umgehen können – daran hat auch die 68er Revolution wenig geändert.

Heike: Sexualität und Spiritualität zusammenfügen

»Sexualität hat einen hohen Stellenwert in meinem Leben. Es ist wie ein Spiel – es geht mir darum, Spaß und Freude aneinander und miteinander zu haben. Ich möchte meine Sexualität innerhalb einer Beziehung leben können. Ich brauche diesen sicheren Rahmen, das Vertrauen und den gegenseitigen Respekt.
Ich freue mich darüber, dass die innere Nähe, die dadurch entsteht, fortwährend wächst. Am Anfang einer Beziehung ist das kaum möglich. Es braucht Zeit. Ich wünsche mir lange Beziehungen, weil ich nur so Intimität zulassen kann. Ich würde diese Nähe gern verdichten, um über die Beziehung und über die Sexualität auf eine höhere Stufe zu gelangen. Vielleicht ist es dann nicht mehr das Kribblige und Erstmalige. Ich suche nach dem, was darüber hinausgeht. Eine spirituelle Leidenschaft eben, eine spirituelle Liebe.«

Der Weg ist eine Spirale

Bei den meisten Frauen ist die Energie irgendwo stecken geblieben – meistens in den Bereichen der drei unteren Energiezentren. Erfahrungsgemäß brauchen wir einige Zeit, die damit verbundenen Themen aufzuarbeiten und zu integrieren. Wenn wir uns auf diesen Prozess jedoch einlassen, steht uns die darin gefangene Energie zur Verfügung.
Mit einem Schmunzeln denke ich an die Anfänge meiner Therapieausbildung und der damit verbundenen Selbsterfahrung zurück. Nachdem ich mir eingestehen musste, dass

auch ich Verletzungen habe und ich diese nicht mehr unter den Tisch wischen konnte, sagte ich mir: »Ich investiere jetzt Geld und zwei Jahre Zeit und setze mich intensiv mit meiner Geschichte auseinander. Wenn ich diese aufgelöst habe, sind meine Probleme weg, und ich lebe glücklich bis an das Ende meines Lebens.«

Da ich Intensität liebe, habe ich mittlerweile einiges abgetragen. Nur hat sich der Weg nicht als Gerade entpuppt, sondern als Spirale. Es gibt Themen, die wirklich abgeschlossen sind und der Vergangenheit angehören. Andere Themen begleiten mich aber auch jetzt noch. Verändert hat sich meine Einstellung und Haltung: Die Farben sind abwechslungsreicher geworden, ich empfinde andere und neue Gefühle. Und vor allem freue ich mich an den subtilen Veränderungen und Nuancen in meiner Lebenshaltung.

Wenn wir bewusst mit unserer Sexualenergie umgehen wollen, müssen wir immer wieder in unsere Mitte kommen. Wir dürfen nicht abschweifen, sondern müssen uns wie der Lotus in Richtung Freiheit – also nach oben – bewegen. Wir können auch nichts verdrängen, denn das würde den Lotus nur noch tiefer in den Schlamm drücken. Das Einzige, was uns weiterbringt, ist aufmerksam, wach und bewusst zu bleiben.

Integration von Sexualität und Spiritualität

Auf einem spirituellen Weg geht es immer um eine direkte Erfahrung, um das eigene Erleben. Damit verbunden ist die Erkenntnis, dass die Spiritualität nicht von uns abgespalten ist, sondern dass wir den Zugang zu ihr in uns haben. Wenn wir einmal eine Erfahrung gemacht haben, die wir als spiri-

tuell bezeichnen, wissen wir, dass es auch weitere dieser »göttlichen« Erlebnisse geben kann.
Frauen tragen tief in sich das Wissen, dass Sexualität und Spiritualität zusammengehören. Und dennoch halten wir die beiden Aspekte meist fein säuberlich auseinander. Entweder definieren wir uns über unsere Erotik, unsere Sexualität und unser Frausein. Oder wir entscheiden uns für einen spirituellen Weg, der dann aber nichts mit Körperlichkeit und schon gar nichts mit Geilheit und Lust zu tun hat.
Die Wurzeln dieser Spaltung stammen vor allem aus der jüdisch-christlichen Tradition: Die Kirchenväter spalteten das Bild der Frau in zwei Teile und unterschieden zwischen der reinen und der sündigen Frau. Die sündige Frau ist die sexuell aktive Frau, die ihre Körperlichkeit lebt. Die reine Frau wendet sich davon ab und richtet ihr Leben auf die höheren Sphären aus. Auch wenn wir keinen religiösen Hintergrund haben, beeinflusst diese Spaltung unser Leben nachhaltig.

Beide Teile wieder zusammenfügen

Es ist eine große Herausforderung, die beiden Teile zu einer geerdeten, kraftvoll gelebten Spiritualität zusammenzufügen, die alle Aspekte beinhaltet: einerseits unsere weibliche und männliche Seite und anderseits unsere Sexualität und Spiritualität. Um so zu leben, brauchen wir uns nicht in die einsamen Höhen des Himalaya zurückzuziehen. Es geht vielmehr darum, sie in den Alltag einzubeziehen. Wir sollten versuchen, das Leben mit allem zu umfangen und nach oben ausgerichtet zu sein.
Eine solche Spiritualität kann durch das Bild des Baumes veranschaulicht werden: Je größer die Krone ist, desto tiefer müssen sich die Wurzeln in die Erde graben. Damit der Baum

nicht umkippt, braucht er starke Wurzeln und einen kraftvollen Stamm.

Wenn wir uns spirituell entwickeln und in ekstatische Räume aufschwingen wollen, brauchen wir unsere Sinne und unsere Sexualität als Anker. Und wenn wir die weiten Räume kennen, können wir uns über die Sinne und die Sexualität erden. Das bedingt jedoch, dass wir die tief sitzende Aufspaltung auflösen. Vertrauen Sie sich den Schwingen Ihrer Sexualität an – dann öffnen sich Ihnen all die Räume, die Sie schon immer erahnt haben.

Schlusswort

Vor gut 20 Jahren hat mir Akong Rinpoche, ein buddhistischer Lama, in einem Bild erklärt, wie Sexualität verstanden werden kann. Ich versuche es mit meinen Worten wiederzugeben:

»Die Sexualenergie ist wie ein Pferd. Es ist eine Tatsache, dass das Pferd nicht nur viel stärker, sondern auch viel schneller ist als du. Du kannst dich entscheiden, den Weg zu Fuß zu gehen. Das ist völlig in Ordnung.

Du hast aber auch die Möglichkeit, das Pferd »als Fahrzeug« zu benutzen. Wenn du diese schnellere Möglichkeit wählst, musst du als Erstes die Kraft und die Schönheit des Pferdes anerkennen. Du hast keine Chance, das Pferd zu kontrollieren – du kannst es nur lenken. Wenn du dich also auf das Pferd setzt und oben bleiben willst, musst du die Kraft des Pferdes annehmen, sie umhüllen und darfst nicht dagegen ankämpfen. Du musst das Ende des Weges vor Augen haben und dich immer wieder darauf ausrichten.

Lasse deinen Blick offen und weit sein, so dass du alles wahrnehmen kannst. Das Pferd, die Umgebung, das Ziel, deinen Körper. Damit du das Pferd in die entsprechende Richtung lenken kannst, musst du ihm eine Aufgabe geben.

Es ist kein leichtes Unterfangen, ein Pferd zu reiten. Es bedingt deine volle Aufmerksamkeit als Reiterin: Du darfst nicht starr oben sitzen und dich festhalten, sondern musst sehr zentriert sein. Du musst mit allen Bewegungen und mit dem Rhythmus des Pferdes mitschwingen und mitgehen. Bleibe bei dir und werde ganz zum Pferd – lass beides zusammenkommen, so dass du, das Pferd und die Umgebung, in der ihr seid, eins werden.«

Als mir Rinpoche dieses Bild vermittelte, jubelte mein Herz

vor Freude. Es war ein Bild, das ich schon immer in mir trug. Ich wollte unbedingt »reiten« und wollte unbedingt bewusst sein, sprach das ihm gegenüber damals aber nicht aus. Rinpoche schaute mich an und kugelte sich plötzlich vor Lachen. Das irritierte mich natürlich, und ich war auch etwas beleidigt. Trotzdem wollte ich wissen, was denn so lustig sei. Er antwortete: »Wenn du nur fünf Minuten am Tag bewusst sein kannst, ist das schon sehr viel.«

Die Herausforderung des Reitens habe ich mittlerweile angenommen. Ich bin mehrmals vom Pferd gefallen, und falle immer wieder hinunter. Manchmal bin ich liegen geblieben, aber dann bin ich wieder aufgestiegen. In der Zwischenzeit bin ich recht beweglich geworden und habe auch einige Kondition vom vielen Ab- und Aufsteigen. Das Wesentliche ist das Gefühl, dass mich Schwingen beschützen und tragen – und dafür empfinde ich eine unendliche Dankbarkeit.

Dank

Ich danke den Teilnehmerinnen und Teilnehmern meiner Seminare und Trainings, von denen ich sehr viel gelernt habe. Vor allem freue ich mich über ihr Vertrauen, mich immer wieder an ihren Prozessen teilhaben zu lassen.
Ich bedanke mich bei allen Frauen, deren Rückmeldungen ich für dieses Buch verwendet habe. Ich wahre ihren Schutz und habe ihre Aussagen deshalb mit anderen Vornamen versehen.
Ich bedanke mich bei Karin Hertzer dafür, dass sie mich dynamisch und kraftvoll beim Schreiben des Buches unterstützt hat. Sie hat das Manuskript nicht nur sprachlich redigiert, sondern mich auch zu weiteren Gedanken angeregt und mir Mut gemacht.
Ich danke Katrin Eckert vom Pendo Verlag für ihr Vertrauen. Sie war offen für die Inhalte des Buches und hat wichtige Anregungen bei der strukturellen Überarbeitung gegeben. Herzlichen Dank für das große Engagement und die Klarheit!
Für ihre kompetenten, unterstützenden und professionellen Anmerkungen danke ich Ingrid Olbricht, Chefärztin der psychosomatischen Abteilung der Wicker-Klinik in Bad Wildungen.
Ich danke Barbara Connell für die Umsetzung der Yoni-Zeichnungen.
Ich bedanke mich bei meinen Freundinnen Gabriela Pfenninger, Karin Albrecht, Margrit Zopfi, Lilo Urweider, Silvia Heiniger, Gudrun Lömcker und Sabine Wiebeck für ihre wertvollen Rückmeldungen, ihre Zuwendung und ihr Da-Sein.
Ich danke Markus Manhart und meiner Schwester Anita Christinger Manhart. Ihre Kompetenz im Umgang mit dem verflixten Computer und der Lösung aller technischen Probleme hat dazu beitragen, dass das Buch Gestalt annehmen konnte.

Stellvertretend für viele Lehrerinnen und Lehrer, die mich immer wieder begleitet haben, danke ich an dieser Stelle:

- Margo Anand und Aman Peter Schröter, den Begründern von SkyDancing Tantra, die mir die Welt von SkyDancing Tantra öffneten,
- Kahiliopua Brentlinger (Hawaii), die mich in Kontakt mit meinen weiblichen Fähigkeiten brachte,
- Akong Rinpoche (Schottland), der mir den ersten Kontakt zum Buddhismus ermöglichte,
- Julie Henderson (USA), die mir die sehr leisen und feinen Töne der Energien und der Achtsamkeit aufzeigte, und
- Marcella Rüdlinger, die mir über viele Jahre immer wieder mit einem offenen Herz und Ohr begegnete.
- Hinzu kommen all die Autorinnen und Autoren, denen ich nicht persönlich begegnet bin, über deren Bücher ich aber sehr wertvolle Inspirationen erhielt. Namentlich nennen möchte ich Anne Wilson Schaef, Miranda Shaw, Marion Woodman, Ken Wilber und Thich Nhat Hanh.

Vor allem aber danke ich meinem Partner Aman Peter Schröter für seine Präsenz, Treue und Liebe. Ich anerkenne sein fundiertes Wissen und seine langjährige Erfahrung als Seminarleiter und Therapeut, die er mit seinen Hinweisen unermüdlich in dieses Buch einfließen ließ.

Glossar

Sappho von Lesbos

Sappho von Lesbos lebte zwischen 617 und 560 v. Chr. in Griechenland. Sie war mit einem reichen Mann von der Insel Andros verheiratet, mit dem sie eine Tochter hatte. Infolge politischer Wirren auf Lesbos wurde Sappho nach Sizilien verbannt. Um 586/585 kehrte sie zurück und nahm – wohl inzwischen verwitwet – ihren Wohnsitz in Mytilene. Dort hatte sie einen Kreis von Gefährtinnen und Schülerinnen um sich.

Die Mädchen lebten bis zu ihrer Hochzeit bei ihr. Sie wurden in den musischen Künsten, feiner Sitte und häuslichen Arbeiten unterwiesen und waren mit der Priesterin auch erotisch verbunden. Sapphos Gedichte künden davon, dass sie ihren Mädchenkreis zur höchsten weiblichen Kultur erhob, um so mit der männlichen zu wetteifern, von der sie ausgeschlossen war.

Sapphos Kreis verehrte die griechische Göttin Aphrodite: Die Mädchen lebten in ihrem Reich – einem Reich der Anmut, des blühenden Lebens der Natur und der Jugendschönheit, der ersten Liebessehnsucht. Sappho war sich der Macht und Größe von Aphrodite bewusst, und weil sie sich ganz in ihren Dienst stellte, durfte sie sie als Bundesgenossin, als Mitstreiterin anrufen.

Wie sehr der Sappho-Kreis mit der Göttin verbunden war, bezeugt das so genannte Gedicht auf Scherben, von dem erst 1937 eine Textfassung gefunden wurde. In Sapphos Dichtung spricht sich die sinnliche Freude an den schönen Dingen der Welt aus, deren Schönheit ein Abglanz des Himmlischen ist.

Tantrismus und Tantra

Der Tantrismus ist eine philosophisch-religiöse Strömung, die vor Tausenden von Jahren zur Zeit der Veden in Indien entstand und die Tradition der Hindus, Buddhisten und Taoisten beeinflusste. In der Literatur wird statt Tantrismus häufig auch das Wort Tantra verwendet. Gemeint sind damit die tantrischen Weisheitslehren – die Texte und Schriften – aber auch die einzelnen tantrischen Methoden.

Den Sanskritbegriff »Tantra« wird unterschiedlich gedeutet, übersetzt heißt er »weben« und »ausdehnen«. Hinzu kommen Bedeutungen wie Webstuhl, Zusammenhang und Kontinuum. Mythos und Geschichte des Tantra überlappen und vermischen sich. Seine Blütezeit liegt zwischen dem fünften und dem dreizehnten Jahrhundert. In dieser Zeit entstanden auch die wunderschönen erotischen Tempel von Khajuraho (etwa 950–1050 n. Chr.), Bhubaneshwar und Konarak.

Traditionellerweise gibt es ein hinduistisches Tantra und ein tibetisch-buddhistisches Tantra: Als Begründer des tibetischen Buddhismus gilt der große indische Yogi Padmasambhava, der etwa im 8. Jahrhundert lebte und den Buddhismus von Nordindien nach Tibet brachte. Der tantrische Buddhismus verbreitete sich über ganz Asien, wo er in vielen Ländern bis heute überlebt hat.

Sowohl im hinduistischen wie im buddhistischen Tantra geht es um einen grundsätzlich spirituellen Pfad, einen Weg zu seelisch-geistigem Wachstum, der zur Befreiung von allem Leiden und deshalb zu anhaltendem Glück und schließlich sogar zur vollen Erleuchtung zum Wohle aller Lebewesen führt.

Vor allem im tibetisch-buddhistischen Tantra wird die tantrische Praxis – die Vajrayanapraxis – nur an Schülerinnen und Schüler vermittelt, die in ihrer spirituellen Praxis sehr weit fortgeschritten sind. Die für eine Schülerin oder für einen

Schüler geeignetste Methode wird von einem Guru (Lehrer/in, Meister/in) individuell aus dem breiten Angebot ausgewählt.

Besonderheiten im Tantra

Das Ziel eines tantrischen Weges ist es, Wertungen wie gut und böse aufzulösen und die Spaltung von innen und außen aufzuheben. Da der tantrische Buddhismus betont, dass die Erleuchtung in einem einzigen Leben erlangt werden kann, sind viele tantrische Methoden darauf ausgerichtet, konventionelle dualistische Denkmuster schnell, direkt und unmittelbar aufzubrechen. Tantra wird daher auch als »schneller Weg« zur Erleuchtung angesehen.

Die Beschleunigung wird durch Methoden erreicht, die eine Selbstkonfrontation erzwingen. Was unsere moderne Psychologie als »Ich« bezeichnet, wird entblößt, um dann wiederum transformiert zu werden.

Sowohl tantrische Buddhisten wie auch tantrische Hinduisten verehren Frauen. So gibt es tantrische Texte, die den Mann instruieren, wie er sich einer Frau zu nähern hat und was er tun muss, um ihr zu gefallen und ihre Aufmerksamkeit zu verdienen. Entsprechende Vorschriften für Frauen sucht man aber vergeblich.

Bei uns ist vor allem die Praxis der sexuellen Vereinigung als Form spiritueller Disziplin bekannt. Die Anleitungen werden jedoch streng gehütet. Die schriftlichen Quellen des Tantrayana sind nicht aus sich selbst heraus verständlich. Sie werden mit mündlichen Kommentaren vom Guru ergänzt und haben einen größeren Wert als die aufgezeichneten Worte alter Texte.

Der tantrische Buddhismus nimmt unter den buddhistischen Traditionen eine Sonderstellung ein. Er akzeptiert Sinneserfahrungen als Quelle von Wissen und Kraft und integriert

Sexualität, Verlangen und Vergnügen auf dem Pfad der Erleuchtung. Die klassischen tantrischen Texte sprechen sogar davon, dass die sexuelle Vereinigung notwendig ist, um zur vollkommenen Erleuchtung gelangen zu können.

In ihrem Buch »Erleuchtung durch Ekstase – Frauen im tantrischen Buddhismus« erklärt Miranda Shaw: »Die tantrische Beziehung beruht voll und ganz auf Gegenseitigkeit. Keiner der tantrischen Partner betrachtet den anderen also als unterlegen, als Objekt oder Instrument, das für eigensüchtige Zwecke manipulierbar ist.«

Im Tantra wird zwischen zwei Pfaden unterschieden: Den so genannten rechtshändigen Pfad gehen Frauen und Männer getrennt voneinander. Sie praktizieren vor allem mit Hilfe von Visualisationen und anderen sehr komplexen Techniken der Geistesschulung. Den linkshändigen Pfad können Frau und Mann bei einem gewissen Stand der Entwicklung gemeinsam beschreiten, dann werden ihnen direkte sexuelle Praktiken vermittelt.

Symbolisiert finden wir die Essenz beider Pfade durch die Shiva-Shakti-Statue, die ganz offensichtlich ein Paar bei der sexuellen Vereinigung zeigt. Diese Position ist bekannt als Yab-Yum (tibetisch für Vater, Mutter). Sie steht einerseits für die körperliche und spirituelle Liebe, die Vereinigung von Frau und Mann, symbolisiert aber auch die innerpsychische Verbindung – die Integration der weiblichen und männlichen Anteile in einer Person bzw. in einem Paar.

Der im Westen sicherlich bekannteste Tantra-Lehrer ist Osho, vormals Bhagwan Rajneesh (1931–1990). Ihm gebührt der Verdienst, uns die östlichen Weisheitslehren auf eine verständliche Art vermittelt zu haben. Osho selbst hat nie ein Buch geschrieben. Er zeichnete sich durch die Fähigkeit aus, in fast druckreifer Qualität zu sprechen. Seine Worte wurden aufgezeichnet und sind in zahlreichen Büchern nachzulesen –

(fast) alle Ansätze, die im Westen als Neo-Tantra bekannt sind, führen uns zu Osho zurück.

Neuzeitliches Tantra

Das neuzeitliche oder Neo-Tantra, wie ich es praktiziere und lehre, hat seine Wurzeln in den klassischen Lehren, bezieht aber unser jetziges Wissen über die Ganzheit des menschlichen Körpers und der Seele ein. Zu den traditionell tantrischen Elementen wie Meditationsübungen, Visualisationstechniken, Atem- und Yogaübungen kommen Übungen hinzu, die auf den Erkenntnissen der westlichen Sexualwissenschaft und Sexualforschung, der humanistischen Psychologie und der modernen Körpertherapie beruhen.
In der Liebesschule für Frauen wie auch beim SkyDancing Tantra geht es mir vor allem um einen bewussten Umgang mit der sexuellen Energie auf der körperlichen, psychischen und mentalen Ebene. Über Körper- und Atemübungen aktivieren wir die Lebensenergie und lenken sie im Körperinnern von unten nach oben. Da Energie immer der Aufmerksamkeit folgt, benutzen wir Methoden der Visualisation und der Meditation. Wir lernen, den Körper zu sensibilisieren, uns mit Hilfe von bioenergetischen Übungen aufzuladen, die Energie zu halten und uns wieder zu entladen.
Einen wichtigen Stellenwert haben auch die Sinne. Wenn wir uns in einer Situation mit allen Sinnen öffnen, kann dies zu einer ekstatischen Erfahrung führen – und das Erleben von Ekstase kann gleichzeitig die Sinne transzendieren. In den Seminaren arbeiten wir alte Geschichten und Prägungen auf, vor allem in Bezug auf Sexualität, Körperlichkeit und Beziehung. Grundsätzlich geht es mir um die Vereinigung von Sexualität und Spiritualität.

Tantra und verwandte Systeme

Wer zum ersten Mal von der tantrischen Lehre hört, denkt schnell auch an andere Philosophien und Liebeskünste, die ähnliche und doch andere Ziele als das Tantra verfolgen. Um die einzelnen Begriffe voneinander abzugrenzen, erkläre ich sie kurz an dieser Stelle.

Yoga, ein Weg des Bewusstseins

Wie Tantra ist Yoga ein Weg zu innerem Wachstum und zur Erleuchtung, dessen Ziel es ist, die gegensätzlichen Aspekte eines Menschen zu einem vollständigen Ganzen zu vereinen. Im Hatha-Yoga tragen körperliche Übungen und Atemtechniken dazu bei, die Kontrolle über den Körper und dessen Biegsamkeit und Langlebigkeit zu erhöhen. Die Techniken des Kundalini-Yoga sollen die mächtigen, den Körper durchströmenden psychophysischen Energien nutzbar machen. Beim Tao-Yoga – wie es vor allem durch Mantak Chia vermittelt wird – wird das Bezähmen, Kanalisieren und Transformieren der Sexualenergie über Bewusstheit angestrebt.

Freud'sche Lehre

Der Wiener Nervenarzt Sigmund Freud (1856–1939) begründete die Tiefenpsychologie. Er lehnte die Erfahrungen von Ausdehnung und Auflösung ab. Beides bezeichnete er zwar als ozeanisches Gefühl, setzte dies aber gleich mit Regression, Psychose und Nicht-Erwachsensein. Auflösung verstand Freud als unreife Zustände, die er als nicht erstrebenswert erachtete.

Jung'sche Lehre

Der Züricher Psychoanalytiker Carl Gustav Jung (1875–1961) entwickelte das archetypische Modell von Animus (innerer Mann) und Anima (innere Frau), das mit den Ansätzen des tantrischen Gedankenguts vergleichbar ist. Jung kannte aufgrund seiner Theorie und Erfahrungen das Gefühl von Einssein und Verschmelzung. Er erkannte, dass alles miteinander verbunden ist. Dem östlichen Ansatz von Ich-Auflösung stellte er dennoch sein Konzept der Individuation bzw. Ich-Werdung entgegen.

Lehre des Wilhelm Reich

Der österreichische Psychoanalytiker Wilhelm Reich (1897–1957) beschrieb den Orgasmusreflex sehr genau und prägte auch diesen Begriff. Wie die tantrische Lehre ging er von Energieströmen aus, die durch unseren Körper fließen. Er bezeichnete sogar nur die Menschen als gesund und verbunden, die das bioenergetische Strömen - den Orgasmusreflex auf allen Ebenen - zulassen können. Die meisten neo-tantrischen Ansätze greifen wichtige Elemente von Wilhelm Reich auf.

Hinweis

Die Liebesschule für Frauen beinhaltet drei Themenkreise, die unabhängig voneinander besucht werden können. Jeder Themenkreis besteht aus einem Basisseminar und aufbauenden Vertiefungsseminaren:

Themenkreis 1
Körper, Sinnlichkeit und Sexualität oder
das Erwecken der Sexualkraft

Themenkreis 2
Intimität und Sexualität oder das Spiel von Wasser und Feuer

Themenkreis 3
Identität und Sexualität oder Frausein – was heißt das?

Die detaillierte Broschüre erhalten Sie unter folgender Adresse:

Schröter & Christinger Persönlichkeitstraining
Mühlegasse 33, CH – 8001 Zürich
www.scpt.ch
oder über E-Mail: info@scpt.ch

Es werden Seminare in der Schweiz, in Deutschland und Italien durchgeführt. Bei Bedarf und in Absprache biete ich die Seminare auch in anderen Orten an.

Literaturhinweis

Zu den Kapiteln I und II

Camphausen, Rufus: Die Vulva, Weibliche Sinnlichkeit, Kraft der Schöpfung, München, 1999

Frauenkörper neu gesehen: Ein illustriertes Handbuch, Berlin, 1987

Lowndes Sevely, Josephine: Evas Geheimnisse – Neue Erkenntnisse zur Sexualität der Frau, München, 1988

Chia Mantak und Maneewan: Tao Yoga der heilenden Liebe, Interlaken, 1987

Chia Mantak: Tao Yoga der Liebe, Der geheime Weg zur unvergänglichen Liebeskraft, Interlaken, 1985

Northrup, Christiane: Frauenkörper Frauenweisheit, München, 1996

Olbricht, Ingrid: Alles psychisch? – Der Einfluss der Seele auf unsere Gesundheit, München, 1993

Olbricht, Ingrid: Was Frauen krank macht – Der Einfluss der Seele auf die Gesundheit der Frau, München, 1993

Onken, Julia: Feuerzeichenfrau – Ein Bericht über die Wechseljahre, München, 1991

Voss, Jutta: Das Schwarzmond Tabu – Die kulturelle Bedeutung des weiblichen Zyklus, Stuttgart, 1988

Zum Kapitel III

Alavi Kia, Romeo: Stimme – Spiegel meiner Selbst, Braunschweig, 1994

Anand, Margo: Tantra oder Die Kunst der sexuellen Ekstase, München, 1990

Anand, Margo: Ekstase für jeden Tag – Der Weg zum tantrischen Lebensgefühl, München, 1999
Bruyere, Rosalyn L.: Chakras – Räder des Lichts, Essen, 1990
Douglas, Nik; Slinger, Penny: Das große Buch des Tantra, Basel, 1985
Henderson, Julie: Die Erweckung des Inneren Geliebten, Interlaken, 1989
Myss, Carolyn: Geistkörper-Anatomie – Die sieben Zentren von Kraft und Heilung, München, 1997

Zum Kapitel IV

Gawain, Shakti: Leben im Licht, München, 1987
Kast, Verena: Paare, Beziehungsphantasien oder wie Götter sich in Menschen spiegeln, Zürich, 1984
Senger, Gerti; Hoffmann, Walter: Die sexuelle Kraft der Frau, Wien, 1998
Norwood, Robin: Wenn Frauen zu sehr lieben, Hamburg, 1986
Wardetzki, Bärbel: Weiblicher Narzissmus – Der Hunger nach Anerkennung, München, 1991
Wilson Schaef, Anne: Die Flucht vor Nähe, München, 1989
Wilson Schaef, Anne: Mein Weg zur Heilung – Ganzheitliche Lebenshilfe in der Praxis, Hamburg, 1993
Wilson Schaef, Anne: Nimm dir Zeit für dich selbst – Tägliche Meditationen für Frauen die zu viel arbeiten, Hamburg, 1994
Woodman, Marion: Der wahre Bräutigam – Die Befreiung des Mannes in der Frau, Interlaken, 1990

Zum Kapitel V

Bolen, Jean Shinoda: Göttinnen in jeder Frau, Basel, 1989

Campell June: Göttinnen, Dakinis und ganz normale Frauen, Berlin, 1997

Giebel, Marion: Sappho, Hamburg, 1980

Haule, John R.: Heilige Verzauberung – Archetypen und Stadien der Romantischen Liebe, Interlaken, 1991

Johnson, Robert A.: Traumvorstellung Liebe – Der Irrtum des Abendlandes, München, 1987

Johnson, Robert A.: Romantische Liebe, Interlaken, 1991

Meier-Seethaler, Carola: Ursprünge und Befreiungen, Die sexistischen Wurzeln der Kultur, Frankfurt, 1995

Osho: Die tantrische Vision, Zürich, 1985

Osho: Tantrische Transformation, Zürich, 1995

Shaw Miranda: Erleuchtung durch Ekstase, Frauen im tantrischen Buddhismus, Berlin, 1997

Walker, Barbara: Die geheimen Symbole der Frauen – Lexikon der weiblichen Spiritualität, München, 1997

Walker, Barbara: Die spirituellen Rituale der Frauen – Zeremonie und Meditationen für eine neue Weiblichkeit, München, 1998

Wetzel Sylvia: Das Herz des Lotos – Frauen und Buddhismus, Frankfurt, 1999

Woodman, Marion: Heilung und Erfüllung durch die Große Mutter – Eine psychologische Studie über den Zwang zur Perfektion und andere Suchtprobleme als Folgen ungelebter Weiblichkeit, Interlaken, 1987

Woodman, Marion: Leben aus der Kraft der Göttin – Eine psychologische Studie über die Neugeburt des Weiblichen, Interlaken, 1988

Kamasutra – Die indische Liebeskunst, Übersetzung Guido Heel, München, 1980

Lillian Too

Schlüssel zum Glück mit Feng Shui

Nach chinesischer Vorstellung gibt es acht Arten des Reichtums. Lillian Too erklärt, wie Feng Shui zur Steigerung der Lebensqualität genutzt werden kann und zu Gesundheit, familiärem Glück, gesellschaftlicher Anerkennung und beruflichem Erfolg führt.

Sue Patton Thoele

Anleitungen zur inneren Harmonie

Wie lassen sich Herz und Verstand in Einklang bringen? Die Autorin eröffnet Lösungswege und zeigt anhand vieler Übungen, Meditationen und Fallbeispielen aus ihrer eigenen Praxis, wie Frauen zu ihrer ursprünglichen Kraft, Weisheit und Intuition zurückfinden.

Knaur
MensSana

Richard Carlson, Benjamin Shield

Das kleine Buch des Herzens

Worte von Menschen mit den unterschiedlichsten kulturellen und spirituellen Wurzeln, denen eines gemein ist: Sie haben es sich zur Lebensaufgabe gemacht, Liebe zu leben und zu ergründen, was Liebe ist. Ein Buch, das Trost spendet, Mut macht, zum Nachdenken anregt und Orientierung gibt. Ein wunderbarer Begleiter für den Alltag!

Richard Carlson, Benjamin Shield

Das kleine Buch der Seele

Stellen Sie eine Frage, schlagen Sie eine Geschichte auf, und lesen Sie die Antwort. Richard Carlson und Benjamin Shield zeigen, wie man die Einheit von Körper, Geist und Seele wieder finden kann. Ein Geschenkbuch der besonderen Art.